STEIDL

W0227264

Hans Leyendecker wurde 1949 in Brühl geboren. Er ist seit dreizehn Jahren politischer Korrespondent des SPIEGEL in Düsseldorf. Autor und Mitautor von Geschichten über Flick, Parteispendenskandal, Lothar Späth, Waffenhandel, deutscher Rüstungsskandal Nahost, Mafia. Zahlreiche Veröffentlichungen, zuletzt »Exporteure des Todes« (Steidl Verlag, Göttingen 1990).

Richard Rickelmann wurde 1939 in Ibbenbüren geboren. Er arbeitet im 17. Jahr als SPIEGEL-Korrespondent für Wirtschaft in Düsseldorf, ist Autor und Mitautor zahlreicher Geschichten über Industrie- und Bankenaffären, Rüstungsskandale, Späth-Affäre und Geldwäsche; Mitautor des Buches »Exporteure des Todes« (Steidl Verlag, Göttingen 1990).

Georg Bönisch wurde 1948 in Braunschweig geboren. Er ist seit zehn Jahren innenpolitischer SPIEGEL-Korrespondent in Düsseldorf. Schwerpunkt seiner Arbeit: Alexander Schalck-Golodkowski, Stasi, Terrorismus, innere Sicherheit, Zeitgeschichte, Mafia. Zahlreiche Publikationen.

Hans Leyendecker
Richard Rickelmann
Georg Bönisch

MAFIA IM STAAT
Deutschland fällt unter die Räuber

Mit Beiträgen von
Gerhard Mauz und Felix Kurz

Steidl

1. Auflage September 1992

Der Journalist ist immer einer,
der nachher alles vorher gewußt hat

Karl Kraus

Für Mitarbeit und wertvolle Anregungen
danken wir den Kolleginnen

Doris Kabierschke,
Elisabeth Richter,
Valeska von Roques,
Ulla Seraidaris,

den Kolleginnen und Kollegen der Deutschland-
und der Wirtschafts-Dokumentation des
SPIEGEL sowie

Jürg Bürgi,
Thomas Darnstädt,
Ulrich Manz,
Georg Mascolo,
Helmut Sorge,
Wilfried Voigt

und ganz besonders
Peter Adam.

Prolog

Die heimlichen Herrscher
Kriminalität und Verfall der politischen Sitten oder wie ein Staat kapituliert

Unsere Bankräuber sind nicht auf der Höhe der Zeit. Ihre Überfälle wirken auf rührende Weise antiquiert und zeugen von naivem Dilettantismus. Neunundzwanzig Millionen Mark sacken sie im Jahr ein, ein Bruchteil dessen, was die Silvesterknallerei kostet. Viel lohnender und weniger riskant als der Einbruch in eine Bank ist die Pflege lohnender Geschäftsbeziehungen zu einer Bank.

Auch unsere Terroristen haben sich aus der Gegenwart verabschiedet. Selbst wenn sie, wie bei der Ermordung des Deutsche-Bank-Bankiers Alfred Herrhausen, mit High-Tech töten, erscheinen sie wie Schatten einer untergegangenen Epoche. Einst hatten Attentate noch unabsehbare Folgen: Sarajewo war 1914 das Ofenloch, durch das der Wind einfuhr und einen Weltbrand auslöste. Heute sind Mordanschläge politisch sinnlos geworden, Macht wächst nicht mehr aus dem Gewehrlauf. Was ist der Finger am Abzug einer Lupara, verglichen mit der Hand, die den Geldhahn auf- und zudreht?

Verbrechen war einst Gangster-Saga und hieß: Diamanten-Jimmy, Zwei-Kanonen-Louis, Jacob Fettfinger, Hymie der Polack, Quinta der Springfrosch, Torrio der Aufsichtsratsvorsitzende oder Al Capone, genannt das Schmißgesicht.

Verbrechen ist heute Komparserie, die keinen Stoff für Mythen mehr abgibt. Die Nachfolger Al Capones sind bürgerlich solide Erscheinungen, aber ungleich gefährlicher als der Unterweltler von Chicago. Sie klettern nicht an Fassaden hoch, sondern schweben mit dem Fahrstuhl in die Chefzimmer, denn sie sind die Chefs. Vor den Fassadenkletterern muß die Polizei sie schützen.

Im Schatten öffentlicher Wahrnehmung, aber in den Umrissen schon deutlich erkennbar, entstehen neuartige Verbrechensimperien. Um kurzfristige Gewinnmaximierung geht es ihnen nicht; bei ihrem Monopoly rücken die Dunkelmänner garantiert zur Schloßallee vor, nur ins Gefängnis müssen sie nicht.

Diese Verbrechenskonzerne existieren weltweit. Sie entwickelten sich, wie am Beispiel Japan zu besichtigen ist, in drei Stufen. Die Yakuza, so heißt das größte Gangstersyndikat der Welt, verließ in den siebziger Jahren das Rotlicht-Milieu und kaufte sich heimlich in Firmen, auch in Großunternehmen, ein. Inzwischen gehört sie zu den leistungsstarken Verbänden der »Japan AG«. Die Yakuza expandieren und florieren. Sie haben sich im Immobilienge-schäft, in der Finanzwirtschaft und Industrieproduk-tion engagiert und mischen am Kunstmarkt mit. Sie managen Künstleragenturen, vertreiben Eintritts-karten und kontrollieren die Unterhaltungsindu-strie. Ihnen gehören Krankenhäuser, Schulen, Spe-ditionen, Fabriken und Baufirmen. Ein Konzern für alle Fälle.

Wer sich von einer Versicherungsgesellschaft her-eingelegt fühlt, weil sie nach einem Unfall nicht genug zahlen will, wendet sich an die Yakuza. Wer auf einem ungedeckten Scheck sitzenbleibt, eben-falls. Firmen jeder Größe und alle wichtigen Ver-bände haben einen sicheren Kanal, über den sie im Bedarfsfall Verbindungen zu den Yakuza aufneh-men. Selbst Immobilienhändler und Baufirmen, die noch nicht zum Yakuza-Reich gehören, rufen die Banden zu Hilfe. Wenn sich Grundeigentümer wei-gern zu verkaufen, bringt die Yakuza sie dazu, es doch zu tun. Und das ist garantiert.

Seit Mitte der achtziger Jahre mischt sie auch ganz oben kräftig mit – sie stürmte die Zitadelle des Kapi-talismus, die Börse, und startete den Angriff auf reputierliche Großunternehmen. Über zwei Broker-häuser baute sie heimlich ihre Beteiligung an dem Eisenbahn-, Kaufhaus- und Hotelkonzern »Tokyo Corp.« auf die Anzahl von rund 2,9 Millionen Aktien aus und erwarb starke Finanzhäuser in New York – das Aktienportefeuille wurde zur Waffe. Längst über-trifft die Wirklichkeit die Fiktion an Phantasie.

Fast zeitgleich gingen Mitte der achtziger Jahre auch in Europa Banden an die Börse. Das *unfriendly takeover* findet mittlerweile ebenso in Mailand wie in London statt – und auch in Frankfurt?

Machtlos stehen die Ermittler vor dem Netzwerk krimineller Unternehmungen. Der Jahresumsatz organisierter Kriminalität in Deutschland, die Menschenhandel mit Prostituierten ebenso wie verbotenes Glücksspiel und Schutzgelderpressung umfaßt, ist möglicherweise größer als der von »Siemens« und »Bayer« zusammengenommen.

Dieses Geld ist bereits ein unerläßlicher Bestandteil des Finanzsystems und wird quer durch die deutsche Wirtschaft investiert. Geldhäuser, Briefkastenfirmen, Treuhandgesellschaften, Beratungsfirmen und Holdings mit Phantasienamen steuern die Milliarden-Transaktionen. Der finanzielle Einsatz der Unterwelt führt zu einem veränderten Wirtschaftssystem. Im Osten stecken derzeit Kriminelle ihre *Claims* ab. Aber auch im Westen haben sie begonnen, den von den Parteien so oft gepriesenen Mittelstand zu verdrängen. Denn sie sind in der Lage, jeden Preis zu zahlen.

»Chi gioca solo, non perde«, heißt ein altes sizilianisches Sprichwort. »Wer allein spielt, verliert nicht.« Massive ökonomische Macht ist ein Merkmal organisierter Kriminalität, deren Ziel die Monopolstellung ist. Konkurrenten werden eingeschüchtert oder unterboten: Ein normales Unternehmen hat solche Liquiditätsreserven nicht. Die heimlichen

Herrscher können mit ihren gewaltigen Einnahmen jedes seriöse Unternehmen verdrängen. Ölfleckartig breitet sich das organisierte Verbrechen aus. Der Ende Mai 1992 von Mafiosi heimtückisch ermordete italienische Richter Giovanni Falcone hat den Aufstieg der Gangs miterlebt. »Anfang der siebziger Jahre war die Mafia größer, aber weniger gefährlich – sie besaß noch nicht den Reichtum aus dem Drogenhandel.«

Mittlerweile gibt es in der Bundesrepublik rund 200 000 Konsumenten harter Drogen. Für die Manager organisierter Kriminalität, die sich selber die Hände nicht schmutzig machen wollen, sind Junkies überdies willfährige Helfershelfer – allzeit bereit, die strafbare Dreckarbeit zu machen.

Deutschland ist nicht Sizilien, aber die Spuren der Syndikate sind unübersehbar. Große Verbrechenskonzerne haben ihre Filialen in Wuppertal, in München oder hinter den schönen Fassaden Hamburgs. Drogensyndikate und chinesische Triaden konkurrieren mit den neuen Gangs aus dem zerfallenen Ostblock um Marktanteile, und die Platzhirsche der deutschen Gangs halten dagegen.

Organisiertes Verbrechen reicht von der Planung und Logistik der Tat über die Ausführung bis hin zur Verwertung der Beute und Legalisierung der Gelder. Dabei geht es zu wie in einem ordentlichen Konzern: Führungskräfte auf verschiedenen Ebenen haben Entscheidungsgewalt in abgegrenzten Zuständigkeitsbereichen. Und dieser Aufsichtsrat hat wirklich etwas zu sagen. Mißliebige Vorstandsmitglieder zum Beispiel findet man erhängt unter einer Londoner Brücke. Was hier passiert, hat noch keinen griffigen Namen. Bislang läßt sich das Phänomen nur mit Worten wie: »Deutschland fällt unter die Räuber« oder »Die Unterwelt wird zur Oberwelt« umschreiben. Wächst es sich zum Alptraum aus, oder haben wir es hier nur mit einer leichten Schlafstörung zu tun?

Wir haben uns daran gewöhnt, mit der alltäglichen Warnung zu leben, mit der Warnung vor Nuklear-Terrorismus, Wirtschaftskrise und Umweltzerstörung. Ja, wir ertappen uns dabei, daß wir bei der Benennung der nächsten Katastrophe leicht gelangweilt sind, denn sie klingt uns bereits vertraut. Es gibt sie hierzulande, die verhängnisvolle Neigung zur Apokalypse - die Götterdämmerung ist eine deutsche Dämmerung.

Hat sich der »Wettkampf der Systeme«, der so lange unser Denken beherrschte, nicht als gewaltigste Selbsttäuschung der Nachkriegszeit erwiesen? Ist der Status quo nicht wie ein brüchiges Denkmal zusammengestürzt? War der Kommunismus nicht ein hohler Panzer, der von ein paar verrosteten Nieten zusammengehalten wurde? Philosophen wie der Amerikaner Francis Fukuyama sagen »das Ende der Geschichte« voraus. Überall triumphiere der liberale Geist. Was auf der Welt zu tun bleibe, werde in Verwaltungsakten erledigt, was gelegentliche Polizeiaktionen einschließe.

Aber in der Stille wächst das mafiose Verbrechertum, allerdings nicht nach dem Vorbild Chicagos. Ende der zwanziger Jahre hatten die Bürger von Chicago eine Eingabe beim Senat in Washington gemacht: »Eine Kolonie von Gangstern hat eine Super-Regierung in dieser Stadt gebildet, der die Bevölkerung tribut-pflichtig ist. Sie erzwingt diesen Tribut durch Terror, Menschenraub und Mord.«

Die Syndikate der neunziger Jahre hingegen bilden keine Gegenmacht, bauen keinen Parallelstaat auf, sie wollen Anpassung um jeden Preis und hem-mungslose Assimilation. Geräuschlos integrieren sie sich in den Wirtschaftskreislauf. Wenn alles die Mafia ist, dann ist nichts die Mafia.

Schleichend verändert sich das System. Postenver-gabe nach Proporz und Parteienherrschaft samt einhergehender Bestechungsskandale zertrüm-mern die Moral der Bürger. Bevor das Minenfeld aus privaten Interessen, öffentlicher Kungelei und kaum noch camouflierter Apathie der Verantwortli-chen nicht geräumt ist, hat die Kriminalität gute Wachstumschancen. Wo Korrumpierbarkeit der Ver-waltung und ein undurchdringliches Klientelwesen tagtäglich fauligen Geruch verströmen, da hat das Verbrechen seine besten Verbündeten gefunden. Wandel durch Selbstabschaffung?

»Die Deutschen«, so der Schriftsteller Hans Magnus Enzensberger, seien durch »jahrzehntelange systematische Erziehung zur Schlaumeierei« zu einem »Volk von Trickbetrügern« geworden. »Wer sich nicht darauf versteht, nach Strich und Faden abzuschreiben, einzuklagen, rauszuholen, abzusetzen, der hat hier nichts zu lachen. Ob Sozialwohnung oder Schwarzbau, Krankenkasse oder Taxiquittung, Stipendium oder Stütze, überall gilt der Imperativ des Nassauerns.« Wenn Skandale in Serie gehen, verlernt das Publikum, Anstoß zu nehmen. Woher soll Empörung kommen, wenn die Öffentlichkeit abstumpft, weil sie mit Ärgernissen, der deutschen Übersetzung des griechischen Worts »Skandalon«, überfüttert wird?

Die kriminelle Verquickung von Behörden und angeblich ehrenwerten Unternehmen war immer ein idealer Nährboden für organisierte Kriminalität, und in dieser Hinsicht hat Deutschland kräftig aufgeholt. Ein System des Gebens und Nehmens ist entstanden, das schon an japanische Verhältnisse erinnert. Lokalbehörden sind in Deutschland mit geldlicher Nachhilfe dazu zu bewegen, ein offenes Auge für die Notwendigkeiten zu haben und das andere vor dem Gesetz geschlossen zu halten. Korruption stiftet eine innige Gemeinschaft zwischen den korrupten Oberen und den frustrierten Untergebenen. Mittlerweile beherrscht die Mafia die *»Ars corrumpendi«* (Horst Eberhard Richter) perfekt.

Angesichts der beängstigend angestiegenen Kriminalität, der Bedrohung durch internationale Banden und der Unterwanderung der Wirtschaft durch kriminelle Systemveränderer erleben wir eine gespenstische Diskussion. Rechte und Linke hätscheln ihre Ängste. Die einen beschwören bei Verletzung des Bankgeheimnisses den Untergang aller börsenfähigen Werte, die anderen schreckt die eigene Vision vom Schnüffelstaat, der sich mehr um Demonstranten und nicht um Geldwäscher kümmert.

Rechtsfreie Räume entstehen. In Deutschland entscheidet inzwischen, egal ob es um Kriegswaffen, Steuer- oder Subventionsbetrug geht, der Ort des Strafverfahrens über den Strafanspruch des Staates. Lange vor dem Dorado im wilden Osten war die Republik im Westen geteilt. Hinter den Regierenden in Bayern oder Baden-Württemberg etwa breitet sich ein breitgefächertes System von Verteidigungsgräben aus. Die Angriffe werden im gesellschaftlichen Vorfeld abgefangen – im Vorfeld der längst kodifizierten Absprache.

Wer erwischt wird, entweicht mit einer Millionen Abfindung ins Privatleben. Da wird nicht ausgepackt: das *regolamento dei conti*, der »Kontenausgleich«, wie dies in der italienischen Presse heißt, findet statt, denn jeder weiß ziemlich genau, was der andere über ihn weiß. Das sind Spuren der Mafia im Staate. Wenn Steuerfahnder aus dem Westen der Republik nach Bayern aufbrechen, müssen sie sich vorher anmelden und den Grund ihres Besuchs nennen – das Ergebnis läßt sich erahnen.

Aber auch als in Hessen die mächtige »Deutsche Bank« mit rund 12 Millionen Mark hinterzogener Steuern in Bedrängnis geriet, zeigten sich Politiker und Ermittler einfühlsam. Das Verfahren verjährte zu SPD-Zeiten. Das Wort eines Frankfurter Oberstaatsanwaltes, es gelte, die besondere »Qualität der Beschuldigten« zu berücksichtigen, gehört in juristische Seminare über den Artikel 3 des Grundgesetzes: »Alle Menschen sind vor dem Gesetz gleich.«

Die Lösung des Rätsels, warum bei den Kleinen schon die kleinste Sünde geahndet wird und man die Großen laufen läßt, ist simpel. Das perfekte Verbrechen gibt es nicht, aber eine perfekte Methode, die Justiz durch pure Komplexität matt zu setzen. Ein potentieller Wirtschaftskrimineller muß nur gewisse Regeln einhalten, um die Schwäche der Justiz auszunutzen. Wer sein Geld hinter möglichst vielen juristischen Personen versteckt und nach und nach ein verschachteltes Firmengebäude, das sich aus ganz verschiedenen Quellen finanziert, auf einer fiktiven wirtschaftlichen Grundlage aufbaut, hat gute Chancen, unbehelligt zu bleiben, wenn es zum Crash kommt.

Wenn die Phase unserer Traumtänzerei noch länger andauert, wird das Menetekel vom Verbrechen, das die Welt regiert, Zustandsbeschreibung sein. Andererseits: Warnungen gibt es reichlich in diesen

Tagen. Vor der zunehmenden Gewalt, dem Wegfall der Grenzen 1993. Sorgenvoll beschwören Politiker den Einfall der neuen Herren und merken nicht, daß diese schon da sind.

»Mafia, eigtl. Überheblichkeit, Anmaßung«, erklärt der »Duden«. Der Mafia im Staat gehören Gangster, Wirtschaftskriminelle, Korrumpeure und auch die rasenden Mitläufer an. Der Mafioso ist in aller Regel unabhängig von den bürgerlichen Gesetzen und vertraut auf eigene Machtmittel. Mafia ist kein Geheimbund, sondern die Definition eines Zustands.

Im Fernsehzeitalter haben wir uns daran gewöhnt, die Guckkastenperspektive auf das öffentliche Leben anzuwenden. Wir sprechen von der jugoslawischen Tragödie, von den Kulissen der Politik, von Schmierenkomödien. Auch Skandalstücke finden längst öffentlich auf Bühnen statt, mit Auftritten und Abgängen, Massenszenen und Einzeldarstellern, aber wer schaut noch zu?

»In einem Schauspielhaus«, schrieb der Philosoph Søren Kierkegaard, »fingen die Kulissen Feuer, der Bajazzo trat vor, um das Publikum zu benachrichtigen. Man glaubte, es sei ein Witz, und applaudierte. Er wiederholte die Warnung, man jubelte noch lauter. So, denke ich, wird die Welt unter allgemeinem Jubel witziger Köpfe zugrunde gehen, die da glauben, es sei ein Witz.«

Die Theater-Metapher ist auch deshalb so ergiebig, weil Theater Spielpläne haben, auf denen sich manches wiederholt, immer aufs Neue, wie es der Programmzettel verlangt.

Voran der *Prolog*, der, so steht es im »Sachwörterbuch der Literatur«, »entweder... zur Werbung in eigener Sache dient (Mitteilung und Rechtfertigung seiner Absichten, Bezugnahme auf frühere Kritiken, Bitte um Nachsicht für das neue Stück) oder allgemein zur Begrüßung des Publikums«. Und er dient »der Bitte um Ruhe«.

Dann das *Zwischenspiel*. Das Lexikon definiert Zwischenspiele als »komische Einlagen zur Ausfüllung eines Dramas, um die Zuschauer vom Szenenwechsel abzulenken und den Darstellern eine Ruhepause zu verschaffen«.

»Meyers Großes Taschenlexikon« erkennt den Zweck »inhaltlicher Abwechslung oder Überbrückung technisch bedingter Pausen, wie des Kulissen- und Kostümwechsels«.

Vor den Epilog hat sich, mit Macht, die alte Mafia ins Buch gebombt. Bei der Beschreibung des Weges vom Verfall der politischen Kultur zur organisierten Kriminalität (eine These des exzellenten Mafia-Kenners Werner Raith) sollte sie ursprünglich nur als politisches Drama Italiens vorkommen. Doch die »ehrenwerte Familie« hat auch in Deutschland Namen und Gesichter bekommen – das Ungeheuer nimmt immer klarere Gestalt an.

Schließlich der *Epilog*. Er ist laut Meyers Taschenlexikon »der Schlußteil einer Rede. In Theaterstücken das Schlußwort nach Beendigung der Handlung, meist mit Bitte um Beifall oder Nachsicht, auch mit moralischer Nutzanwendung«.

Die Nachrede dieses Buches stammt von dem Richter Giovanni Falcone, der ermordet wurde – Opfer, das gleichzeitig Sieger ist. Denn es sind immer Einzelkämpfer, an deren Mut eines Tages Regime in sich zusammenbrechen.

Engelsgeduld und Schafsmoral
Eine Nation von Schlaumeiern pflegt die Korruption

Die stillen Helden der Gegenwart sind ziemliche Langweiler. Ihre Untergangsszenarien (Standardfloskel: »Zustände wie im alten Rom«) tragen sie gewöhnlich mit gramvollem Unterton vor. Wenn jemand ihnen, den Unbestechlichen, Bares zustecken will, lehnen sie empört ab. Sagen sie jedenfalls und wirken in ihrer vorbeugenden Abwehrhaltung doch nur linkisch und plump. Korruption wird gern mit Schmutz, Fäulnis und Verdorbenheit der Sitten gleichgesetzt. »Meyers Neues Lexikon« prangert sie als Synonym für den allgemeinen moralischen Verfall an; das Wort »corruptio« war in der katholischen Kirche und vor allem in den Bekenntnisschriften der Reformation der Begriff für Erbsünde.

Keiner mag sich gern korrupt nennen lassen. Andererseits stehen diejenigen, die schroff alle Erkenntlichkeiten ablehnen, leicht im Ruch, etwas verschroben zu sein. Kleinliche, von der Welt enttäuschte Spießer, melancholische, verbitterte Idealisten, mit denen kein Staat zu machen ist. Ihre Auftritte verbinden den Nervenkitzel einer Sakristei mit der Sinnlichkeit eines gekachelten Kreißsaals. Haben die überhaupt eine Ahnung, warum der Schornstein raucht, die Wirtschaft brummt? Da heißt es zugreifen, ehe es zu spät ist, einsteigen, bevor der Zug abgefahren ist. Auch im Souterrain des real existierenden Parlamentarismus ist für Moralisierer kein Platz. »Wer ist eigentlich der selbsternannte Rächer von Bochum?« höhnte SPD-Chef Heinz Hossiep über den CDU-Kollegen, der die Mauscheleien in der Stadtspitze Bochums angeprangert hatte. Ausdrücklich bekannte sich Hossiep zum Filz, dem klebrigen Zwilling der »corruptio«.

Korrupt sind alle, die sich auf Kosten des Gemeinwohls eigene Vorteile verschaffen, bestechlich ist aber auch derjenige, der beispielsweise seine akademische Karriere vorwärtsbringt, indem er gegen die eigene Überzeugung die wissenschaftliche Meinung derjenigen stützt, die die Fäden seiner Karriere in der Hand halten. Korruption führt nach Meinung des Soziologen Karl Rennstich unweigerlich »zu einer Verletzung der Normen, der Pflicht und der Wohlfahrt«.

Sie ist »begleitet von Geheimnistuerei, Verrat und Betrug und hat als ein besonderes Kennzeichen die unempfindliche, abgestumpfte, zynische Mißachtung und Geringschätzung der Folgen für die Gesellschaft, ja für die Öffentlichkeit allgemein«. Rennstich hat recht. Und weil er recht hat, wird sein Lamento ziemlich bald eintönig. Man weiß, was kommen wird. Man weiß es zu genau.

Interessanter scheint es, sich zur Korruption zu bekennen; das liefert zumindest Gesprächsstoff für die besseren Kreise. Der Augsburger Psychologie-Professor Oswald Neuberger hält materielle und psychische Korruption für das »Zeichen einer vitalen und potenten Organisation«. Alles andere wäre

»starr, blutleer und dem Untergang geweiht«. Auch Neil J. Smelser, ein amerikanischer Soziologe, gesteht der Korruption als Bestandteil sozialer Dynamik, als Beschleuniger sozialen Wandels durchaus positive Funktionen zu. Die Umgehung von Moral und Regeln zum eigenen Vorteil gilt nicht nur in Italien vielen als pfiffig. »Korruption – Zur Soziologie nicht immer abweichenden Verhaltens« betitelte eine Gruppe deutscher Sozialforscher eine einschlägige Monographie. »Korrupte Bräuche«, ist da zu lesen, »können so weitgehend einreißen, daß niemand mehr auf die Idee kommt, einen Korrupten korrupt zu nennen«.

Der Betrug, die Bestechung muß nur Format haben, gut gefummelt sein. Nicht das kleinliche Nassauern der einfachen Leute bei ihren Spesen-Schiebereien oder beim Volkssport Versicherungsbetrug, lieber gleich die sichere, risikofreie Anlagestrategie: Volksbetrug Versicherung. Nach einer Analyse des Bundeskriminalamtes wäre der Schutz vor Autodiebstählen technisch kein großes Problem. Die Autos müßten nur mit einer elektronischen Codekarte für das Zündschloß ausgerüstet werden. Doch die Autoindustrie müßte auf die Ersatzkäufe verzichten. Also wird nichts getan – das Korruptions-Kartell der Unterlasser funktioniert. Daß dabei auch mal eine lästige Verordnung, ein unbequemes Gesetz (nach entsprechender Durchstecherei) geändert wurde, ist denen da unten eins. Wer zahlt, bestimmt die Musik. Kungelei, Kumpanei, Schiebereien, Käuflichkeit bestimmen zunehmend das Klima.

Die Deutschen sind eine Nation von Schlaumeiern geworden – lauter kleine Cleverles. Man kann die Geschichten gar nicht so schnell erzählen, wie sie passieren. Der frühere Stuttgarter Ministerpräsident Lothar Späth, als Herr Schwab auf einer Vergnügungstour, die von der Industrie gesponsert wird; oder der Erfurter CDU-Chef Willibald Böck, der in der Kantine des Landtags 20 000 Mark im Leinensäckchen kassiert. Beide kostete die Empfänglichkeit die politische Karriere, aber die Addition von Anrüchigkeiten und Anstößigkeiten führten juristisch zu nichts. Böck war, so die Erfurter Staatsanwaltschaft, »unwiderlegt gutgläubig«, Späth war, wie er sagt, »ohne Arg«.

Fast jede Großstadtverwaltung – Düsseldorf, Dortmund, Berlin oder Frankfurt liefern beliebige Beispiele – hat mittlerweile ihre Korruptionsaffäre. Im Bereich Organisierte Kriminalität, heißt es in einer vom Düsseldorfer Innenminister Herbert Schnoor in Auftrag gegebenen Studie, waren 1990 bei jedem fünften Verfahren Polizisten, Staatsanwälte oder Kommunalpolitiker verstrickt. Bei ihren Ermittlungen gegen Kollegen stoßen Strafverfolger auf Beweismaterial von tropischer Üppigkeit. Das Strafregister des Essener Staatsanwaltes Udo Hentschel etwa liest sich wie eine Fallsammlung aus dem Handbuch der Korruption: Bestechlichkeit, Strafvereitelung, Beihilfe zum unerlaubten Glücksspiel und Geheimnisverrat. Hentschel hatte jahrelang die Glücksspielmafia im Ruhrgebiet vor Razzien und

Polizeiermittlungen gewarnt, Zockerbosse wie Hans-Jürgen Conrad (»Dackel-Hansi«) vor Verfahren wegen Betreibens illegaler Spielcasinos geschützt und dafür 50 000 Mark kassiert.

In einem Bericht zum »Eindringen des organisierten Verbrechens in den staatlichen Bereich« kommt die AG Kripo zu dem Schluß, daß es sich bei Bestechung, Bestechlichkeit und Verletzung von Dienstgeheimnissen nicht mehr nur um wenige Einzelfälle handelt. Diese Art der Korruption sei ein Kriminalitätsphänomen, das sich »in einzelnen Bereichen zu festen Beziehungsstrukturen verdichtet und vernetzt« habe.

Eine Sumpfblüte wie der Verfassungsschützer Kuron lieferte die eigenen Leute ans Messer und entschuldigte sich damit, sein Gehalt sei, gemessen an den Lebensansprüchen, zu gering gewesen, und dem habe er abhelfen müssen.

Wenn Geschichten über Korruption diesen Punkt erreicht haben, ist von der Bananenrepublik und der drohenden Parallelgesellschaft die Rede und davon, daß in Wanne-Eickel bald Zustände wie in Palermo herrschen werden. Das ist nicht ganz richtig und nicht ganz falsch.

Eigenartig an der gegenwärtigen Entwicklung erscheint beispielsweise, so der Korruptionsexperte Andreas Zielcke, »daß die Sensibilität gegenüber unzähligen Erscheinungsformen des Unrechts nicht ab-, sondern zugenommen hat und daß gleichzeitig Egoismus und moralische Ignoranz mitgewachsen sind«. Mit dem Werteverfall ist es nur schwer zu vereinbaren, daß das öffentliche Bewußtsein gegenüber Filz, Vetternwirtschaft und Bestechung selten so wachsam wie heute war und gleichzeitig die Bereitschaft wächst, skrupellos in die eigene Tasche zu wirtschaften. Zielcke: »Moral ist heute manisch, todernst und nicht-existent zugleich.«

Die Grenzen zwischen Moral und Amoral sind fließend geworden. Idealbild der Gesellschaft ist der kühle Wirtschaftsbürger, der egoistisch seinen Vorteil sucht und alle Tricks beherrscht. Sein Verhalten orientiert sich am persönlichen Vorteil; Antriebe, die auf sozialen Haltungen und Zielen beruhen, verlieren zunehmend an Bedeutung. Bis hin zur Verletzung der Grundregel ist es nur ein kleiner Schritt, das Geld paralysiert alle moralischen Sinne.

Für viele lohnt es sich wohl, zweimal zu überlegen, ob sie den edlen Wein ihrer Überzeugung nicht mit dem Wasser der Alltagsfeigheit verdünnen sollen. Wir sind Konjunktiv-Menschen, lauter konformierte Nonkonformisten, die sich – meist wenn es zu spät ist – fragen, was sie hätten tun sollen oder an der Stelle eines anderen vielleicht auch getan hätten. Und was soll das Gerede von Palermo, wo doch schon die frühere »Hauptstadt der Redlichkeit«, Mailand, neuerdings »Tagentopoli« genannt wird – die »Stadt des Schmiergeldes«.

Zwei frühere Bürgermeister, beide Sozialisten, sind in Skandale verstrickt, keines der großen Stadtentwicklungsprojekte der letzten Jahrzehnte wurde ohne Bestechungsgelder gebaut: weder das neue »Piccolo Teatro« des Regisseurs Giorgio Strehler noch die »Scala des Fußballs«, wie das San-Siro-Stadion auch genannt wird. Bis August 1992 wurden rund zweihundert führende Kommunalpolitiker und Industrielle verhaftet.

Im Unterschied zu den Korruptionsräderwerken in Italien, den Schöpfungsoligarchien der Nomenklatura im Osten und den Machteliten der Dritten Welt ist nach Beobachtungen von Zielcke die deutsche Korruptionspraxis demokratisch. Immer mehr Bürger aller Klassen entscheiden sich für Bestechlichkeit, Selbstbedienung, den eigenen Vorteil und das Übervorteilen des anderen. In einer auf Egoismus und Rivalität gegründeten Wirtschaftsreligion setzt die buchstäbliche Käuflichkeit den kapitalistischen Motor in Betrieb.

Ein buntes Patchwork von streitenden Einzelinteressen bildet sich aus – *catch as catch can*. »Wenn der Auftrag nur wegen drei Prozent an die Konkurrenz geht, dann ist das doch ein erheblicher Druck«, argumentierte ein Kaufmann von »Siemens« Anfang 1992 im Münchener Schmiergeldprozeß um den Bau des städtischen Klärwerks. Ein Mitarbeiter der Stadtverwaltung war mit 1,9 Millionen Mark von Angehörigen des Firmengiganten bestochen worden. Im Gerichtssaal saßen lauter Ehrenmänner, die ihre »ehrliche Kaufmannsarbeit« priesen oder die Moral schon deshalb in Anspruch nahmen, weil man schließlich »Beamtensohn« sei.

Sie hatten Pech. Daß ein Münchener Kaufmann auf die Idee verfiel, seine Schmiergeldzahlung auch noch als Werbekosten von der Steuer absetzen zu wollen – diese Dummheit erst machte die Staatsanwaltschaft auf den Fall aufmerksam, wo doch nur Schmiergeldzahlungen im Ausland vom Fiskus akzeptiert werden. »Moral, das ist, wenn man moralisch ist«, sagt der vertrottelte Hauptmann in Büchners Woyzeck.

Das Paradox unserer derzeitigen Lage besteht darin, daß es zwar formell nur noch »Gleiche« gibt, daß aber nach wie vor gewaltige Unterschiede an Reichtum, Macht und Einfluß bestehen, ohne daß die Mächtigen daraus Verpflichtungen ableiten. Sollte, könnte, müßte es nicht eine Moral der Herrschenden geben, und wie sähe sie aus, die nicht vorhandene? Immerhin ist die sittliche Erziehung über das eigene Vorbild stets ein Grundsatz konservativer Moral gewesen.

Rechtlichkeit, Korrektheit, Ritterlichkeit, Ehrgefühl sind sekundäre Tugenden, die man vor allem Konservativen zuschreibt. Wie aber sieht es mit der Korrektheit eines Eberhard von Brauchitsch, wie mit dem Ehrgefühl eines Friedrich Karl Flick aus? Thomas Mann hat »den Leuten, die von unten kommen«, einmal bissig vorgehalten, sie seien »power und patzig«. Heute sind gerade die am patzigsten, die nicht mehr power sind, sondern sich zur Elite zählen. Die Korruption breitet sich hierzulande auch deshalb aus, weil diese Funktionselite zwar Moral predigt, aber nicht vorlebt. Wenn der Vorstandsvorsitzende von »Hoesch«, Kajo Neukirchen, nach einem Jahr verduftet, weil er im neuen »Krupp-

Hoesch-Konzern« nicht zweiter Mann sein möchte und dafür noch eine Abfindung von rund sechs Millionen Mark erhält, gilt das nicht als peinlich und schon gar nicht korrupt – bei den Großen dürfen die Nullen tanzen.

Wenn dem Fiskus Jahr für Jahr durch elegante halblegale und illegale Manöver Milliarden entzogen werden, ist das nur geschickt. Einer, der trotz hoher Gewinne wenig Steuern bezahlt, gilt als gewiefter Mann. Wer gar keine Steuern zahlt, weiß mit dem Staat erstaunlich gut umzugehen, und alle Achtung, wenn einer trotz blendender Geschäfte auch noch Geld vom Fiskus zurückbekommt.

Wenn aber Vulgus, der Arbeitslose, im Einklang mit der allgemeinen Verhaltensmaxime seine persönliche Nutzenmaximierung anstrebt, indem er zum Beispiel schwarzarbeitet, erhebt sich ein Geschrei.

Solche Doppelbödigkeit verbiegt die Moral und läßt bei den Kleinen den Vorrat an Engelsgeduld und Schafsmoral zur Neige gehen.

Natürlich haben auch Politiker ihren Anteil am Verfall. Wenn Parteien zu mafiosen Selbstbedienungsläden verkümmern und die Institutionen wie Grundstücksspekulanten unter sich aufteilen, bleibt das nicht ohne Folgen. Ein Gemeinwesen, in dem die Gesetzesmacher die Gesetze nur als Richtschnur für andere betrachten, Staatsparteien ohne Staatsgefühl regieren, Zugriffsdenken an die Stelle politischer Verantwortung tritt, ist gemein, eigennützig. Der Staat, der Steuermoral fordert, ermordet sie zugleich eigenhändig (Parteispenden-Affäre) – und so fort. Als alltägliche Provokation gilt mittlerweile, wenn die Partei der Korruption die sittliche Verwahrlosung beklagt.

Bestechlichkeit, Vorteilsannahme, Veruntreuung, Korruption, die mit den Paragraphen des Strafgesetzbuches nicht einzugrenzen ist, gilt als Vorbedingung für erfolgreiches Verbrechen. Den Syndikaten werden fabelhafte Entwicklungsmöglichkeiten geboten, wenn – wie im Raum Frankfurt – die Ortsgrößen aus Politik und Wirtschaft eigene Regeln entwikkeln. Langweilt die endlos beschworene, allem vernünftigen Denken offenbare Katastrophe? Nation, Abendland und Welt werden nicht untergehen, aber einiges steht doch auf dem Spiel.

Frankfurter Bargeldporno
Das korrupte Netzwerk der glitzernden Bankenmetropole

Womit beginnen? Mit der Geschichte des unglücklichen Hauptkassierers der »IG-Metall« in Frankfurt, der Hunderttausende auf die Seite brachte und sich dann vom Zug überrollen ließ? Oder der Tragödie jenes bedauernswerten hessischen Atom-Managers, der großzügig in die eigene Tasche gewirtschaftet haben soll und sich in der Zelle die Pulsadern aufschnitt. Oder doch lieber mit dem Christdemokraten Hans-Joachim Galuschka, der auch in der Untersuchungshaft seine Zuversicht nicht verlor? »Lehre uns bedenken«, notierte dieser kurz vor Heiligabend 1991, »daß wir sterben müssen, auf daß wir klug werden.« Die Quelle dieser Erkenntnis war Psalm 90, Vers 12, wohl der älteste im Psalter Moses. So gefühlig wie der langjährige Kommunalbeamte aus dem Hochtaunuskreis hat wohl noch keiner der vielen Korrumpeure und Korrumpierten, die sich in der Wirtschaftsregion Rhein Main tummeln, ein schriftliches Geständnis eingeleitet. Diese Besinnung war allerdings fällig – immerhin soll Galuschka mindestens 450 000 Mark abkassiert haben.

Der Außenstehende braucht eine Weile, um auch nur einen ungefähren Eindruck von der üppigen Vielfalt des Korruptionsbiotops der Wirtschaftsregion Frankfurt zu bekommen. Staatsanwalt Wolfgang Schaupensteiner, 44, ist das Problem durchaus vertraut. Der Ermittler holt einen Computerauszug hervor. »Das Buch erscheint im September?« fragt er. »Derzeit sind wir bei 1265 Korruptionsverfahren, schreiben Sie rund 1300, das kommt dann mit Sicherheit hin.«

Der Strafverfolger kann sich an seinen ersten Korruptionsfall noch genau erinnern. Ein knapper Vermerk war auf seinem Schreibtisch gelandet, nichts Aufregendes eigentlich. Der Frankfurter Bauunternehmer Hans-Georg Huppert hatte einem Techniker des Straßenbauamtes in einem Café in der Nähe des Römers ein paar hundert Mark zugesteckt. Huppert beschwerte sich, daß er dem Mann auch noch das Frühstück hatte bezahlen müssen. Schaupensteiner: »Ich war wirklich empört, daß ein Beamter so was macht.«

In den letzten Jahren hat er ganz andere Fälle kennengelernt; Schaupensteiner kümmert sich jetzt nur noch um Korruption. Eine eigene Abteilung wurde gegründet, mittlerweile sitzt man zu dritt, zu viert an der Geschichte, arbeitet sich Schritt für Schritt durch den Großstadtdschungel vor. Regelmäßig liefert die Abteilung die neueste Fortsetzung mit immer haarsträubenderen Machenschaften. Jeder Schlag ins Kontor zieht einen anderen nach sich. Manchmal muß der Staatsanwalt nur auf die Post warten. Es wird ausgepackt, angeschwärzt, mancher schreibt sich den ganzen Jammer von der Seele. Die Berichte sind zwar anonym, aber von durchaus hoher Qualität. Sechshundert Verfahren sind schon

abgeschlossen, einhundertfünfundsechzig Anklagen und Strafbefehle verschickt worden (Stand
August 1992). Es stinkt in Frankfurt aus allen Kanälen in die Geld geflossen ist, die Sickergruben quellen über. Der Gestank dringt aus Stadtverwaltung,
Stadtwerken, Stadtreinigung, Stadtbauamt und
Unternehmen.

Den Ermittlern ist nichts Menschliches fremd
geblieben. Staatsanwalt Schaupensteiner, der noch
so arglos an seinen ersten Fall heranging, ist mittlerweile zum begehrten Stichwortgeber für Korrupti-
onsforscher, Politologen, Soziologen und Journalisten geworden. Sein Satz von der Korruption, »die
metastasenartig in den Staatskörper eingedrungen«
sei, ist in diesen Kreisen ein geflügeltes Wort und
auch der Vergleich mit den »sizilianischen Verhältnissen«.

Mit seinen früh ergrauten Haaren wäre der schlanke,
hochgewachsene Strafverfolger eine fabelhafte
Besetzung für das Stück »Allein gegen die Mafia«,
aber wenn ihm einer mit Mailand oder Palermo
kommt, winkt Schaupensteiner nur müde ab. »Da
brauche ich keinen Nachhilfeunterricht. Das kenne
ich aus eigener Anschauung.« Allein 200 Millionen
Mark setzt Hessen, nach seinen Berechnungen,
»infolge von Preisabsprachen jährlich in den Sand«.
Mehr als 17 Millionen landen bei den Beschäftigten
in den Bauämtern.

Das Wort vom Aufstieg der Korruption ist durchaus wörtlich zu nehmen. In den Anfangstagen des

Geldüberbringungsgewerbes traf man sich in dunklen Tiefgaragen, später in Cafés, wo zwischen Kaffeegedeck und Cognacschwenkern die Bündel rübergeschoben wurden. Neuerdings verabredet man sich in Häusern, die Imperial, Maritim oder Intercontinental heißen und innen auch so aussehen. Vornehm und diskret wird zwischen Champagner und Dessert das Bar-Geschäft abgewickelt.

In einem 1990 erschienenen Beitrag für die Beilage der Wochenzeitung »Das Parlament« analysierte der Bamberger Wissenschaftler Gerhard Pippig die »Korruption in der öffentlichen Verwaltung«. »Bau-Beamte«, steht da, »sind nicht nur durch ihre dienstlichen Möglichkeiten, sondern auch durch ihre beruflichen Kontaktpartner, mit denen ja häufig private Kontakte bestehen, besonders anfällig für Korruption, da in diesem Metier Pflicht- oder Gemeinwohlwerte kaum dominieren.«

Das allgemeine Lamentieren über die Schwäche der Menschen verliert sich im Folgenlosen. Natürlich ist zu allen Zeiten geschmiert worden. In Tagebüchern hat schon 1946 eine Buchhalterin des alten Huppert in gestochener Sütterlin-Schrift festgehalten, welcher Angestellte der Stadt damals der besonderen Aufmerksamkeit bedurfte. Aber die epidemische Verbreitung der Korruption, ihre Penetranz und die Konsequenzen sind neu. Als Durchstecher Huppert nicht mehr zahlte, blieben die Aufträge aus. Er mußte Konkurs anmelden.

Die nach Branchen geordnete Hierarchie des Abkassierens ist noch ein weißer Fleck, aber anzunehmen ist, daß alles, was sich um Bau, Steine, Erden dreht, ganz vorn liegt. Wenn eine Behörde quasi als Monopolist darüber bestimmt, wer Straßen, U-Bahnen, Deponien bauen darf, ist die Korruption, wie Alt-Linke sagen würden, systemimmanent.

Mit einfachen Begriffen wie Werteverfall ist dem Phänomen jedenfalls nicht beizukommen. Ist Frankfurt vielleicht sogar vorn, wenn es gilt, die Balance zwischen Kooperation und Korruption zu halten? Muß die öffentliche Hand nicht umlernen?

Fällt der Name Staat, fühlt man unwillkürlich Staub auf der Zunge. Mehr und mehr schrumpft der Gottseibeiuns zur bloßen administrativen Dienstleistungsagentur, und von seinen Dienern werden zunehmend Improvisation, Flexibilität und Privatinitiative verlangt. Bürokraten sollen so beweglich sein wie der egoistische, berechnende Wirtschaftsbürger und so selbstlos wie Mutter Teresa – das kann nur schiefgehen. Der Beamte schließt den Dienstweg kurz, der Unternehmer findet eine Lücke. Hessische Baufirmen stellten Mitarbeiter ab, die dann, vom Unternehmen bezahlt, für die personalschwache Stadtverwaltung arbeiteten. Im Gegenzug wurden den Firmen Aufträge zugeschanzt. Economica sommersa, Schattenwirtschaft, heißt das in Italien.

Neulinge brauchen eine Weile, um die Spielregeln zu verstehen. Ihnen fehlt der Sinn für die Andeutung, das Ohr für die Worte, die unausgesprochen bleiben. »Ich habe so viel zu tun, mein Viehzaun fällt zusammen, habt ihr nicht ein paar alte Hölzer?« fragte Alfons Weil, früher Abteilungsleiter beim Garten- und Friedhofsamt in Frankfurt. Und die Firmen schalteten. Sie stellten Arbeiter ab, die auf Weils Liegenschaften Viehzäune und Unterstände errichteten, Kartoffeln ausgruben, die Heuernte besorgten. Kleider, Uhren, Lederwaren ließ sich Weil ebenso wie vier reinrassige schottische Hochlandrinder spendieren – von den Hunderttausenden in den Kuverts gar nicht zu reden.

»Don Alfonso«, wie ihn Kollegen wegen seiner herrischen Art nannten, regierte wie ein kleiner Duodezfürst. Die weitläufigen Stadt-Anlagen waren eine Herrschaftsprovinz von seinen Gnaden. Ins Geschäft kam nur, wer ihn schmierte. Allein der Familienbetrieb der Eheleute Klaus und Doris Grzanna hielt den Landschaftspfleger mit Sachgeschenken und wöchentlichen Zahlungen, zuletzt jeden Freitag 850 Mark, im Gesamtwert von mehr als 300 000 Mark aus. Dreist fand mancher in der Branche nur, daß sich Weil auch noch den Grabschmuck für die Beerdigung seiner Mutter schenken ließ – Wiesenblumen.

So bitter wie im Fall Weil ist der Ton nicht, wenn in der Frankfurter Geschäftswelt die Rede auf Walter Voß kommt. Er war kein Unmensch, kein Halsabschneider. Der technische Amtsrat mit dem monatlichen Nettoeinkommen von 3 800 Mark hatte es zum Leiter eines Baubezirks gebracht, und diesen Posten durfte man nicht zu gering schätzen. »Spätestens seit den siebziger Jahren« urteilte die 1. Große Strafkammer des Landgerichts Frankfurt im Mai 1991, »herrschte zwischen den Baubezirksleitern des Straßenbauamtes Frankfurt am Main und den von ihnen beauftragten Bauunternehmern ein von allen Beteiligten als üblich und selbstverständlich empfundenes Verhältnis des Gebens und Nehmens, welches auf seiten der Bauunternehmer die Überzeugung hervorrief und festigte, daß die eigene Auftragslage in einem direkten Verhältnis zu den Vorteilen stand, die sie den jeweils zuständigen Bauamtsbediensteten gewährten.«

Baubezirksleiter Voß nahm allerdings reichlich. Beim Heizöl ließen ihn die Veränderungen des Weltmarktpreises kalt, er bekam es kostenlos. Die Terrasse daheim in Glauburg-Stockheim mußte überdacht werden, kein Problem. Arbeitsplätze für die Kinder: Da waren doch seine Freunde, die Unternehmer. Vor allem der Bad Sodener Horst Jürgen Kruck von der »H. Kruck Straßenbau GmbH« war ein wirklicher Kumpel. Urlaub machte die Familie Voß vorzugsweise auf Krucks Kajüt-Boot »Blue Bird« (vier Schlafplätze, 232 PS) oder im Ferienhaus Castelano in Italien. Aber die Jacht war doch ein bißchen piefig. Die Familie Voß suchte sich ein neues Schiff aus, die hochseetaugliche »Adventure«, und Kruck legte die erforderlichen 420 000 Mark gern auf den Tisch.

Die richtige Anlage ist das halbe Leben. Wer zahlt, schafft an. Wenn im »Baubezirk Nord« des Walter Voß eine Straße zu reparieren war, ging Kruck ans Werk. In nur drei Jahren verdreifachten sich seine Geschäfte mit der Stadt. Besonders rentabel waren natürlich die fingierten Rechnungen. 418 718,06 DM für Null-Arbeit – da ist endlich mal Umsatz gleich Gewinn. Als sich erste Gerüchte über Unregelmäßigkeiten in der Behörde verbreiteten, wurde Voß zum Dezernenten gerufen. Umständlich teilte man ihm mit, daß Zuwendungen von mehr als zehn Mark über der sogenannten Bagatellgrenze liegen und deshalb nicht zulässig sind. Der Amtsrat tat indigniert. »Keine Mark, Herr Dezernent, Ehrensache.«

Bei so viel Chuzpe kann das Gefühl der Peinlichkeit nicht mehr aufkommen. Aber skandalös ist nicht die individuelle Verfehlung, sondern das Netzwerk. Staatsdiener ließen sich samt Ehefrauen von Unternehmen nach Fernost einladen, als hießen sie Späth alias Cleverle alias Herr Schwab. Man spielte große Welt. Als ausgesprochen schick galt es, am Wochenende mit Gemahlin im vom Chauffeur gesteuerten Firmen-Daimler in die Schweiz zu rauschen. Hausbrauch war es, sich Autos überschreiben zu lassen. Ein Unternehmer mußte sogar seinen treuesten Beamten als Erben einsetzen.

Zwischen »Aus dem Reich des Humors« und Schachnotizen eingebettet, finden sich in den Lokalzeitungen Mitteilungen über immer neue Arten von Regelverletzungen. Nicht mehr das alte Spiel – eine Hand wäscht die andere –, im Sumpf wächst längst die Blüte der organisierten Korruption. Wer seinen Führerschein verliert, schaltet einen Anwalt ein, der das Papier gegen Bargeld bei einem für Dotationen empfänglichen Staatsdiener besorgt. Die früher so plumpe Bestechung bekommt Format.

Jede Stadt hat trotz ihrer Vielfalt ihr besonderes und eigenes Gesicht. Köln den früher liberalen Katholizismus, den Klüngel und Heinrich Böll, Hamburg die Elbe und steifen Hanseatengeist. Frankfurt ist die Stadt in der Mitte (50 Grad Nord, 9 Grad Ost) – der Verkehrsknotenpunkt Deutschlands, Messe- Kaufmanns-, Goldgräberstadt.

Wer die Machtverhältnisse in Frankfurt kennenlernen will, muß sich die Skyline anschauen. Das Muttertier der deutschen Finanzwelt, die »Deutsche Bank«, hat gleich zwei Türme hochgezogen (155 Meter), der Wolkenkratzer der »Dresdner Bank« ragt 166 Meter hoch, selbst die »Bank für Gemeinwirtschaft« schafft noch 148 Meter. Fast 400 Geldhäuser haben ihren Sitz in Frankfurt, »der Städte Blume und des Reiches stolz«, wie es im Mittelalter hieß. Die Werte, die wirklich zählen, sind Aktienwerte. Diskontsätze schwirren durch die Korridore, Börsenzettel berichten täglich von feinsten Schwingungen in Tokio, New York oder Zürich. Kann die Jagd nach Geld ansteckend sein?

»Der Müll, die Stadt und der Tod« hieß in den achtziger Jahren ein Frankfurt-Stück von Rainer Werner Fassbinder über Zuhälter, Nutten und den Spekulanten, der Wohnungen zerstört, Menschen aus ihren Häusern vertreibt, um wirklich stinkreich zu werden. Das Stück fand auch deshalb viel Beachtung, weil viele Frankfurter ihre Stadt wiedererkannten.

Die Frankfurter Stadtoberen reiben sich die Augen, tun erstaunt, wenn von der heimlichen

Hauptstadt der Bananenrepublik Deutschland die Rede ist. Rasch gehen sie zur Entlastungsoffensive über, mit zweifelhaftem Erfolg. Als Schaupensteiner vor fünf Jahren seinen ersten Korruptionsfällen hinterherhechelte, kam ein Rechtsdezernent zu verblüffenden Einsichten. Das Geflecht von Gefälligkeiten und Abhängigkeiten zwischen Unternehmen und Mitarbeitern der Stadtverwaltung, erklärte er, sei doch überhaupt nichts Neues. Seit den fünfziger Jahren sei das Phänomen in Frankfurt bekannt.

Wenn von der Verdorbenheit der Sitten die Rede ist, sollte (schon wegen der grassierenden Vergeßlichkeit) der Name Otto Graf Lambsdorff fallen. Der Placebo-Preuße ist Synonym für den Verfall der Politik und gehört deshalb in die Geschichtsbücher. Aber in Frankfurt hat jemand Heimrecht, der die Politik noch vor dem Grafen in Verruf gebracht hat: der sozialdemokratische Ex-Oberbürgermeister Rudi Arndt.

»Dynamit-Rudi«, wie er genannt wurde, weil er partout die Alte Oper in die Luft sprengen wollte, war ein militanter Fachmann des Spendengeschäfts. Ihm grauste nicht davor, in einer Tiefgarage hunderttausend Mark für die SPD in ein Attaché-Case zu packen. Der großzügige Geber war ein stadtbekannter Baulöwe namens Karsten Klingbeil, und wie das Leben so spielt, hatte der freundliche Löwe das »Sheraton«-Hotel am Flughafen bauen dürfen, und einen anständigen Millionenkredit von der »Hessischen Landesbank« gab es auch. So lief das, so läuft das, so wird es immer laufen – nicht nur in Frankfurt. Man liefert den Tribut ab.

Querulanten, Stänkerer könnten solche Praxis allerdings auch als gewöhnliche Schutzgelderpressung ansehen, wie sie im Fall der Pizzabäcker so händeringend beklagt wird. Kurz vor einer Kommunalwahl jedenfalls erschien bei dem unglücklichen Bauunternehmer Huppert ein Besucher.

>*Da kam eines abends, etwa so fünf, halb sechs, ein Herr von der SPD und bat um eine Wahlspende. Er legte mir eine Liste vor, auf der unsere sämtlichen Aufträge des Vorjahres verzeichnet waren, und bat um eine Spende entsprechend der Höhe unserer Aufträge, die wir von der Stadt Frankfurt hatten. Unter anderem zeigte er uns auch Listen von anderen Firmen, von Konkurrenzfirmen, die auch für die Stadt Frankfurt arbeiten oder arbeiteten, und zeigte uns, was diese Firmen an Spenden bezahlt hatten.*<*

Etwa vier Wochen später schaute die Konkurrenz vorbei. »Ein Herr von der CDU kam mit dem gleichen Anliegen zu uns.« Der Fremde war kein Softie. Falls Huppert nicht zahle, könne ihm nach einem Wahlsieg der CDU der Hahn abgedreht werden: »Dann erhalten Sie keine Aufträge mehr.«

In Frankfurt durchmischen sich augenscheinlich Politik und Milieu auf sonderbare Weise. In seiner Amtszeit als Oberbürgermeister hatte der Christdemokrat Walter Wallmann die famose Idee, dem »kriminellen Krebsgeschwür« den Kampf anzusagen. Huren und Loddel paßten nicht ins Image der Frankfurter Saubermänner, deren sauberster zweifellos Wallmann war. Als Bündnispartner im Kampf für das Gute guckte sich Wallmanns Magistrat den Bordellkönig Hersch Beker und dessen Bruder Chaim aus. Die Rotlicht-Größen sollten das Vergnügungsdorado am Bahnhof von Puffs und Pornoschuppen reinigen. Das ging so aus, wie es kommen mußte – die Bekers sahnten ab.

Eine mildtätige Stiftung der Stadt mit dem chicagoreifen Namen »Allgemeiner Almosenkasten« kaufte ihnen drei Bordellgrundstücke ab, und die Milieubosse steckten 12,7 Millionen Mark Gewinn ein.

Auf einem Grundstück des »Almosenkastens« in der Breiten Gasse erwarb eine Gesellschaft namens »Properties Limited«, hinter der die Beker-Brüder steckten, für einen jährlichen Erbbauzins von 288 000 Mark ein rund 6 000 Quadratmeter großes Areal. Im Dezember 1991 verkaufte »Properties« den Rohbau für 36 Millionen Mark an ein Kardiologen-Team.

Der großzügige Magistrat mietete noch schnell vor der Kommunalwahl 1989 ein Beker-Haus (Wert rund fünf Millionen Mark) zum horrenden Preis von 3,5 Millionen Mark Jahresmiete. Und mit »freundlichen Grüßen« überwies der Stadtkämmerer den Bordellkönigen weitere 1,5 Millionen Mark als Entschädigung für eine Pinte, die auf einem von der Stadt längst bezahlten ehemaligen Beker-Anwesen stand. Moralische Schizophrenie war in diesem

Millionenspiel die Norm. Saubermann Wallmann mochte an einer TV-Diskussion nicht teilnehmen, weil eine Dirne auftreten wollte, und ließ gleichzeitig solchen Schacher zu.

Das Beziehungsgeflecht zwischen den Bekers und den Behörden war eng: Arztrechnungen wurden übernommen, exquisite Vergnügungen bezahlt. Mancher städtische Mitarbeiter wechselte gelenkig ins Beker-Reich, und eine Anzeigenkampagne für die CDU in hessischer Mundart: »Werklich net, Herr Dr. Hauff« wurde auch teilweise vom Milieu finanziert. Die Staatsanwaltschaft leitete gegen Hersch Beker wegen Verdachts der Bildung einer kriminellen Vereinigung (Hauptvorwürfe: illegales Glücksspiel und Steuerhinterziehung in Höhe von 20 Millionen Mark) ein Ermittlungsverfahren ein, und der reiste nach Israel ab.

Während in der Mainmetropole reihenweise korrupten Beamten der Prozeß gemacht wurde, schalteten nebenan die Herren (Korruption ist Männersache) unbeirrt weiter. Im reichen Hochtaunuskreis, wo die Villen der Bankiers und Manager die grünen Hänge sprenkeln, flog Ende 1991 ein Bestechungssyndikat auf. Zwölf Bürgermeister, hohe Beamte und Bauunternehmer kamen in Haft, gegen insgesamt achtzig Beschuldigte wird noch ermittelt. Bei der Auswahl der Festzunehmenden konnte die Frankfurter Staatsanwaltschaft streng auf den Parteienproporz achten. Auswahl hatte sie genug.

Der Bauunternehmer Kruck aus Bad Soden hatte ausgepackt und so den Stein ins Rollen gebracht. Ein paar Besonderheiten hatte der noble Landkreis durchaus zu bieten. »Im Taunus waren«, erzählt Schaupensteiners Kollege Günter Wittig, »die Kosten für jede einzelne Bauleistung« des Kreises oder der Gemeinden »vorher ausgehandelt oder getürkt worden«. Ohne Ausnahme und seit Jahrzehnten. Der Einfachheit halber übernahmen Baufirmen die Planungen des Bad Homburger Straßenbauamtes gleich mit. Im Taunus boten die Firmen nicht freiwillig Schmiergeldtransfers an, sondern Politiker verlangten die Sore. Sie hatten feste Tarife wie Eisenbahnschaffner.

Der bibelfeste Vize-Landrat Galuschka etwa ließ sich für jeden Kubikmeter Erde, den Bauunternehmen im Kreis bewegten, eine Mark zahlen. Galuschka war einflußreich. »Man hat mich ausgezahlt, nicht gekauft«, sagte der Chef der Taunus-CDU.

So sehen es andere auch. Am 16. Juli 1992 wurde trotz »dringenden Verdachts« der Bestechlichkeit und des Betruges der frühere Bürgermeister von Schmitten, Georg Hahl, vom Frankfurter Oberlandesgericht aus der U-Haft entlassen. Christdemokrat Hahl hatte acht Monate eingesessen – daheim wurde ihm ein großer Bahnhof bereitet.

Berliner Sumpf
Gangs aus dem Osten, Vereinigungskriminelle aus dem Westen und ein zersetzter Senat

Polizeibericht, Auszug: »In den Morgenstunden des 13. 06. 91 wurde in Berlin ein 48jähriger Referatsleiter beim Senator für Bau- und Wohnungswesen in seiner Wohnung tot aufgefunden. Er war an den Folgen der Explosion einer Briefbombe verstorben [...] Es ist nicht auszuschließen, daß der Hintergrund des Anschlags in der beruflichen Tätigkeit des Opfers zu suchen ist.«

Hanno Klein verdiente als Beamter 7 000 Mark im Monat, brutto. Vor seinem Schreibtisch saßen Leute, denen das Wort Milliarde locker von den Lippen ging – Klein leitete, seit dem Frühsommer 1990, im Bauressort die Stabsstelle »Investitionen«. Ein Amt ohne Exekutivgewalt, dennoch voller Macht und Einfluß: Wer im Ostteil des vereinigten Berlin die besten Grundstücke kaufen wollte, der kam an Klein nicht vorbei.

Die Areale in den nobleren Vierteln der einstigen Honecker-City kosteten, je Quadratmeter, mindestens das Dreifache dessen, was das Land Berlin seinem Beamten Klein monatlich überwies. Manches Stückchen Erde in Boomtown war sogar goldbedeckt und platineingefaßt. Für ganze 258 Quadratmeter eines Grundstücks »Unter den Linden«, das zum Besitz des ehedem renommierten Weinhauses

Hebel gehörte, zahlte ein Interessent zehn Millionen Mark.

»Paris ist tot, London ist tot, Madrid ist tot, USA sowieso«, konstatierte ein Berliner Makler. Und jubelte, Berlin sei derzeit »weltweit der einzige Investitionsstandort« in Sachen pfundiger Immobilien.

Alfred Polgar spürte schon früher, daß das besondere Klima hier »den Kreislauf des Geldes beschleunigt und die Erwerbsdrüsen kräftig anregt«, genauso wie die »Sinnlichkeit«. Das meinte Polgar zwar anders, aber Geld kann schließlich auch sinnlich machen.

Eine Hauptstadt wurde (und wird) verkauft, der Beamte Klein war an vorderster Stelle dabei. Er favorisierte ausländische Investoren, wie jene Franzosen, die am Prenzlauer Berg ein 400 Meter hohes Bauwerk (»Tour de l'infini«) errichten wollten; er verprellte Berliner Firmen, denn er hielt sie für kaum fähig und »viel zu klein«, internationales Architekturniveau zu erreichen; er jagte alten Menschen Lebensangst ein, weil er ihre zerfallenden Wohnungen für ein neues, schönes, besseres Berlin plattmachen wollte, und das »mit Markanz und Brutalität«. Er dachte oft in Superlativen, so wie im April 1991, als er die Ansiedlung von »20 weltweit größten Baufirmen« verkündete.

Allem Anschein nach war der Beamte Klein nicht korrupt. Das gute Leben konnte er führen, weil er seine Mutter beerbt hatte: roter Porsche, italienische Maßanzüge, erstklassige Restaurants, riesige Wohnung an der Pariser Straße. Dem Beamten

Klein war auch mit Drohungen nicht zu imponieren, erst recht nicht mit dem Hinweis, man werde sich bei seinem Chef beschweren.

Am 12. Juni 1991 kommen Klein und seine Lebensgefährtin Doris H. gegen 22 Uhr nach Hause. An der Tür steckt ein wattierter Umschlag, als Briefsendung frankiert mit Marken im Wert von vier Mark, die vom Postamt 11 tags zuvor abgestempelt worden waren. Absender, laut Aufkleber: Büchergilde Gutenberg, Kleiststraße 19, 1000 Berlin 30.

Das stimmt nicht. Im Kuvert befinden sich weder ein Buch noch Briefe – Polizeibericht, Auszug: »Der Sprengsatz war in eine Videocassette, Fabrikat Sony, eingebaut, aus der das Bandmaterial entfernt war. Der Hohlraum war ausgefüllt mit Sprengstoff, vermutlich Selbstlaborat, und einer Penatencremedose, in der sich die Zündvorrichtung befunden haben dürfte. Die Vorrichtung wurde durch einen Abreißzünder (Wäscheklammer) über eine Schnur gezündet.«

Fünf Tage nach dem Attentat auf Klein landete beim Berliner Büro der Deutschen Presse-Agentur (dpa) ein Schriftstück, das im Terminus der Polizei Selbstbezichtigungsschreiben heißt. Der Tod Kleins, diesem »brutal-arroganten Schreibtischtäter«, rechtfertigten die angeblichen Täter den Anschlag, stehe »in realem Verhältnis zur gewalttätigen Dimension des derzeitigen Umstrukturierungsprozesses, dem umfassenden Angriff der HERRschenden auf die proletarischen Bevölkerungsschichten«.

Die verquaste Sprache wies auf Terroristen – wenn es etwa heißt: »Den Krieg der Stadtplaner,

Spekulanten, Politiker gegen uns KiezbewohnerInnen im Rahmen des Ausbaus Berlins als Kommandozentrale der westlichen imperialistischen Staatenkette zur ökonomischen Auspressung der Völker Osteuropas werden wir entsprechend beantworten ...«

Weniger dramatisch-politische Formulierungen konnten auf alte Stasi-Offiziere als Urheber zeigen; so prangerten die Autoren eine »systematische Liquidierung der Ex-DDR-Wirtschaftsstrukturen« an. Und ein rein technischer Hinweis im Text läßt sogar für die Vermutung Platz, gedungene Killer hätten die tödliche Post aufgegeben: »Vorzeitiges Detonieren während des Zustellweges war zu 100 % ausgeschlossen – nur für die Person, die den Brief öffnete, bestand ernsthafte Gefahr – kein Metallsplitterflug – kein Feuerausbruch.«

Offiziell hält die Berliner Polizei lange an der These fest, Mitglieder der terroristischen oder autonomen Szene seien die Mörder des »Chefumstrukturierers Klein« (Bekennerschreiben). Dafür spricht nur weniges, dagegen aber viel, vor allem die Ausführung der Tat. Nie zuvor in der Geschichte des deutschen Terrorismus der siebziger, achtziger oder neunziger Jahre haben Revolutionäre von eigenen Gnaden eine Briefbombe benutzt, folgerichtig konnten sie auch nicht auf die Erfahrung zurückgreifen, beim Öffnen des Umschlages komme es weder zum »Metallsplitterflug« noch zum »Feuerausbruch«. Briefbomben gehören vielmehr ins Arsenal der Geheimdienste und jener Organisationen, die im Leistungspaket Liquidierungen gleich mitliefern.

So oder so – der Beamte Klein wurde, im derzeit explosivsten Terrain der Wirtschaftswelt, Opfer seines Jobs. Menschen, die beruflich mit Grund und Boden zu tun haben, leben gefährlich: Attentat auf den Immobilienmakler Günter Schmidt, Brandanschlag auf das Auto des Juristen Klaus Finkelnburg, Unbekannte schießen aufs Fahrzeug eines Mitarbeiters der »Klingbeil-Gruppe«, die in einem Sensationscoup die alten DDR-Interhotels erstanden hat; Ulrich Jancke, Chef der Grundkreditbank wird ermordet, der Bauunternehmer Wilhelm G. Breuer begeht Selbstmord.

Selbstmord? Breuer, dieses eigensinnige Talent, war fast süchtig nach Leben. Ein solches Ende, mit ein paar hingekritzelten Zeilen als angeblichem Abschiedsbrief paßten so gar nicht zu seiner Philosophie. Seine letzten öffentlichen Worte, gesprochen in einer Fernsehsendung, könnten den richtigen Weg weisen: »Ich bitte im vorhinein um Entschuldigung dafür, daß ich mir wieder viele Feinde gemacht habe.«

In Berlin geht es um Milliarden, die zu verteilen, zu verdienen, zu gewinnen und zu verlieren sind; und immer dreht es sich um Immobilien, Liegenschaften, Grundstücke, die den nötigen Platz garantieren im Berlin der Zukunft. In den nächsten 20 Jahren werde die Stadt um »1,2 bis 1,4 Millionen Einwohner« wachsen, prophezeit eine Studie des Senats, 1,8 Millionen Autos kämen hinzu – das heißt: Straßen müssen gebaut werden, Brücken, Parkhäuser, mindestens 800 000 zusätzliche Wohnungen und neue Büros – teure Produktionsflächen von mehr als 22,5 Millionen Quadratmetern.

Dem Strom des Geldes, über dieses Thema bedarf es keiner wissenschaftlichen Arbeit, folgen Ganoven und Gangster. Der Expressionist Richard Huelsenbeck bewunderte am früheren Berlin die »großartige Mischung von Dieben, Kommerzienräten, Diplomaten, Hausbesitzern und Schrebergartenanwärtern ohne eigentliche Tradition« – die Mélange der Menschen am Ku'Damm und auf der Friedrichstraße ist heute so deliktös, daß die Kriminalpolizei für einige Spezies eigene Dezernate einrichten mußte. Sie verfolgt Hütchenspieler aus Jugoslawien, Autoschieber aus Polen, Taschendiebe aus Südamerika, Schutzgelderpresser aus Rußland, Vereinigungskriminelle aus allen Teilen der beiden alten deutschen Republiken, Mörder, Totschläger, Hehler, Rauschgifthändler, Waffenschieber.

Aber das alles ist offenbar erst der Anfang. Das Ballungsgebiet Berlin werde »nach Beendigung seiner insularen Situation und als östlichst gelegene westliche Metropole«, befürchten die Analytiker der Krimi-Szene in Deutschlands künftiger Hauptstadt, *das* Einfallstor »für eine organisierte Kriminalität« sein. Die Prognose ist nicht pessimistisch, sie ist realistisch und betrachtet nüchtern Zustand und Zukunft. Denn die Stadt besitze,

● »eine Wirtschaftsstruktur mit zunehmender Anhäufung von Unternehmen«,

- »ein Finanzzentrum mit internationalen Verbindungen«,
- »diverse Verkehrsverbindungen mit internationalen Knotenpunkten für nationale und internationale Strecken«,
- »eine ein hohes Maß an Anonymität gewährende Bevölkerungsdichte«.

Die Metropolis Berlin, fürchten die Polizeiexperten weiter, entfalte eine »regelrechte Sogwirkung für kriminelle Aktivitäten jeglicher Art« und biete, vor dem Szenario dieser allgemeinen Entwicklung, »natürlich unermeßliche Entfaltungsmöglichkeiten für OK-Täter«. Längst sind die Claims abgesteckt; »Spree-Chicago«, wie Walter Rathenau seine Heimatstadt nannte, klingt fast niedlich: Berlin ist ein Stück Medellin und ein Stück Miami, ein Stück Washington und ein Stück Palermo.

Von hier aus werden auch die neuen Bundesländer und die Ost-Anrainer unterwandert. Kaum war die Mauer gefallen, orientierten sich italienische Clans verstärkt nach Osten. Ganz offen erkundigten sich Gesandte der Camorra-Familien »Ascione« und »Esposito« auf Konsulaten in Italien nach Anlagemöglichkeiten für ihr Riesenkapital. »Die Mafia«, hieß es in einem vertraulichen Bericht der Carabinieri, »ist auf dem Weg nach Osten.«

Im Juni 1992 transportierten Berliner Fahnder die Meldung, mafiose Italo-Banden hätten in der Ex-DDR bereits über 70 Milliarden Mark schwarzer Gelder investiert. Die Zahl soll aus einem Papier des italienischen Geheimdienstes »Sismi« stammen. Auch wenn sie viel zu hoch gegriffen scheint – die Sorge, das organisierte Verbrechen aus dem Land des EG-Partners Italien könnte im öffentlichen Leben Deutschlands Fuß gefaßt haben, ist durchaus berechtigt.

Berlin, die Frontstadt des Kalten Krieges und der 007 von über 70 Geheimdiensten, wendete sich zur Kapitale der Kriminalität, »rasant und dramatisch«, sagt der ebenso unkonventionelle wie erfahrene OK-Oberstaatsanwalt Hans-Jürgen Fätkinheuer. Die Öffnung der Ostblock-Grenzen und die damit verbundene, tektonisch-schnelle Gleichschaltung der Verbrechenssystematik ist die eine Seite, die andere findet sich wieder in der landläufigen Erkenntnis, daß sich Geschichte stets wiederhole, und dann oftmals auf höherem Niveau: Berlin war, ist und bleibt ein Sumpf, der mächtige Blüten treibt. Erst korrupt, dann hyperkriminell.

Nein, die Brüder Sass sind's nicht schuld und auch nicht der Mann, der mit dem Koks da war. Selbst die Vorarbeit der Herren Leo und Willi Sklarek, die zwischen den Weltkriegen Stadträte fast aller Couleur schmierten, darf nicht als Beleg dienen – obschon ihr Spruch Leitmotiv für die »klandestine Kungelei um staatliche Gelder und Aufträge« (Michael Sontheimer) sein könnte: »Eine Politik, die nichts einbringt, taugt nichts.«

Bonn, ausgerechnet die Vorfahrin Bonn, planierte die Zufahrt in den »Berlin Sump« (»New York Times«). 1964 hatte die Bundesregierung unter

Kanzler Ludwig Erhard das erste Berlinhilfe-Gesetz auf den Weg gebracht, und Erhard prophezeite gar nicht tollkühn: »Die Leute verdienen sich an Berlin kaputt.« Subventionen und andere Unterstützungsaktionen des Staates züchteten eine mit Geld gekoppelte Unmoral, der erst die Roten im Senat und dann die Schwarzen erlagen.

»Auf Stühle kommen, auf Stühlen sitzen und auf Stühlen bleiben«, so hatte der vormalige SPD-Bürgermeister Heinrich Albertz fast unisono mit der Opposition die Motivation vieler sozialdemokratischer Mandatsträger kritisiert, die nach jahrzehntelanger Machtausübung den Versuchungen des Machtmißbrauchs nicht widerstehen konnten. 1981 mußte der Senat unter Führung von Dietrich Stobbe zurücktreten. Die CDU ging in den nächsten Wahlkampf mit dem Slogan, den »roten Filz« zu zerreißen – und hatte Erfolg.

Doch die Sozen waren zu gute Lehrmeister gewesen. Bald schon verhielten sich Christdemokraten samt Bündnispartner FDP kaum anders als die Regierenden von einst. Die Alternative Liste (AL) bescheinigte der CDU eine »Beutepolitik par excellence«, und der Architekt Harald Ulrich, der einmal das Parteibuch der Union besaß, räsonnierte: »Die haben doch nur den Filz schwarz gestrichen, und es geht weiter wie bisher.«

»Steglitzer Kreisel«, Dietrich Garski oder Wolfgang Antes – die Begriffe und die Namen besitzen historische Dimension. In keiner Phase machten die politisch Verantwortlichen aus eigenem Antrieb den

Versuch, die Eiterbeulen aufzustechen. Zu König Lear sagte der Narr: »Die Wahrheit ist ein Köter, der ins Loch muß und ausgepeitscht wird, während Madame Schoßhündin am Feuer steht und stinken darf.« Daß sich der SPD-Landesvorsitzende Walter Momper nach sechs Jahren Amtszeit in die Baubranche abseilte, könnte berlintypisch sein; die Art und Weise, wie viele seiner Parteifreunde reagierten, hätte des Königs Narr gefreut – ihr Aufschrei klang, angesichts der Vergangenheit, hohl und verlogen.

Sumpf wurde zum internationalen, geflügelten Wort für jenes Mafiastück, in dem sich moderne Wirtschaftskriminalität der Steuerjongleure, Abschreibungshaie und Großspender aus der Bauwirtschaft mit Polit-Funktionären, halbseidenen Bordelliers wie jenem Herrn Schwarz und dumpfer Gangstergewalt verfilzte. Antes, Baustadtrat in Charlottenburg und 23 Jahre lang höchst aktives Mitglied der CDU, ließ sich zu eigenem und zum Wohl der Partei schmieren, was eine Strafkammer mit über fünf Jahren Haft quittierte. Das Modell Antes, schreibt Benedict Maria Mülder, »war ein feingesponnenes auf den ambitionierten und skrupellosen Politiker zugeschnittenes Beziehungsgeflecht zum Zwecke des Machterhalts und Notenerwerbs. Es reichte vom Bauluden bis zum Bordellbesitzer, vom CDU-Ortsverein bis zur Parteizentrale.«

Als eine Sonderkommission der Berliner Kripo, die sich nach einem Tatort an der Lietzenburger Straße »Soko Lietze« nannte, in den Sumpf tauchte, förderte sie fast sämtliche Delikte der organisierten

Kriminalität zutage: versuchter Mord, Betrug, Brandstiftung, Bestechung, Erpressung, Vorteilsannahme, Steuerhinterziehung. »Wir sind auf so ziemlich alles gestoßen, was das Strafgesetzbuch hergibt – außer der Vorbereitung zum Angriffskrieg«, resümierte der Erste Kriminalhauptkommissar Uwe Schmidt, damals stellvertretender Chef der »Soko Lietze«.

Heute ist Schmidt Kriminaloberrat. Der allseits geachtete, respektierte und gefürchtete »Kugelblitz«-Schmidt (sein Spitzname bezieht sich zwar auch aufs Äußerliche, ist aber eher Synonym für den Schnelldenker) führt wieder eine Spezialtruppe an, die aufklären soll, wer vor und nach dem Fall der Mauer in und um Berlin herum gegen die Gesetze verstieß. Seine sarkastische Sumpfbilanz gilt jetzt erst recht, mit einem Unterschied von drei Nullen: Aus dem Millionenschaden ist ein Milliarden-Krimi geworden.

Schmidts Einheit ermittelt im Auftrag beider Berliner Staatsanwaltschaften gegen solch interessante Figuren der Zeitgeschichte wie den Stasi-Obersten Alexander Schalck-Golodkowski oder dessen Vertraute Waltraud Lisowski; sie recherchiert Durchstechereien und andere Delikte bei der »Treuhand« (siehe Seite 77) und fahndet nach Rubelbetrügern (Seite 61). Der jüngste Fall: die Beteiligung hoher Offiziere der ehemaligen UdSSR-Streitkräfte und bekannter Westberliner »Intensivstraftäter« (Polizei) an riesigen Schmuggel- und Schiebergeschäften.

14 Milliarden Mark stellt der Bund bis 1994 zur Verfügung, um den vertraglich vereinbarten, zeitlich

begrenzten Aufenthalt und den Abzug der West-gruppe-Soldaten zu alimentieren. Bonn zahlt, wann immer es nötig ist – meist auf das Konto 400 404 004 – bei der »Deutschen Bank«, Filiale Zossen. Im Kreis Zossen liegt Wünsdorf, und hier amtiert die Verwaltung der Streitkräfte.

Ein Teil des Geldes, das Bonn brav überwies, verschwand bereits in dunklen Kanälen. Uwe Schmidt: »Warenlieferungen an die Streitkräfte werden quittiert, aber tatsächlich geht das Gut hinten wieder aus der Kaserne heraus.« Vulgo: Scheinverkäufe, aber sie wurden anständig bezahlt – der Schaden einschließlich fehlender Steuereinnahmen erreichte im August 1992 fast die Milliardengrenze.

Viele der Wünsdorfer Herren mit den Sternen auf beiden Achselstücken können nicht widerstehen. So orderte, beispielsweise, im Juli 1992 ein Fähnrich im untersten Offiziersrang bei der Berliner »Daimler«-Niederlassung einen gebrauchten Mercedes 500 SEL für 158 000 Mark. Die Limousine, die per Flugzeug nach Moskau geschafft wurde, ist mit »Wurzelnuß«-Holz, Radio-Fernbedienung und »Rollo elekt. f. Heckfenster« fürstlich ausgestattet.

Fähnrich Wladimir Promin wird vermutlich am Volant nie Platz nehmen. Adressat des Daimlers ist nach Einschätzung Wünsdorfer Offiziere die Spitze des russischen Verteidigungsministeriums. Gospodin Theo Waigel, der Bundesfinanzminister, muß für alles aufkommen.

In Moskau installierte sich eine parlamentarische Untersuchungskommission. Deren Chef, Aslanbek

Aslachanow, hat in der Westgruppe eine »Metastase von Korruption und Mißbräuchen« ausgemacht. Es ist zu spät, sie zu bekämpfen. Resignierend schrieb Aslachanow an seinen Parlamentspräsidenten: »Die Geschäftemacher haben Mafiastrukturen geschaffen.«

Die Russen türken und schachern. Im Februar 1991 wurden von Zossen aus fünf Millionen Mark nach Zürich transferiert, die gleiche Summe im März nach Genf und im Juni nach Helsinki; im Juli wandern zwei Millionen nach New York – bunkerten Offiziere im Ausland Rentengelder? Fast schon Petitesse: Für 4,95 Millionen Mark kaufte die Westgruppen-Administration bei einer chinesischen Firma namens »Sin-Min« 5 000 Tonnen Äpfel. Das Obst ist aber nur die Hälfte wert, sagt ein Gutachter. Wer diesen Deal einfädelte, ist längst Millionär. Ob er allerdings noch unter den Lebenden weilt, entzieht sich der Kenntnis der Kriminalisten – nur Sizilianer schießen und stechen schneller als Männer aus dem alten Reich eines Michail Gorbatschow.

Die Berliner Kripo-Ermittler, die in der OK-Abteilung des Kriminaldirektors Andreas Pahl ein eigenes Russendezernat einrichteten, müssen seit Ende 1990 mit dem Phänomen leben, daß die Gewalttäter aus dem Osten es vor allem auf die eigenen Leute abgesehen haben. Erfolgstypen aus der zwielichtigen Geschäftsszene, in der Regel jüdische UdSSR-Emigranten, werden bedroht, erpreßt, verprügelt – und ermordet, wie der Exilant Efim Laskin, der mit Ikonen, Rauschgift und Falschgeld Millionen scheffelte, oder der Emigrantensohn Eduard Beck, der in Autoschiebereien verwickelt war.

Eintreiber sind meist Tschetschenen, Mitglieder einer moslemischen Bevölkerungsgruppe aus dem nördlichen Kaukasus, denen heute noch die Blutrache nicht fremd ist und die in der Kriminalitätsszene daheim die brutalsten Zuhälter stellen. Sie agieren unter der Bezeichnung »Moscow Tschetschen Community«, schröpfen Exilanten um Beträge zwischen 5000 Mark und 100000 Dollar und machen selbst vor Asylanten nicht halt. »Schutz vor Belästigung«, heißt das Angebot – es kostet im Monat 400 oder, als einmalige Zahlung, 10000 Mark.

Anzeigen gehen nur spärlich ein. »Im Kreise schon betroffener beziehungsweise potentieller Opfer«, vermerkt eine Polizeiakte, verbreite sich »eine starke Verunsicherung und erhebliche Verbrechensangst.«

Tatort: Töpchiner Obersee. Auf der Straße vor dem Wünsdorfer Sowjethauptquartier ist die Bahnschranke geschlossen. Wolodja, ein junger Russe in Zivil, wartet auf den Zug. Da stoppt neben ihm ein blauer Lada, und eine vertraute Stimme fragt Wolodja, ob er Lust auf eine »spezielle Arbeit« habe: »Deine Fäuste sind gefragt.«

Zwei der drei Lada-Insassen, den Russen Jurij und den Kaukasier Ruslan, kennt Wolodja vom Schwarzmarkt. Obwohl er als Boxamateur ziemlich große Fäuste hat und die auch manchmal fliegen läßt, winkt er ab. Die Schranke geht hoch, der Wagen fährt ohne ihn.

An jenem 2. Juni 1991, gegen halb zehn am Abend, wurden Jurij Bulgakow, 26, und Ruslan Beretschow, 22, letztmalig lebend gesehen. Knapp eine Woche später ziehen Angler die aufgedunsenen Leichname der beiden aus dem Töpchiner Obersee unweit von Wünsdorf.

Die Täter hatten ihre Opfer aneinandergefesselt und mit einem der rot-weiß geringelten Betonpfähle beschwert, die um die Grenzen russischer Armee-Areale stehen. »Sie wurden bestialisch ermordet, zahlreiche Stiche in den Lungen, durchschnittene Kehlen, eingeschlagene Schädel«, erinnert sich ein Arzt aus der Umgebung. »Ihre Münder berührten einander fast. So als wolle man hinterlassen: Wer nicht schweigt, muß sterben.«

Vendetta unter Russen – mitten in Deutschland. Es ging um Autos und Waffen.

Tatort: Fasanenstraße. Im Vorgarten der Pizzeria »Da Gianni« sitzen drei Russen und ein Deutscher. Von der anderen Straßenseite nähert sich ein junger Mann – und schießt sofort. Einer der Gäste erwidert das Feuer. Der Showdown am 22. Juli 1991 fordert fünf Verletzte.

Die Polizei rätselt über das Motiv: »Denkbar sind Warnung, Vergeltung..., aber auch der Streit um Marktanteile bezüglich krimineller Geschäfte bzw. um daraus resultierende Forderungen.« Alles ist richtig: In der Fasanenstraße knallten die Deputierten der verfeindeten Mafiabanden »Dolgoprudnenskaja« (»DK«) und »Racket« aufeinander.

Schütze eins, der 23jährige Jegor Balaschow, wurde gefaßt und zu sieben Jahren und drei Monaten

Haft verurteilt; Schütze zwei, nach Polizeierkennt-
nissen eine »Moskauer Unterweltgröße«, flüchtete
und blieb lange verschollen – bis im April 1992 die
Amsterdamer Polizei einen Tip bekam: Tengis M.
lag tot im Feld, erschossen. Vendetta unter Russen –
es ging tatsächlich um Marktanteile.

Glücksritter im Niemandsland
Acht Milliarden Mark Beute im Geschäft mit Transferrubeln

Michael Miosga, 38, lenkte seinen anthrazitfarbenen Mercedes 500 SL bei Heidenau von der Autobahn A 1, fuhr nach der Rechtsschleife kurz auf die Landstraße, um gleich wieder in einen Feldweg abzubiegen. Hinter einer Scheune hielt er an. Miosga und seine 20jährige Freundin warteten.

Gegen 23.30 Uhr, in den letzten Minuten des 23. Juni 1992, zerreißen vier Schüsse die Stille. Am nächsten Morgen findet ein Lastwagenfahrer die blutverschmierten Leichen der beiden – Miosga wurde aus knapper Distanz im Schädel und in der Brust getroffen, seine Freundin durch einen aufgesetzten Schuß in den Kopf getötet. Ihr kleiner Malteserhund »Tapsie« überlebte.

Das 150 000 Mark teure Mercedes-Coupé ist unverschlossen, das Gepäck unberührt, in Miosgas Brieftasche steckt ein dickes Bündel Geldscheine. Raubmord scheidet für die Kriminalisten des Städtchens Buchholz, 25 Kilometer von Hamburg entfernt, aus. Die Brutalität der Tat deutet eher auf einen Racheakt, auf Exekution, Liquidierung. Kripochef Herbert Wittneben installiert die Sonderkommission »Heide«; 12 Beamte beginnen, das Leben Miosgas auszuleuchten.

Zusammen mit seinem Vater hatte er in Berlin ein wenig lukratives Fernsehgeschäft betrieben – ehe er plötzlich begann, auf großem Fuß zu leben. Der Geschäftsmann war im sich auflösenden Arbeiter- und Bauernstaat ins Im- und Exportgeschäft eingestiegen. Viele solcher Firmen, die Anfang 1990 wie Pilze aus dem Boden schossen, dienten der Versorgung alter SED-Seilschaften oder als Camouflage für anrüchige bis kriminelle Geschäfte.

Mitte Juni 1990 beteiligte sich der Berliner an einem Geschäft mit billigen Fahrzeugen. Für die Firma »Kleinschmidt Family Shop« aus Beyern nahe Cottbus kaufte er im Rheinland 400 fabrikneue Autos des russischen Herstellers »Lada«; der Stückpreis lag – je nach Ausstattung – zwischen 7 500 und 9 000 Mark. Auf Lkw-Tiefladern schaffte ein Spediteur die Fahrzeuge nach Hamburg und Bremen; von dort wurden sie in einen sowjetischen Ostsee-Hafen verschifft.

Abnehmer der Großlieferung war die Firma »Uralmasch« in der Ural-Metropole Swerdlowsk, die heute wieder, wie zu Zeiten der Zaren, Jekaterinburg heißt. Miosga und Kirsten Kleinschmidt vom gleichnamigen »Family Shop« hatten das Exportgeschäft, wie im Außenhandel der alten DDR vorgeschrieben, mit Hilfe einer staatlichen Lizenz abgewickelt – warum aber Ladas, die in der UdSSR gebaut und in die Bundesrepublik geschafft worden waren, ins Produktionsland reimportiert wurden, diese naheliegende Frage stellte in der Ostberliner Genehmigungsbehörde niemand.

Auch die Höhe des Preises, den »Uralmasch« angeblich für die Autos zahlte, fiel keinem auf: 7,8 Millionen Rubel. Das waren, nach damals gültigem Umrechnungskurs, 36,5 Millionen DDR-Mark. Wenige Tage später, als die Währungsunion aus DDR-Spielgeld harte Westmark zauberte, landeten 18,25 Millionen DM auf dem Konto der »Lada«-Verkäufer. Über 15 Millionen sind seither verschwunden. Die Summe ist Grund genug für einen Mord, und irgendwer in diesem Monopoly-Spiel hat vermutlich geglaubt, er sei von Miosga über den Tisch gezogen worden.

Michael Miosga – der erste Tote im größten Kriminalstück der deutschen Geschichte. Der Zusammenbruch der Kölner »Herstatt-Bank« im Jahre 1974, eine 480-Millionen-Pleite, nimmt sich noch wie ein Eierdiebstahl aus, da ist der riesige »co op«-Skandal, der 100 Banken 1,8 Milliarden gekostet haben soll, schon bedeutender. Wenn irgendwann einmal die Endabrechnung mit dem roten Rubel vorliegt, wird vielen schwarz vor Augen werden: Der Schaden, der in den wenigen Monaten vor der Vereinigung beider deutscher Staaten zu Lasten der nunmehr gemeinsamen Kasse entstand, erreicht mindestens acht Milliarden Mark.

Immer wenn ein Staat stirbt, eine Gesellschaftsordnung zerbricht und neue Kräfte aufmarschieren, beginnt die hohe Zeit der Gewinnler, Glücksritter, Gauner und Großkriminellen. Wo früher eine strikte Grenze die Systeme trennte, öffnet sich eine Zeitlang das Niemandsland der Unsicherheit, der Fehler und der Rechtsbrüche. Und wenn innerhalb nur

eines Jahres der sieche Sozialismus im demokrati-
schen Kapitalismus aufzugehen hat, verdichtet sich
solcher Wandel durch allzu abrupte Annäherung
zum Chaos.

Was zwischen Juni und Oktober 1990 in Berlin
und anderswo geschah, ist international organisierte Kriminalität auf ganz besonderem Niveau –
wobei der Dreh so simpel war wie die Handbewe-
gung, mit der man beim Roulette einen Jeton auf
Plein setzt, Gewinn bereits eingeschlossen. Eine
vom DDR-Außenwirtschaftsministerium gestem-
pelte Lizenz zum Export in die Sowjetunion oder
nach Polen genügte den als ehrbare Kaufleute ver-
kleideten Betrügern, um die Bundeskasse schröpfen
zu können: Im Osten wirkten Staatsbeamte vorsätzlich und leichtfertig mit, im Westen handelten sie
grob fahrlässig, weil sie den Kollegen drüben unge-
prüft zugute hielten, diese würden, eingedenk alter
Tugenden, in den letzten Wochen der Eigenverant-
wortung mit Geld preußisch-pingelig umgehen. Ein
Trugschluß, milliardenschwer und nicht reparabel.

Daß in der Zeit nach der Wende solch riesige
Geldmanöver möglich waren, ist auf die Historie des
Ostblocks und seines »Rates für gegenseitige Wirt-
schaftshilfe« (RWG), des kommunistischen Pen-
dants zur »Europäischen Gemeinschaft«, zurückzu-
führen. Der Außenhandel der DDR war, abgesehen
von seiner Spezialbehörde »Kommerzielle Koordinierung« (KoKo) unter Leitung des Staatssekretärs
und Stasi-Offiziers Alexander Schalck-Golodkowski, reglementiert und den Fünfjahresplänen unter-

worfen. Im Rahmen der dort festgelegten Exporte und Importe handelte die DDR mit den einzelnen RGW-Partnern jedes Jahr aufs neue Quoten aus. Eine eigene Abteilung im Außenhandelsministerium, deren letzter Chef Gerhard Beil war, erteilte den Außenhandelsbetrieben (AHB) entsprechende Lizenzen. Cash-Zahlungen gab es nicht.

Zur Begleichung der Lieferungen und Leistungen diente im Ostblock eine Kunstwährung – der transferable Rubel (XTR). Die Transferrubel konnten nicht in harte Währungen wie DM oder Dollar umgetauscht werden. Außerhalb des RGW besaßen sie somit keinen Wert; das XTR-Verrechnungssystem war ein in sich geschlossener Kreislauf.

Als zentrale Abrechnungsstelle für jedwedes RGW-Geschäft fungierte die »Internationale Bank für wirtschaftliche Zusammenarbeit« (IBWZ) in Moskau, bei der die Außenhandelsbanken aller Ostblock-Staaten ein Konto besaßen. Verkaufte beispielsweise der DDR-Außenhandelsbetrieb »Sket« Jagdwaffen nach Kiew, belastete die IBWZ das sowjetische Konto, entlastete aber gleichzeitig das dortige Konto der »Deutschen Außenhandelsbank« (DABA) um den gleichen Betrag; die Ostberliner DABA wiederum zahlte dem AHB »Sket« den Rubelbetrag in Landeswährung aus. Seit 1981 war der Gegenwert eines XTR auf krumme 4,67 Mark (DDR) festgesetzt.

Weil krumme Geschäfte schon des Systems wegen nicht vorkommen konnten, waren Kontrollen nur Formalitäten. So prüfte die DABA vorgelegte Dokumente – Exportlizenz, Rechnung an den Importeur, Versandpapiere mit Übernahmeerklärung des Transporteurs – nicht inhaltlich, sondern schaute lediglich, ob Zahlen und Daten einigermaßen zusammenpaßten. Diese Situation fanden Vertreter der Bundesregierung vor, als sie im Frühjahr 1990, nach den ersten freien Wahlen in der DDR, bei der Vorbereitung zur Währungs-, Wirtschafts- und Sozialunion mit DDR-Kollegen auch das Thema »Umtauschverhältnis zwischen Transferrubel und DM« diskutierten.

Da die Ost-Partner »zur Kursfestsetzung keine Lösungsvorschläge« präsentierten, wie der Bundesrechnungshof in seinem internen Prüfbericht VIII 09 10 01 festhielt, bat der damalige Bundeswirtschaftsminister Helmut Haussmann (FDP) seinen Finanzkollegen Theo Waigel (CSU), die »erforderlichen Schritte« einzuleiten. Eine Expertengruppe tagte und hielt ein Umtauschverhältnis von 2 : 1 für »ökonomisch gerechtfertigt«. Am 15. Juni 1990 gab die DDR-Regierung, in Abstimmung mit Bonn, den neuen Kurs öffentlich bekannt: Er sollte ab 1. Juli, null Uhr, gelten.

Mit einem Schlag war das russische Pfenniggeld Gold wert. Während vorher Schwarzhändler auf den Straßen Moskaus bis zu 18 Rubel für eine Westmark springen ließen, zahlte der Staat plötzlich für einen Rubel die Hälfte von 4,67 DM, aufgerundet 2,34 DM – die 40fache Erhöhung von heute auf morgen mußte geradezu eine Einladung für Betrüger sein. Es galt, nur eine Hürde zu nehmen: Wer in der DDR aus der Kunstwährung richtig Kapital schlagen wollte, der mußte XTR auf einem Konto bei der Außenhandelsbank haben. Und an diese kam er nur, wenn ein Exportgeschäft nach alten DDR-Gepflogenheiten abgeschlossen worden war.

Die eiligen Väter der Währungsunion standen auch noch Pate. In Artikel 13 (»Außenwirtschaft«) des Staatsvertrages gewährten sie den »gewachsenen außenwirtschaftlichen Beziehungen« der DDR, »insbesondere bestehenden vertraglichen Verpflichtungen« gegenüber RGW-Ländern, besonderen »Vertrauensschutz«. Bei »Beachtung marktwirtschaftlicher Grundsätze« und im »Interesse aller Beteiligten« sollten die Beziehungen »fortentwickelt« und »ausgebaut« werden.

Im Klartext: Verträge, die die DDR mit RGW-Partnern bis einschließlich 30. Juni 1990 geschlossen hatte, wurden nach dem 1. Juli in harter DM eingelöst. Bundeskanzler Helmut Kohl persönlich machte sich dafür stark, daß der »Vertrauensschutz« bis Ende des Jahres galt – Klondike lag jetzt in Kötzschenbroda und El Dorado in Döbeln.

Alles hatte sich geändert, nur eines nicht: Immer noch genügte es, bei der Ostberliner DABA formal ein Exportgeschäft anzuzeigen und ein paar Bogen Papier beizulegen. Allerdings durften nur in der DDR produzierte Waren oder hier entstandene Serviceleistungen ausgeführt und gehandelt werden.

Wie zu Honeckers Zeiten, als XTR-Geschäfte wirkliche Nullsummenspiele waren, unterblieben die Kontrollen; die DDR-Außenwirtschaftler kannten zwar die Höhe der staatlich festgelegten Export-

Volumina, aber in dem amorphen System wußten sie nicht mehr, welche Firmen welche Waren in welchen Mengen liefern sollten. Dreist gefälschte Lizenzen wollten niemandem auffallen; später war es sogar nicht mehr nötig, gesiegelte Ausfuhrdokumente vorzulegen – die DABA zahlte im voraus, ohne Prüfung, die DM-Gegenwerte der XTR aus. Briefkastenfirmen, deren Namen – so ein Beamter – am »Besenstiel im Vorgarten auf einem DIN-A5-Blatt unter Folie« prangten, tätigten Millionenexporte; die Büros von »Handelshäusern« lagen im Reihenhäuschen der Geschäftsführer oder in einem 12-Quadratmeter-Zimmer einer Kanzlei. Von dort gingen Lebensmittel und Spielwaren, Computer, Juwelen oder Maschinen en gros in den Ostblock – jedenfalls auf dem Papier.

Der Fall Tanner. Der ehemalige Steuerberater und Wirtschaftsprüfer Emil Tanner, in Berliner Anwaltskreisen wegen fehlender Fingerglieder als »Old Schwurhand« bekannt, errubelte mit seinem Geschäftspartner Arkadij Tozkiy, einem Exilrussen, exakt 63.150.000,00 DM. Das Geld landete auf Konten der »Hamburger Vereins- und Westbank AG« (Kontonummer: 50-401380), des »Bankhauses Löbbecke« in Berlin (Kontonummer: 33 430 und 40 680) und der Berliner Filiale der »Dresdner Bank« (Kontonummer: 925 549 700).

Tozkiy und Tanner, der in Berlin Chef der Firmen »Tanner Consulting«, »Palitra Kunsthandels GmbH«, »Iweri Handels GmbH«, »Duradshi Handels GmbH«,

»Sojus Trade Handels GmbH«, »Tanner Engineering GmbH«, »Etat Vermögensverwaltungs GmbH« und »LMW Limousinen Mietservice« war, lieferten im Sommer 1990 billige Technik in die Sowjetunion – angeblich über die »Deutsche Consulting« in Ostberlin; den wahren Sachverhalt beschreibt ein amtliches Papier:

> »Die Firmengruppe Tanner hat tatsächlich, soweit überhaupt exportiert wurde, keine DDR-Produkte exportiert, sondern Waren, die teilweise aus Norwegen stammten. Insoweit war keine rechtliche Grundlage für die Umstellung von XTR gegeben.«

Ein Unternehmen lieferte Zehntausende aufgequollener Büchsen mit verdorbenem Fisch – ein Riesengeschäft, das 52 Millionen DM brachte. Der in Jugoslawien geborene Schlosser Mirko Polic, 36, der sich als Staatsrechtler bezeichnende Matthias Gellert, 38, und ein dritter Mann kassierten laut Anklage 143,9 Millionen DM für Luftgeschäfte mit Polen: Die DABA zahlte, weil das Gaunertrio »nachgemachte Empfangsbestätigungen der polnischen Firma über den Erhalt der Waren« (Anklage) vorgelegt hatte.

Die Initiative zu den Millionen-Betrügereien ging nicht nur von West- und Ostdeutschen aus. »Mit Bekanntwerden der Modalitäten der Währungsumstellung« (Berliner Polizei) häuften sich die Fälle, in denen polnische oder sowjetische Strohmänner mit westlichen Firmen Importverträge abschlossen. Die DDR-Unternehmen mußten dabei »zwingend eingebunden« werden, weil immer noch das RGW-Prinzip des geschlossenen Marktes hochzuhalten war.

Für Moskauer Beamte in den einschlägigen Ministerien waren solche Finten überaus lukrativ: Sie kassierten Schweige- oder Unterstützungsgelder und fette Provisionen – es hätte ja sein können, daß westdeutsche Kontrolleure bei der Überprüfung eines Geschäftes bei ihnen nachfragten.

Ohne die Mitwirkung sowjetischer Beamter »in ranghohen Positionen«, notierte ein westdeutscher Fahnder, sei keines dieser »Wirtschaftsverbrechen möglich gewesen«. Für andere Beamte, die sich nicht schmieren ließen und deshalb den Deutschlandhandel störten, endete die Gesetzestreue tödlich: In Moskau, kabelte die Deutsche Botschaft ans Auswärtige Amt nach Bonn, seien Polizeibeamte erschossen worden, in Leningrad hätten »im Kampf gegen die Wirtschaftsmafia« sechs Polizisten ihr Leben lassen müssen.

Die ersten Hinweise »auf mögliche Mißbräuche des Transferrubel-Verrechnungssystems« (Bundesrechnungshof) kamen denn auch, um den 20. Juni herum, aus der UdSSR. Auch die DABA-Führung will der DDR-Staatsbank fast zeitgleich mit Befremden gemeldet haben, auf etlichen ihrer Konten seien Transferrubel ohne den nötigen Nachweis entsprechender Lieferungen eingegangen.

Was nach diesen Warnungen geschah, dokumentiert der Bericht des Bundesrechnungshofes so prosaisch wie spannend. Ein Dokument amtlichen Desinteresses:

- Am 9. Juli 1990 schlägt die Bundesbank »Maßnahmen zur Verhinderung von Mißbräuchen« vor, unter anderem sollen Vorauszahlungen »nur unter dem Vorbehalt späterer Lieferung« gutgeschrieben werden.

- Die DDR beschließt Verfahrensänderungen, die »nur teilweise den Vorschlägen der Bundesbank« entsprechen.

- Im August 1990 »bittet« die Bundesbank die Staatsbank der DDR »nachdrücklich um die vollständige Umsetzung der vorgesehenen Maßnahmen«.

- Im September werden weitere Mißbrauchsfälle bekannt – es »zeigte sich, daß den Vorschlägen der Bundesbank noch immer nicht entsprochen worden war«.

- Am 13. September fordert die Bundesbank den Bundesfinanzminister »zur Intervention auf«.

- Am 14. September »ersucht« das Finanzministerium die DABA, »Vorkehrungen zur Verhinderung von Mißbräuchen zu treffen«. Es erteilt der Bundesbank ein »Zustimmungsrecht gegenüber der DABA hinsichtlich der Gutschrift von DM für Transferrubel«.

- Am 28. September erarbeitet die DABA »verschärfte Regelungen über die Voraussetzungen des Umtauschs von Transferrubel-Guthaben in DM«.

- Die »in Auflösung begriffene DDR-Administration« setzt »nichts mehr um«. Neue Regelungen sollen erst am 16. Oktober in Kraft treten.

An diesem Tag veröffentlichte das Bundesamt für Wirtschaft, eine dem Ministerium nachgeordnete Behörde, im Bundesanzeiger die »Bekanntmachung zur Abwicklung der Ausfuhren und des damit verbundenen Dokumenten- und Zahlungsverkehrs mit den RGW-Ländern«. Jetzt erst, dreieinhalb Monate nach der Währungsunion, haben unzureichende Kontrollen, Kompetenzwirrwarr und die daraus resultierenden Kriminaldelikte ein Ende. In der Sache hart, im Ton aber sachlich-verbindlich, attackieren die obersten Ausgabenwächter des Landes die Bonner und Berliner Entscheidungsträger. Am 24. März 1992 fixieren sie schriftlich:

>*Der Bundesrechnungshof läßt es auch bei Würdigung der Umstände, die zu vermuteten mißbräuchlichen Ausnutzungen des Transfer-rubel-Systems führten, dahingestellt, ob das Argument der Eigenstaatlichkeit der DDR bis zur Vereinigung eine Rechtfertigung dafür sein kann, daß nicht früher Abhilfe geschaffen wurde. Es ist auch nicht nachweisbar, ob die von Bundesfinanzministerium und Bundeswirtschaftsministerium der DDR-Administration angelasteten Mängel hätten früher erkannt werden können. Fest steht, daß die bestehenden Regelungen zur Kontrolle und Abrechnung des Außenhandels der DDR nicht ausreichend und mißbrauchsanfällig waren.*«

Im Februar 1992 findet vor der Wirtschaftsstrafkammer des Landgerichts Berlin der erste Prozeß gegen

XTR-Betrüger statt; Vorsitzender Richter ist Hansgeorg Bräutigam, der sich seit Sommer 1992 mit dem Honecker-Verfahren plagt.

Vor ihm und seinen Kollegen stehen drei Angestellte einer Ostberliner »WIN-Service GmbH«, die sich ziemlich erfolglos in allerlei Handelsbranchen versucht hatte: Obst und Gemüse, Leder, Schlachtvieh und Autos. Im Sommer 1990 gingen die Geschäfte so schlecht, daß den 20 »WIN«-Beschäftigten die Kündigung drohte. Da traf es sich hervorragend, daß Peter Firlus, der stellvertretende »WIN«-Chef, in Berlin die Bekanntschaft eines lettischen Unternehmers machte.

Der gute Mensch von Riga wollte nämlich ins Westgeschäft einsteigen und benötigte Sachliteratur: Wissenswertes über deutsches und europäisches Handelsrecht sowie über Bankenrecht. Auch hoffte er, mit Hilfe der »WIN«-Leute Kontakte zur (damals noch existierenden) DDR-Fluggesellschaft »Interflug« und zur »Lufthansa« zu bekommen. In der ersten Juli-Hälfte, also nach der Währungsunion, schlossen der »WIN«-Service und der Lette zwei Verträge – dem Partner aus dem Osten war das Geschäft vier Millionen Rubel wert, auch angesichts des bereits abgestürzten Kurses ein stattliches Honorar.

In der einschlägigen Branche wurde längst der Tip gehandelt, wie aus Fröschen Prinzen zu machen seien. Die »WIN«-Leute kippten den Juli-Vertrag und formulierten zwei neue Kontrakte, die sie in die Zeit vor dem 1. Juli rückdatierten. Anfang Oktober präsentierten sie der DABA beide Verträge: Der eine, angeblich abgeschlossen am 12. Mai 1990, erhielt die laufende Nummer 90 009, der andere mit Datum 21. Juni 1990 die Nummer 90 010.

Am 11. Oktober – Deutschland ist seit acht Tagen einig Vaterland – überweist die DABA 9.584.218,22 DM aufs »WIN«-Konto – Umrechnung wie gehabt: Aus vier Millionen Rubel waren gut 19 Millionen DDR-Mark geworden, die schließlich 2 : 1 getauscht wurden. Das war der Preis für 2 100 bedruckte Seiten Jura-Literatur; die angestrebten Kontakte zu »Interflug« und »Lufthansa« gelangen nicht.

Firlus' Chef, der Kaufmann Gerhard Frenkel, löste sofort Bankschulden in Höhe von 950 000 DM ab und bereinigte weitere Verbindlichkeiten. Acht Millionen Mark werden auf ein anderes Konto der »WIN«-Service transferiert. Als die Polizei bei »WIN«-Service auftaucht und unbequeme Fragen stellt, halten die Ostler alles für einen Scherz. Nie hätten sie betrügerisch manipuliert, die Rückdatierung der Verträge sei schlichte »Veränderung«, wie sie doch üblich gewesen sei in der alten DDR der Herren Honecker, Schalck und Mittag. Ihre Zuversicht ist so groß, daß sie sich keine Anwälte nehmen. Erst in Untersuchungshaft wird beiden klar, daß sie an eine real existierende Justiz geraten sind.

Richter Bräutigam fragt den Angeklagten Frank R., 32, was er sich denn bei der Neufassung und Rückdatierung der Verträge gedacht habe. Frank R.: »Gar nichts, ich war gedankenlos.«

Bräutigam, ziemlich gefaßt:»Was heißt gedanken-los?«

Frank R.:»Ich bin doch angewiesen worden. Im Außenhandel der DDR durfte ich doch auch nicht fragen, hat das Sinn, ist das richtig.«

Auch der Zeuge Wolf-Dieter S., ein Bankkaufmann der DABA, mimt den Unterwürfigen. Bräutigam:»Was hätten Sie gemacht, wenn Sie die Rückdatierung bemerkt hätten?«

Zeuge:»Ich hätte sie dem Chef vorgelegt.«

Bräutigam:»Hätten Sie das Geld ausgezahlt?«

Zeuge:»Wenn die Genehmigung vorgelegen hätte, ja.«

Bräutigam, diesmal einigermaßen fassungslos: »Und was hätte Ihr Chef gemacht?«

Zeuge:»Der hätte im Ministerium nachgefragt.«

Die Strafkammer stellte das Verfahren gegen Frank R. wegen geringer Schuld ein;»WIN«-Chef Frenkel, 59, wurde wegen Betruges zu 21 Monaten Haft verurteilt, Vize Firlus, 37, zu zwei Jahren. Als er den Verhandlungssaal im altehrwürdigen Moabiter Gericht verläßt, schüttelt er den Kopf:»Für mich war es ein Phänomen, daß die DABA das Geld überhaupt überwiesen hat.«

Der jähe Tod von VN 012663
Der »Treuhand«-Krimi um den größten Baukonzern im wilden Osten

Heinz Krahmer lag auf Leben und Tod. In den Abendstunden des 3. Januar 1992 war der Bremer Kaufmann bewußtlos auf die Intensivstation des Gleneagle-Krankenhauses in Singapur gebracht worden. Die Prognosen standen nicht günstig – daheim wurde schon fest mit seinem Ableben gerechnet. Nur fünf Tage später, am 8. Januar, meldete sich um 17.26 Uhr Krahmers Anwalt Hans-Jürgen Stieringer bei der »Transatlantischen Lebensversicherungs-AG« in Hamburg per Fax.

»Soeben erhalte ich die Nachricht, daß der VN (Versicherungsnehmer) Heinz Krahmer einen Schlaganfall erlitten hat.« Stieringer zeigte »dies hiermit vorsorglich schon heute im Namen der Angehörigen und als vorgesehener Testamentsvollstrecker an«. Er bat, »umgehend mitzuteilen, in welchem Umfang Versicherungsschutz für ihren VN besteht«.

Dirk Karnein, Gruppenleiter in der Leistungsabteilung der »Trans Leben«, brauchte erst gar nicht in die Akte zu schauen. Die Police 012663 war ihm vertraut, denn Kunden wie Krahmer gibt es nicht alle Tage. Am 25. Mai 1987 hatte der damals 46jährige Diplom-Ingenieur eine Lebensversicherung über 14 Millionen Mark abgeschlossen, mit einer Laufzeit bis 1997; die Jahresprämie betrug 164 480 Mark.

VN 012663 starb am 9. Januar gegen 10.50 Uhr; den Totenschein stellte der Internist Dr. Tang Kok Foo aus. Im Hauptquartier der Tanglin Police Division wurde der Sterbefall ins Register eingetragen. »No foul play is suspected« steht im Polizeireport – kein Fremdverschulden also. Den Tod des Heinz Krahmer bestätigte die Deutsche Botschaft in Singapur für 15 DM Gebühr unter dem Aktenzeichen 43/92.

Als Todesursache wurde ein »massiver Hirninfarkt (rechte Hemisphäre)« angegeben, der durch eine »Verstopfung der inneren karotischen Arterie« ausgelöst worden sei.

Was in den amtlichen Dokumenten pietätvoll verschwiegen wurde: In einem der vielen Salons der Inselrepublik hatte Krahmer »infolge einer unsachgemäßen Massagebehandlung« (Stieringer) buchstäblich der Schlag getroffen. Ein Finale wie im Hintertreppenroman. Als der Tote im Bremer Pathologischen Institut obduziert werden sollte, fehlten Herz, Darm, Magen und Hirn, und mancher zweifelte, ob es wirklich der tote Heinz Krahmer war. Der Mann, der da leichenstarr lag, war zweifelsfrei 180 Zentimeter groß. In Krahmers Paß aber war die Größe mit 177 Zentimetern angegeben, und es gab noch ein paar andere durchaus krimireife Details.

Bei einer Verfilmung als »Tatort« müßte jetzt der Stuttgarter Wirtschaftsstaatsanwalt Hans Richter auftreten. Ein unbeirrbarer Vertreter seines Fachs, zäh genug, sich auf die Wucherungen eines solch verfilzten Falles einzulassen. Als im neuen Deutschland am schnellsten Halbseidenes zusammenwuchs, ließ sich Richter für die Leitung der Stabsstelle »Besondere Aufgaben« beim Direktorat Recht der »Treuhand« in Berlin vorübergehend beurlauben – und stieß schon bald auf die Spur des Heinz Krahmer.

Der Bremer Kaufmann war einer jener hungrigen Wölfe, die zuschnappen, sobald sie den Geruch von Geld in der Nase haben. Kurz nachdem die Fahnen wieder eingerollt, Trompetenstöße und Reden verklungen waren, hatte Krahmer im Osten seine Chance gewittert. Die »Karina Industriebeteiligungen GmbH« – benannt nach seiner Frau Karin – schloß im August 1990 mit den noch von der Regierung Hans Modrow eingesetzten »Treuhand«-Außenstellenleitern fulminante Optionsverträge über den Kauf großer Baugesellschaften.

Ein echter Coup: Die »Märkische Bau-Union GmbH«, Potsdam, die »Mecklenburger Bau AG«, Neubrandenburg, die »Elbo Bau AG«, Rostock, und die »Norddeutsche Tiefbau- und Umweltschutz GmbH«, ebenfalls Rostock, hatten einen Substanzwert von einer halben Milliarde Mark, beschäftigten weit über 13 000 Mitarbeiter, und das in einer prosperierenden Branche.

Das Firmenterrain umfaßte 3,5 Millionen Quadratmeter, davon waren allein 132 700 Quadratmeter wertvoller Grund auf der Ferieninsel Rügen. Die im Büro von Stieringer unterzeichneten Verträge sicherten Krahmer den Erwerb der entscheidenden 51 Prozent des Gesellschaftskapitals. Goldene Zeiten standen bevor. Krahmer sah sich auf dem Weg zum Bau-Tycoon des Ostens: »Ich schaffe das Spiegelbild eines westdeutschen Baukonzerns.«

Im Durcheinander der Einheit begann ein schwindelerregendes Millionenspiel, dessen Sinn selbst gewiefte Wirtschaftsexperten nicht sofort begriffen. Atemlos ließ Krahmer Firmen gründen und knüpfte ein feingesponnenes Netz.

Eine Krahmer-Firma namens »Kracon Engineering Consultation GmbH« schloß mit Krahmers »Karina« Beraterverträge ab. »Karina« wiederum gründete, als eine Art Holding, die »Elbo Bau Verwaltungs-GmbH« in Rostock, die sich wiederum für eine Grundpauschale von 380 000 Mark im Monat von »Kracon« beraten ließ. Die aufwendige Konstruktion, da war sich Richter später sicher, diente nur einem Zweck: Das ganze Ausmaß des Geschäfts sollte verschleiert werden.

Der Fortgang der Dinge beleuchtet die Arbeitsweise Krahmers. Die »Kracon Engineering Consultation«, Bremen, Mühlenfeldstraße 49, beauftragte die »Karina Vermögensverwaltungsgesellschaft«, Bremen, Mühlenfeldstraße 49, »die Konzeption für ein Immobilienbeteiligungsangebot« zu erarbeiten.

»Erstellen Sie bitte einen Vertrag«, schrieb Krahmer an Krahmer, »der Pauschalvergütungen enthalten soll. Wir sind nicht in der Lage, einzelne Kosten zu erstatten, sondern wünschen von Ihnen ein Angebot für fix und fertige Leistungen.« Gut drei Wochen später dankte »Karina« dem »sehr geehrten Herrn Krahmer« und machte den guten Vorschlag, »für die Entwicklung der Konzeption einen Gesamtbetrag in Höhe von sechs Millionen Mark« zu vereinbaren.

Am 28. Juni 1991 wurden die sechs Millionen Mark zwischen »Kracon«, »Karina« und einer »Elbo Entwicklungsgesellschaft mbH & Co. KG« aufgerechnet. Die »Vereinbarung über eine Forderungsabtretung« wurde von drei Chefs der Gesellschaften unterschrieben – dreimal findet sich auf dem Vertrag die Signatur des Heinz Krahmer.

Beschwingt vom Geldrausch, agierte die »Karina Vermögensverwaltungsgesellschaft« einfallsreich. Sie machte »Elbo« (eine Kombination aus Elbe und Oder) »in Deutschland und angrenzenden Ländern« publik. »Da Ideen üblicherweise auch honoriert werden« (Stieringer), wurden 7,5 Millionen Mark berechnet.

Für »die Vermittlung und Zurverfügungstellung von Herrn Dr. Ing. Klaus-Peter Waltersdorf« als Chef des Bereichs Bauwesen der »Elbo« etwa berechnete die »Kracon Engineering Consultation« (»Vertraulich«) 1,55 Millionen Mark. Das Geld sollte je zur Hälfte von der »Märkischen Bau-Union« in Potsdam und der »Elbo Bau AG« in Rostock aufgebracht werden, was im Endeffekt die »Treuhand« zahlen mußte.

Anderthalb Millionen Mark Headhunter-Lohn war ganz schön üppig, das dämmerte auch Krahmer. Die »Kracon« hatte schon das Geld bekommen, da beschloß er, den Verwendungszweck zu tarnen, angeblich war das Geld jetzt für eine »Abrechnung hinsichtlich Konsortium Saudi-Arabien« gezahlt worden. Die Bücher mußten gesäubert werden. »Persönlich/Vertraulich« schrieb Krahmer an die Manager der beiden Firmen:

> *»Wir bitten Sie, sicherzustellen, daß der Austausch der Rechnungen in Ihrem Hause von Ihnen persönlich überwacht wird; die Rechnungen sind sowohl in der Buchhaltung als auch wahrscheinlich bei anderen Personen vollständig auszutauschen. Ebenfalls sind sämtliche Anlagen, die wir Ihnen mit unserem früheren Schreiben vom 12. März 1991 übermittelt haben, auszutauschen und zu vernichten.*
>
> *Ich wäre Ihnen dankbar, wenn Sie auf einer Kopie meines Schreibens vermerken, daß Sie das so erledigt haben und mir diese Kopie zurücksenden, damit ich in unserer Buchhaltung ähnliches veranlasse.«*

Die Bannerträger der Marktwirtschaft fallen beim Kassieren nicht eben durch Bescheidenheit auf. Der von »Kracon« vermittelte frühere »Strabag«-Mann Waltersdorf erhielt einen Vertrag, der bis 1996 datiert war. Jahresgehalt garantiert 750 000 Mark, eine Gewinnbeteiligung von drei Prozent, also mindestens 175 000 Mark. Ein Mercedes 560 SEL mit Fahrer stand ihm als Dienstwagen zu. Mit 2,5 Millionen Mark wurde der 52jährige für den Todesfall und mit 4,5 Millionen Mark für den Invaliditätsfall versichert. Sach- und Vermögensschäden deckte die Assekuranz mit 4,4 Millionen Mark ab, die Deckungssumme für Personenschäden lag bei fünf Millionen Mark. Paragraph 5 gewährte ein lebenslanges Ruhegeld, mindestens 10 000 Mark im Monat.

Abzocken, sich so teuer wie möglich verkaufen, um jeden Preis den eigenen Vorteil suchen, gilt als Ausdruck von Cleverneß. Als die »Treuhand« Anfang 1992 die »Elbo Bauverwaltungsgesellschaft« von Wirtschaftsprüfern durchleuchten ließ, stießen die Experten der »BDO Deutsche Warentreuhand AG« auf seltsame Praktiken. »In dem betrieblichen Rechnungswesen der Gesellschaft«, steht in dem Bericht, »existieren zwei Abrechnungskreise.

Der Abrechnungskreis I in Rostock und der Abrechungskreis II in Berlin, in dem im wesentlichen die Zahlungen an die höherbezahlten Honorarempfänger (Berater) sowie die Führungskräfte der ›Elbo‹ bearbeitet werden.« Sämtliche Transfers des Abrechnungskreises II liefen über ein geheimes Konto in Wuppertal.

Die hohen Gehälter, erklärte der aus Much stammende »Elbo«-Geschäftsführer Falk W. Spahn (Jahresgehalt: 600 000 Mark), sollten vor den Werktätigen verdeckt werden.

Das Verschieben der Millionen im Krahmer-Reich war kein Nullsummenspiel. In deprimierender Gleichmäßigkeit wurde die »Treuhand« um Riesensummen erleichtert. 130 Millionen Mark Liquiditätshilfe flossen zeitweilig ab. In zwölf Monaten wurden mehr als 40 Millionen Mark für Beraterleistungen gezahlt. Fortwährend ereigneten sich seltsame Dinge.

Angeblich für die »Sicherung bestimmter Elbo-Verbundkonzeptionen« hatten die »Elbo Bau AG« 18 Millionen Mark, die »Mecklenburger Bau AG« 22,26 Millionen Mark und die »Märkische Bau-Union« 32,97 Millionen Mark auf ein Notar-Anderkonto Stieringers überwiesen. Die rund 73 Millionen Mark gingen im März 1991 bei der »Kreditbank-Bankverein AG« in der Bremer Wachtstraße ein. Es wurde geschoben und vertuscht.

Gut drei Wochen, nachdem etwa die »MBU« ihren Anteil gezahlt hatte, bat die Geschäftsführung in der Aufsichtsratssitzung vom 12. April 1991 um die Genehmigung, 23 Millionen Mark für angebliche Grundstückskäufe und zehn Millionen Mark als angebliche Anschubfinanzierung für Umschulungsmaßnahmen abziehen zu dürfen. Der Aufsichtsrat stimmte unter der Bedingung zu, »ihn laufend über den aktuellen Stand der Verwertung dieser Mittel zu informieren«.

Mitglied des Kontrollgremiums war ein Mann, der im Briefkopf unter »Master of Arts, Master of Laws (Harvard)« firmiert: Hans-Jürgen Stieringer. Das Protokoll vermerkt an dieser Stelle weder einen Hinweis von Krahmer noch von Stieringer über die Tatsache, daß das soeben bewilligte Geld längst abgeflossen war. Obwohl jetzt 70 Millionen Mark auf der hohen Kante waren, nahmen die Krahmer-Leute bei der arglosen »Treuhand« weitere Bürgschaften für Kredite auf. Auf diese Weise wird normalerweise der Substanzwert und auch die Ertragskraft einer Firma gedrückt, was beim Verkauf durchaus preismindernd ins Gewicht fallen kann; »aushöhlen« heißt das im Jargon der Wirtschaftsstaatsanwälte.

Als Richter Wind davon bekam und das Geld zurückforderte, blieben 11.653.990,00 Mark verschwunden. Krahmer hatte das Geld angeblich an eine »Engineering and Management Group« in Florida überweisen lassen – die Firma gehörte Krahmer. Das Geld ist versickert. Angeblich sind Schmiergelder für ein angeblich geplatztes Geschäft »im arabischen Raum« einfach verlorengegangen. Richter beschloß, dem Mysterium nachzugehen. Er hatte den Verdacht, daß die elf Millionen Mark zur Erfüllung eines Vergleichs mit der »Barnett Bank of Central Florida« gebraucht wurden: Krahmer bestritt dies heftig.

Der Bremer Kaufmann Heinz Krahmer war einer jener Emporkömmlinge, denen Richter im Panoptikum der Weiße-Kragen-Kriminalität häufiger begegnet ist. Krahmer stammte aus einfachen Verhältnissen; sein Lebenslauf glich mehr einem Sturz nach oben als einem Lauf. Am liebsten präsentierte er sich als Mann auf der Überholspur: vom Meßgehilfen zum Chef eines weitverzweigten Firmenreichs.

Als »energischen Jungen« stellte er sich 1991 bei der Einladung zu seinem 50. Geburtstag vor. Eigentlich war die Feier für den 3. Mai vorgesehen, aber der Termin wurde verschoben. »Für Heinz Krahmer«, steht auf der Einladung, »ist ein weiterer Höhepunkt auf seinem erfolgreichen Weg erst dann abgeschlossen, wenn die ›Treuhand-Verträge‹ unterzeichnet sind. Aus diesem aktuellen Anlaß findet die gemeinsame Feier erst am 31. Mai 1991 um 18 Uhr im Parkhotel Bremen statt.«

Natürlich war auch an diesem Tag noch kein Vertrag unterzeichnet, aber Krahmer liebte solche Blendfeuerwerke. Nie vergaß er zu erwähnen, daß er es als Student schon zum ASTA-Vorsitzenden gebracht habe, »inner- und außerparlamentarisch« sei er stets für die Ziele der FDP eingetreten, er ließ sich in die Bürgerschaft und sogar in den Kirchenvorstand wählen.

Doch bei seinen Auftritten hob sich in der Bremer Bankierswelt manche Augenbraue. Mochte ja sein, daß Krahmer, wie er stolz behauptete, mehr als 50 Firmen führte. Aber nicht mal alte Hasen hatten früher jemals von seiner »Kracon«- oder »Karina«-Finanzgruppe gehört, und komisch war auch, daß viele der Unternehmen in dem bescheidenen Anwesen Mühlenfeldstraße 49 ihre Adresse hatten.

Hingegen war den Hanseaten die Affäre um die nordbremische Baufirma »Plötner« in Erinnerung geblieben. Der Chef des Unternehmens, Bernhard Plötner, hatte 1978 seinen Managing-Direktor (Krahmer: »Ich war der Mann, mit dem man sprach«) wegen eines angeblichen Millionenbetruges angezeigt. Die Staatsanwaltschaft stellte zwar das Verfahren ein, doch unter den feinen Bremer Kaufleuten ist der bloße Verdacht schon ein Makel. Nicht gerade elegant war auch das Ende von Krahmers Baufirma »Auslands-GmbH«. Kurze Zeit nach dem Verkauf des angeblich kerngesunden Unternehmens an einen Geschäftsfreund schlitterte die Firma in die Pleite.

Wie viele Glücksritter der Marktwirtschaft hat sich Krahmer auch in Amerika getummelt und mit Fonds den Erfolg gesucht. Doch auch dieses Engagement schien nicht solide. Gerüchte über geplatzte Schecks verunsicherten nicht nur die Geschäftsleute in der Hansestadt. In der Branche hatte sich herumgesprochen, daß die Staatsanwaltschaft Bremen gegen Krahmer unter dem Aktenzeichen 73 Js 16770/89 und 75 JS 8775/91 Verfahren wegen Verdachts des Scheckbetruges eingeleitet hatte.

Auch Staatsanwalt Richter und sein Helfer Hans Börjes – ein junger Jurist, der bei der »Treuhand« seine Lektionen in Staatsbürgerkunde erhielt – interessierten sich für Krahmers Bonität. Sie wollten wissen, ob sie es mit einem Nonvaleur oder eiskaltem Bankrotteur zu tun hatten.

Klar war eines: Krahmers Firmen hatten im Osten hohe Geldsummen für zweifelhafte Beratungen verschlungen. Fraglich blieb jedoch, ob der Ingenieur wirklich genug im Portemonnaie hatte, um die von ihm geschickt geenterten Baufirmen zu kaufen. Die Optionsverträge waren ein Vermögen, mit dem Krahmer wuchern konnte. Sie seien, hieß es in einem internen »Treuhand«-Vermerk vom Sommer 1991, »nur mit einem hohen Prozeßrisiko anfechtbar«. Der »Verkauf von sechs Unternehmen mit insgesamt 14 630 Beschäftigten an die Krahmer-Gruppe« sei vorgesehen.

»Welche Schwierigkeiten bereitet Ihnen die ›Treuhand‹?« fragte in väterlicher Zuneigung das »Neue Deutschland« den Bremer Kaufmann. Mancher, der ihm näher war, fragte anders. »Geben Sie zu, daß Sie irgendwann mit Ihrer Gruppe auf den Boden fallen?« ahnte in jenen Tagen ein Mitarbeiter. Krahmers Antwort war bemerkenswert offen. »Vielleicht, aber glauben Sie nicht, daß ich wirklich verliere.«

Krahmer gab sich sicher. 1000 Mitarbeiter beschäftige er weltweit, eine halbe Milliarde Mark könne er leicht aufbringen. Da der Baukonzern nur 172,5 Millionen Mark kosten sollte, schien der Kauf kein Problem. Aber Zahlen haben in dem Anlagegewerbe oft die Beschaffenheit von Silvesterraketen, die einmal am Himmel auftauchen und dann für immer verschwinden. Die »Treuhand«-Leute blieben skeptisch, denn Krahmer konnte seine Finanzkraft nicht nachweisen.

Vor allem Börjes hakte nach und recherchierte. Als er die Zahl der Mitarbeiter Krahmers ermittelt hatte, standen gerade 40 auf der Liste, und die Bonität war auch nicht üppig. Ein Bankier formulierte eher lyrisch: Krahmer habe »finanziell keine sehr kräftigen Lenden«. Die Berliner Anstalt schaltete den Kölner Steueranwalt Georg Lüer zur Prüfung ein. Nach einem Treffen am 4. Juli 1991 notierte der rheinische Anwalt: »Herr Krahmer räumt ein, daß sein eigenes freies Vermögen keine Größenordnung erreicht, die auch nur annähernd in die Höhe des vorgesehenen Kaufpreises von 172 Millionen DM reicht.« Offenkundig solle die Finanzierung »über das Vermögen der zu erwerbenden Gesellschaften direkt oder indirekt gesichert werden«, eine schlichte Objektfinanzierung, mehr nicht. Und Krahmer sagte noch, daß er ein »Kissen von mehreren hundert Millionen Mark als Sicherheit« brauche.

Das ist eigentlich der Moment, in dem normalerweise die Verhandlungen enden, aber der Bremer Kaufmann hatte nicht nur die Optionsverträge, sondern auch viele Verbündete. Die Betriebsräte glaubten ihm, die Geschäftsführer standen hinter ihm, und das nicht nur, weil er einige Auserwählte zur »Verbesserung der Englisch-Kenntnisse« für 160 000 Mark nach Florida fliegen ließ. Krahmer hatte früh begriffen, daß das wichtigste im Geschäftsleben eine tadellose Fassade ist. Er spielte den erfolgreichen Finanzmann und ließ deshalb die Fußballer von »Hansa Rostock« mit 1,5 Millionen Mark im Jahr sponsern: Die Kicker trugen »Elbo«-Trikots, und bei jedem Heimspiel wehten an den Masten sechs Fahnen mit dem »Elbo«-Logo. Passender wäre »Treuhand« gewesen, denn die Anstalt mußte mit Barem aushelfen.

Die besten Mitspieler aber kamen aus der Politik. Den früheren Bauminister im Kabinett von Lothar de Maizière, den Freidemokraten Axel Viehweger, kaufte er für die »Kracon« als Geschäftsführer ein. Krahmer störte sich nicht an Viehwegers Vergangenheit. Unter dem Decknamen Jens Grabowski soll dieser, wie aus Akten hervorgeht, für die Stasi gearbeitet haben.

Einer, mit dem Viehweger fünf Monate lang am Kabinettstisch gesessen hatte, war in Bonn erfolgreich: Bundesverkehrsminister Professor Dr. Günther Krause, Vorzeige-Karrierist der DDR im geeinten Deutschland. Am 8. März 1991 hat er »Kracon« in Rostock besucht. Krahmer war natürlich auch vor Ort. Seine Manager legten dem Bonner Minister Pläne zur Trassenführung der neuen Küstenautobahn A 20 vor. Prompt drängte Krause seine Ministerialen, »Kracon« mit der Planung zu beauftragen.

Unternehmenskonzept und Wirklichkeit klafften zwar weit auseinander, aber Krause lobte vor der Belegschaft ausdrücklich Krahmers Werk. Der Kontakt blieb eng. Am 21. Mai schrieb Krahmer-Manager Gerhard Hohlfelder an den Leiter der Abteilung Straßenbau im Bundesverkehrsministerium:

»Der Herr Bundesminister für Verkehr, Prof. Dr. Krause, hat mich telefonisch gebeten, mit Ihnen Kontakt aufzunehmen. Auf Veranlassung des Herrn Minister haben wir vor geraumer Zeit mit der Planung der Küstenautobahn (hier Umgehung Wismar) begonnen und nach Absprache der Planungsprinzipien mit dem Herrn Minister diesem die Zusage gegeben, die Planung im Herbst abzuschließen. Eine Bitte um Zusammenarbeit zum frühen Termin vom 18. 4. 1991 wurde von den Beamten der Landesregierung Mecklenburg-Vorpommern unter Hinweis auf ihre Planungshoheit kategorisch abgelehnt. [...] Am 6. Mai 1991 stieß ich bei

der Vorstellung dieser Planungsprinzipien in Ihrer werten Behörde (Bundesverkehrsministerium) auf sehr viel mehr Verständnis. Eine gemeinsame Zusammenarbeit zwischen dem Bundesverkehrsministerium, der Landesregierung Mecklenburg-Vorpommern und der Firma ›Kracon‹ im Sinne der Bestrebung des Herrn Bundesministers, Planungsende Herbst 1991 und unverzüglicher Baubeginn, sollte angestrebt werden. [...] Im Interesse der Zielsetzung des Herrn Bundesministers bitten wir Sie deshalb um eine kurzfristige und verständnisvolle Unterredung mit Ihnen.«

Am 30. Mai war der CDU-Minister, der den direkten Zugriff so schätzt, wieder vor Ort und machte den Vertrag mit »Kracon« so gut wie klar. In Warnemünde antichambrierte Krause bei dem damaligen CDU-Ministerpräsidenten von Mecklenburg-Vorpommern, Alfred Gomolka, für »Kracon«.

»Acht bis zwölf« »Kracon«-Ingenieure wollte Krause überdies in eine neue Projektierungsgesellschaft des Bundesverkehrsministeriums übernehmen, die zentral von Berlin aus den Ausbau der Autobahnen in den neuen Ländern vorantreiben sollten. Krause: »Die Leute kündigen dann natürlich bei Kracon.« Besser konnte selbst Krahmer seine Leute nicht plazieren.

Der Bremer Diplom-Ingenieur agierte umsichtig. Auf mehr als 370 Quadratmetern wurde in der Bonner Bürgerstraße 12 für rund 10000 Mark Monats-

91

miete von der »Sarah GmbH« (Gesellschafter Falk W. Spahn) ein teures Lobbyistenbüro gemietet. Leiter des »Verbindungsbüros Bonn« wurde Gerhard Hepke, der frühere Direktor des »Wohnungsbaukombinats Rostock«, in dem Krause nach dem Studium gearbeitet hatte.

Als Ranwerfer war Krahmer unerreicht. Manch skurrile Geschichte rankte sich um ihn. Wenn er bei Laune war, erzählte er von dem früheren ghanesischen Staatschef General Acheampong, den er bei Geschäften geschmiert habe. Er sei beileibe nicht der einzige Landschaftspfleger in Accra gewesen, nur habe Acheampong mit seinem Reichtum geprahlt und sei schließlich füsiliert worden. Der General habe aber Stil bewiesen. Wo andere die Augen zumachen, hat Acheampong ein weißes Tuch aus der Tasche gezogen und dem Exekutionskommando zugewinkt.

Die Öffentlichkeit reagiert auf solche Vorgänge amüsiert oder gelassen. Die stoische Ruhe hat vielerlei Gründe. Bestechung im Ausland ist als »nützliche Ausgabe« von der Steuer absetzbar, und strittig ist ohnehin, wo aus der Tugend der unternehmerischen Risikobereitschaft die Sünde des leichtfertigen oder gar betrügerischen Konkurses wird. Und begegnet man in Wirtschaftsstrafsachen nicht eher den karierten Hemden als den weißen Kragen?

Wenn mafioses Verhalten in den neuen Ländern ausgemacht wird, ist gewöhnlich von Rotlicht-Baronen und Kleinkriminellen die Rede, die ja auch tatsächlich in Divisionsstärke gen Osten gezogen sind – Hütchenspieler aus Polen, angebliche Pizzabäcker aus Italien, Fußvolk aus der Truppe des jugoslawischen Unterweltkönigs Rade Cento Caldociv, das Leipzig terrorisiert. Kein Zweifel, das organisierte Verbrechen entwickelt sich im Osten mächtig. Selbst in den amerikanischen Verbrechensmetropolen wie New York oder Chicago ist die Angst, einem Verbrechen zum Opfer zu fallen, nicht so groß wie in den neuen Ländern.

Aber die Systemveränderung findet nicht mit dem Baseball-Schläger als Waffe, sondern mittels Girokonto statt. Luftgeschäfte mit irgendwelchen Fonds, das Abmelken von Ausgleichskassen, dubiose Kredite und Umschuldungsgeschäfte: Der entgrenzte Kapitalismus läßt das Gefühl für Größenordnungen und Machbarkeit, für die Unterscheidung von richtig und falsch völlig durcheinander geraten. »Es sind Fälle denkbar«, so hat der frühere hessische Innenminister Horst Winterstein (SPD), philosophiert »in denen die Verlagerung von Vermögenswerten und deren anschließende Verwendung durch den Wirtschaftsstraftäter volkswirtschaftlich nützlicher sein kann als die Verwendung durch den Geschädigten selbst.« Er wollte sagen, Geld stinkt nicht.

Krahmer hätte den Vorwurf, sein Verhalten sei mafios, vermutlich überhaupt nicht verstanden. Eierdiebe wissen, daß sie geklaut haben. Wirtschaftsstraftäter halten sich für ein Opfer der Umwelt.

Für Krahmer aber ging es bergab. Am 19. September 1991 brach die entnervte »Treuhand« die Verhandlungen ab – ein finale furioso begann. Am 19. Dezember 1991 schrieb Richter eine 30 Seiten starke Strafanzeige gegen Krahmer, Stieringer und andere wegen Verdachts des versuchten Betruges, Kredit- und Subventionsbetrug sowie der Untreue und Anstiftung zur Untreue. Krahmer plagten düstere Ahnungen. Am 23. Dezember änderte er sein Testament. Sein neuer letzter Wille umfaßte 17 Seiten, mancher vorher Begünstigte wurde gestrichen, Grundstücke und Häuser wurden neu verteilt, Testamentsvollstrecker Stieringer bekam elf Millionen Mark zur besonderen Verwendung, den Großteil aus den erwarteten 14 Millionen Mark der »Trans-Leben-Versicherung«.

Zum 31. Dezember, 24 Uhr, kaufte die »Treuhand« der »Karina« »alle derzeitigen und zukünftigen Ansprüche und Rechte aus den vertraglichen Beziehungen zwischen der ›Elbo Bau Verwaltungsgesellschaft‹ und den Unternehmen der Krahmer-Gruppe« ab. Der Betrag in Höhe von 8,44 Millionen Mark wurde auf ein Notar-Anderkonto gezahlt, rund vier Millionen Mark sicherte sich die »Treuhand« später. Am 19. Februar 1992 schlug die Staatsanwaltschaft an 31 Orten zu. Berge von Material wurden beschlagnahmt, der Fall Krahmer war endgültig zu einem Kriminalfall geworden.

Am 25. Februar 1992 erwirkte die »Treuhand« beim Amtsgericht Hamburg einen Pfändungsbeschluß gegen Stieringer in Höhe von rund elf Millionen

Mark. Das war Stieringers Forderung gegen die »Trans-Leben« aus der Versicherungspolice 012663. Die Anstalt holte sich so die in Florida verschwundenen Millionen zurück. Ausdauer macht sich bezahlt.

Nur Dirk Karnein aus der Leistungs-Abteilung der Assekuranz-Gesellschaft ist nicht ganz zufrieden. Er quält sich immer noch mit der Frage, ob auf einem Friedhof bei Bremen auch der richtige Krahmer beerdigt liegt. Doch eine Exhumierung samt Untersuchungen kann gut einhunderttausend Mark kosten. Auch die »Trans-Leben« ging auf Nummer sicher, sie ist rückversichert. Die Rückversicherer wiederum haben ihr Krahmer-Risiko gesplittet. Am Ende zahlt vermutlich der kleine Kunde.

Dreckiges Geld sauber gebündelt
Wie die Gangster aus aller Welt in Deutschland Drogen-Milliarden waschen

Das Gewerbe von Arif Temel und Ridvan Serbes ist nach den Gesetzen der Ökonomie nicht zu begreifen. Die beiden türkischen Kaufleute aus München zahlen Millionensummen für wertlose Warensendungen, die meistens sogar später vernichtet werden.

Temel zum Beispiel läßt Lastwagen aus der Türkei anrollen, die angeblich Damenkleider enthalten. Bei einer Stichprobe fanden Zöllner in holzverstärkten Pappkartons aber nur Hohlblocksteine. Serbes bezieht statt hochwertiger Kleidung billige T-Shirts, die sogar per teurer Luftfracht geliefert werden.

Die Zöllner stellten Erstaunliches fest: Für die Lieferungen aus der Türkei zahlten beide horrende Summen, anschließend aber wurde die Ware oft verschenkt oder preiswert verschleudert.

Für eine Sendung Sweatshirts berechnete Serbes seinem Abnehmer knapp 10 000 Mark, er selbst überwies dafür an den türkischen Lieferanten 59 718 Dollar. Temel zahlte auch schon mal doppelt. Eine Fuhre minderwertiger Hemden beglich er mit 799 000 Mark von seinen Münchener Konten, aus London ließ er für die Ramschware zusätzlich 562 800 Dollar überweisen.

Jahrelang haben sich die Zollfahnder für die seltsamen Geschäfte der beiden Türken interessiert.

Das Landeskriminalamt und die Steuerfahndung wurden eingeschaltet, Temel wurde längere Zeit beschattet.

Das war für die Münchener Fahnder nicht leicht. Arif Temel bemerkte seine Verfolger sofort, wechselte das Taxi oder tauchte im Gewühl eines Kaufhauses unter.

Unermüdlich schleppte Temel fast täglich Gelder an die Bankschalter – in Koffern, in Plastiktüten und manchmal auch bündelweise in den Taschen seines Jacketts.

Bei seinem Landsmann Serbes stellten die Fahnder einen Karton mit Blanko-Rechnungen türkischer Firmen sicher. Um den Zoll zu täuschen, hatte er sich selbst Rechnungen ausgestellt über Summen, die dem tatsächlichen Warenwert entsprachen.

Beeindruckend, mit welchen Summen beide hantierten. Serbes ließ in nur einem Jahr über 154 Millionen Mark an seine Lieferanten überweisen. Als tatsächlichen Warenwert ermittelte der Zoll die Summe von 14,3 Millionen Mark.

Temel hat nach Erkenntnissen der Ermittler in nur vier Jahren rund 350 Millionen Mark in 15 Länder transferiert, hauptsächlich in die Türkei, aber auch auf Konten in die Schweiz.

Die Ermittler glauben zu wissen, welche Art von Geschäften die beiden Türken betrieben haben. Temel und Serbes stehen bei den Fahndern im Verdacht, die Deutschland-Statthalter europaweit agierender türkischer Geldwäscher-Riegen zu sein.

Allein Temel soll in den vergangen Jahren über zwei Milliarden Mark schmutziges Geld bewegt haben. Bei Serbes vermuten die Fahnder Geldschiebereien in noch größerem Umfang.

Vorgetäuschte seriöse Handelsgeschäfte sind eine beliebte Variante, um aus schmutzigem sauberes Geld zu machen. Es sind viele Milliarden, die international agierende Verbrecher-Riegen jährlich in Deutschland in legales Geld verwandeln.

»Unser Land hat sich zu einem Dorado der Geldwäscher entwickelt«, sagt der SPD-Bundestagsabgeordnete Jürgen Meyer, Rechtsprofessor in Freiburg.

Das Geld, das aus Verbrechen stammt, hauptsächlich aus den Geschäften der Drogenmafia, wird seit Jahren auch und vor allem in der Bundesrepublik so lange durch Banken und andere Firmen geschoben, bis es als scheinbar seriöse Investition angelegt werden kann.

Die kriminellen Milliarden haben längst, wie Fahnder und Staatsanwälte befürchten, Teile der deutschen Wirtschaft unterwandert. Die Geldströme der Verbrecherkartelle sind durch viele Firmen gegangen. Fast alle Banken sind an der Geldwäsche für die internationale Drogenmafia beteiligt, einige kleinere Geldhäuser sind hauptsächlich mit der Säuberung von Schmutzgeldern beschäftigt.

Auf dem Finanzplatz Deutschland hat das Geld der Drogenkartelle ein immer stärkeres Gewicht. In den frühen achtziger Jahren wurden in der Bundesrepublik etwa vier bis sechs Milliarden Mark Drogengeld gewaschen, heute ist es ein Vielfaches davon. Das Geld strömt durch dunkle Kanäle aus Südamerika, der Türkei, Italien und den USA.

Oft kommen die Millionen durch Kuriere ins Land, manchmal durch Banktransaktionen. Scheingeschäfte, wie sie die Türken Temel und Serbes jahrelang in München betrieben, lassen dann das Geld für vermeintliche Güter wieder abfließen.

Bei Geldwäsche, warnte der Bundesnachrichtendienst (BND), kenne die Phantasie der Gangster kaum Grenzen. »Über- und Unterfakturierungen von Rechnungen« seien ebenso üblich »wie fiktive Waren- und Dienstleistungsgeschäfte«.

Doch Geldwäsche aus Drogengeschäften ist zumeist nur schwer nachzuweisen. Der juristisch erforderliche Beleg, daß Temel und Serbes für ein konkretes Rauschgiftgeschäft an einer bestimmten Stelle und an einem bestimmten Ort eine bestimmte Summe gezahlt haben, war bislang nicht zu erbringen. Temel selbst versicherte treuherzig, er habe nur völlig legale Geschäfte abgewickelt.

Serbes behauptete in Vernehmungen, bei den hohen Transfers habe es sich um Gelder von Gastarbeitern gehandelt, die er in deren Auftrag gesammelt und überwiesen habe.

Schließlich wurde die Steuerfahndung auf Temel und Serbes angesetzt. Sie sollte nach den Quellen für den Reichtum der beiden Türken suchen und deren Steuerzahlungen prüfen.

Temel und Serbes hatten für die riesigen Transfer-Summen keine Steuern gezahlt. Hohe zweistellige

Millionen-Beträge hätten beide nach Berechnungen von Steuerexperten pro Jahr nachzahlen müssen. Beide Steuerverfahren wurden schließlich eingestellt. Temel und Serbes, argumentierte die Steuerfahndung, seien nur Vermittler gewesen, die Gelder hätten ihnen nicht gehört.

Diese Version wurde sogar von der türkischen Botschaft bestätigt. Wirtschaftsrat Ertugru Önen teilte den Fahndern mit, Sammelüberweisungen wie die von Serbes seien durchaus üblich. Wenn nötig, hätte der Türke Prominenz aus Ankara für sich mobilisieren können. Serbes pflegte Kontakt zu türkischen Wirtschaftsführern und Politikern. Unter seinen beschlagnahmten Papieren befand sich auch ein Überweisungsbeleg an einen ehemaligen Minister.

Doch die Fahnder machten, vor allem bei Temel, auch wenig vorzeigbare Bekanntschaften aus. Einer davon war Recep Demir, ein Mann mit perfektem Doppelleben. Demir war offiziell Angestellter einer kleinen Firma in München. Hauptberuflich aber wusch er Geld.

Bei einer Kontrolle auf dem Flughafen München-Riem wurden am 15. Mai 1989 in seinem Gepäck 350 000 Mark gefunden. Zwei Monate später entdeckte der Zoll in seinen Taschen Bargeld verschiedener Währungen: 107 000 DM, 39 000 Schweizer Franken, 20 000 holländische Gulden und 12 000 englische Pfund.

Aber erst auf Ersuchen der italienischen Behörden wurde Demir im August 1989 wegen des Verdachts der Beteiligung am Rauschgifthandel verhaftet. Bei seiner Vernehmung verblüffte er die Beamten mit einem Geständnis: Er habe in den letzten fünf Jahren ungefähr 500 Millionen Mark transportiert.

Das Legalisieren des Geldes, das skrupellose Verbrecher zusammengerafft haben, ist ein Alltagsgeschäft geworden. Selbst in der Provinz wird Geld gewaschen.

In den »Commerzbank«-Filialen in Hannover-Vahrenwald und im ostfriesischen Leer legte das kolumbianische Kokain-Kartell jahrelang Millionen an, ganz ohne Tarnung. Die Kunden gaben allesamt das berüchtigte Medellin in Kolumbien als Wohnort an.

Zeitweilig unterhielt die Drogenmafia bei den »Commerzbank«-Zweigstellen etwa ein Dutzend Konten. Vollmacht hatte beispielsweise der berüchtigte Kolumbianer Gerardo Moncada alias »Kiko«, einer der großen Bosse der Medellin-Mafia. Immer noch sind Spezialfahnder aus den USA hinter ihm her.

Im Frühjahr 1988 flossen insgesamt 6,5 Millionen heiße Dollar aus Panama an die »Commerzbank«-Filiale in Vahrenwald, dort war das Drogengeld vorerst sicher. Im Oktober wurde es weiter transferiert: sauberes Geld aus Deutschland. Die meisten Eingänge legte Filialleiter Jörg Möller als Festgelder mit gutem Zinssatz an. Er bot auch sonst perfekten Service.

Als Luis Carlos Hernández Salinas, ein führender Kopf der Medellin-Gangster, 1988 bei einem Flugzeugabsturz tödlich verunglückte, war gleich ein Kolumbianer mit zwei Blankoschecks zur Stelle. Die wurden vordatiert, und ehe der deutsche Fiskus sich um eventuell anfallende Erbschaftssteuern kümmern konnte, waren mit Möllers Hilfe Salinas hinterlassene 1,7 Millionen Mark auf einem Medellin-Konto verschwunden.

Inzwischen wurde Möllers Ehefrau Brigitte als Verfügungsberechtigte über eines der Konten eingesetzt. Konnte die Identität eines Kontoinhabers nicht geklärt werden, bürgte Möller für den Unbekannten mit seiner Unterschrift.

Als das Versteck für Drogengelder 1990 durch Ermittlungen des BKA und Revisoren der Bank enttarnt wurde, gab sich Möller arglos. Das seien geschäftlich höchst interessante Einlagen gewesen. Er habe sich lediglich nach den Wünschen der Kunden gerichtet.

Eine Bank oder eine Geschäftsfassade gewähren den besten Schutz. Kriminelle Aktivitäten mit solcher Tarnung sind nur schwer auszumachen. Wenn sie, selten genug, einmal auffielen, kam der Tip meist aus dem Ausland.

Wie in dem Fall des türkischen Reisebüro- und Busunternehmers Rifat Kapisiz aus Schwerte. In Zusammenarbeit mit türkischen Touristikagenturen organisierte er Busreisen in die Türkei, gelegentlich auch nach Spanien. Kapisiz schmuggelte Heroin und Drogen-Gelder, die Scheine und der Stoff wurden kurz vor der Fahrt heimlich im Touristen-Gepäck versteckt. Wären die Zöllner fündig geworden, hätte Kapisiz den Unwissenden gespielt. Die Polizei in Istanbul war ihm schon lange auf den Fersen und informierte die deutschen Kollegen.

Monatelang waren Fahnder des Düsseldorfer Landeskriminalamtes (LKA) in der Leitung, wenn Kapisiz mit seinen Lieferanten, Abnehmern und Helfern telefonierte. Die Ermittler kamen so einem Drogen- und Geldwäscherring auf die Spur, der seine kriminellen Geschäfte hauptsächlich in Deutschland abwickelte.

Um die Drogen-Einnahmen zu waschen, hatte die Gang ein Netz von Firmen, vorwiegend im Ruhrgebiet, aufgebaut. Dazu gehörten neben dem Reisebüro von Kapisiz eine Im- und Exportfirma, ein Lebensmittelgeschäft, eine Karosseriebaufirma und ein Bauunternehmen.

Zur Tarnung hatte der Ring in der Türkei Partnerfirmen installiert: Reisebüros, eine Gemüse-Exportfirma und eine Spedition. In Gemüsekisten versteckt transportierten Kühllaster jahrelang große Mengen Heroin nach Deutschland. Die Drogeneinnahmen wurden dann meist über die Scheinfirmen im Ruhrgebiet gewaschen und in die Türkei transferiert – von Bank zu Bank. Es waren Beträge zwischen 5000 und 70000 Mark.

Kapisiz und sein Landsmann Musa Yilmazkaya flogen im Oktober 1991 auf, als sie telefonisch den Transport von 61 Kilogramm Heroin nach Deutschland besprachen. Die beiden Türken wurden in

Istanbul verhaftet. Das LKA ließ kurz darauf die Geldwaschfirmen hochgehen.

Ein Großteil der Helfer aber konnte rechtzeitig entkommen, nach ihnen wird international gefahndet. Die deutschen Ermittler befürchten, daß auch Kapisiz und Yilmazkaya bald auf der Suchliste stehen. Drogenhändler konnten in der Türkei oft unter mysteriösen Umständen aus den Gefängnissen türmen.

Einen ähnlichen Ring wie den von Kapisiz und Konsorten hatte auch ein Camorra-Clan in Deutschland installiert. Die Italiener betrieben acht Lederwarengeschäfte, über die Rauschgift vertrieben und die schmutzigen Gelder gewaschen wurden.

Die Fahnder des Bundeskriminalamtes (BKA) konnten einige Bandenmitglieder verhaften. Es waren allesamt nur Strohmänner; bis zu den Drahtziehern in Italien drangen die Beamten nicht vor.

Das geringe Risiko verlockt zum Mitmachen. Per Anzeige in der »Herald Tribune« suchte eine Personalberatungsfirma auf der Königsallee in Düsseldorf Spezialisten mit militärischer Ausbildung. Bewerber erfuhren dann, daß sie als Kuriere für den Geldtransfer von Südamerika nach Europa eingesetzt werden sollten.

Einige Straßen im Berliner Stadtteil Schöneberg verbreiten einen Hauch von Las Vegas. Dort gibt es mehr Spielhallen als Geschäfte oder Kneipen. Die meisten der Flipper- und Flimmersalons strahlen nur die kalte Lebendigkeit ihrer Automaten aus, die

Spieler aber machen sich rar. Die Konkurrenz ist groß: Der Berliner Senat hat Ende der achtziger Jahre massenweise Spielhallen-Lizenzen an deutschstämmige Exil-Russen vergeben – als Existenzgründungen.

Von den Spielhöllen ohne Kunden läßt sich dennoch ganz ordentlich leben. Sie kommen auf einen durchschnittlichen Jahresumsatz von 300 000 bis 400 000 Mark. Allerdings nicht durch ihre Automaten.

Spielsalons stehen ebenso wie viele Pizzerien oder China-Restaurants im Verdacht, ihre höchsten Umsätze durch Geldwäsche zu erzielen. Die kriminellen Gelder von Drogen-Dealern oder Autoknackergangs werden von den Spielhallenbesitzern als Einnahmen deklariert. Das Geld wird damit legalisiert, seine Herkunft ist dann nur noch schwer nachzuweisen.

Selbst große Mengen an Drogengeldern fallen meist in kleinen Scheinen an. Wo Geschäfte mit niedrigen Beträgen gemacht werden, läßt sich das dreckige Geld leicht in sauberes verwandeln.

Das kriminelle Geld wird auf dunklen Pfaden meist dorthin gebracht, wo es leicht umzutauschen oder vor Entdeckung sicher ist. Bei der Legalisierung der Schmutzgelder kennt die Phantasie keine Grenzen. Unauffällig lassen sich kleingestückelte Beträge in Spielkasinos waschen. Über den Rückumtausch der Chips kommen die Wäscher an sauberes Geld.

Eine beliebte Variante des Geldwaschens ist das Scheingeschäft. Über Firmen in mehreren Ländern werden Waren hin- und hergeschoben und zu weit überhöhten Preisen bezahlt. Mitunter gehen für eine Lieferung aus mehreren Ländern Gelder ein.

Um nicht durch ihr immenses Vermögen aufzufallen, müssen Geldwäscher eine Scheinlegalität aufbauen. Unauffällige Finanzgesellschaften kaufen sich in alle Bereiche der Wirtschaft ein. Oft gründen Geldwäscher Firmen, als deren Besitzer sie Personen mit Wohnsitz im Ausland angeben, und lassen sich von dort ein Direktorengehalt oder Dividenden überweisen. Beliebt ist auch der Trick mit den Krediten. Zunächst wird das Geld auf ein Nummernkonto eingezahlt und anschließend zu einer anderen Bank überwiesen. Bei einem dritten Geldhaus wird unter Vorlage des Depotauszugs ein gleich hoher Kredit beantragt, der dann mit schmutzigem Geld getilgt werden soll.

Schon nach wenigen Stationen der Geldwäsche ist es schwierig, schmutziges Geld aus dem Kreislauf des sauberen herauszufiltern. Zudem hat der elektronische Zahlungsverkehr zwischen den internationalen Banken ein so großes Ausmaß angenommen, daß Geldwäscher ihre Beute oft per Computer transferieren.

Das saubere Geld wird meist in legale Geschäfte investiert. So enttarnten Fahnder des BKA beispielsweise eine Gruppe von Heroin-Dealern, die bei deutschen Banken fremde Währungen wechselte und dafür über vier Millionen Mark kassierte. Das Geld steckte sie in Im- und Exportfirmen.

Selbst der Kunstmarkt ist von Drogengeldern unterwandert. In den Banktresoren der Schweiz lagern Dutzende, vielleicht sogar Hunderte alter Meister, die Drogenclans im Kunsthandel erworben haben.

Oft lassen die Drogensyndikate ihre Gelder über Strohleute in Immobilien rund um den Globus anlegen. Ihre Gelder stecken in Hotels, Fabriken, Wohnblocks und Bürotürmen.

Die Geldwäsche hat bedrohliche Dimensionen erreicht. Dennoch entschloß sich die Bundesregierung später als alle anderen EG-Länder zu schärferem Vorgehen. Deutschland wurde dadurch auf einem wichtigen Sektor der Verbrechensbekämpfung zum Nachzügler. Sogar in der Schweiz, über Jahrzehnte ein bevorzugtes Versteck von Verbrecher-Milliarden, wurde Geldwäsche bereits 1989 unter Strafe gestellt.

»Jedes Land«, sagt Edward Jurith, Drogenexperte des US-Repräsentantenhauses, »das nicht strikte Kontrollen und Gesetze über die Geldbewegungen hat, ist ein automatisches Ziel für die Geldwäscher.« Wichtigste Anlaufstelle für Geldwäscher sind die Banken, die oft arglos sind, sich zumeist aber blind und taub stellen. Schon vor Jahren, sagt der deutschsprachige amerikanische Drogenfahnder Gregory Passic, hätten seine Leute den Weg der Drogenkartell-Gelder aus den USA, aus Kolumbien und Panama zu deutschen Banken verfolgt. Passic, Chef der DEA-Abteilung (»Drug Enforcement Administration«) Geldwäsche, der schon 1975 mit dem Bundeskriminalamt in Deutschland nach Dealern fahndete, prophezeit der Bundesrepublik zunehmenden Ärger mit Drogengeldern.

»Jedes Kilo Kokain, das die Dealer absetzen, bedeutet drei Kilo Geld«, sagt Passic. »Je mehr der Kokain-Handel zunimmt, desto häufiger werden deutsche Banken mit schmutzigem Geld zu tun haben.«

Die laxe Haltung der Bonner Regierung gegenüber den Drogenbanden und ihren Milliarden hat die Amerikaner schwer verstimmt. Bei Besuchen von hohen Beamten und Politikern aus Bonn drohten sie unverhohlen damit, die Bundesrepublik wie bei den Rüstungsskandalen weltweit an den Pranger zu stellen.

Auch Landeskriminalämter, Zollfahnder, BKA und BND weisen seit Jahren auf die wachsende Bedrohung hin. Die Verwendung der immensen Drogengelder, warnte der BND Mitte 1991 in einem Bericht an die Bundesregierung, könne zu einer »wirtschaftlichen und politischen Macht« führen, die »demokratisch nicht kontrollierbar« sei.

Nicht einmal solche ernsten Warnungen haben die Bonner Politiker zu größerer Eile antreiben können. Die Bundesregierung war mit Gesetzesplänen um Jahre in Verzug und stand, wie der SPD-Rechtspolitiker Hans de With beklagte, »am Ende des internationalen Geleitzuges«.

Diese Gelassenheit angesichts der brutalen Wirklichkeit ist bemerkenswert. Über 2000 Drogentote wurden 1991 allein in Deutschland registriert – ein trauriger Rekord. In Hamburg hob die Polizei eine türkische Bande aus, die vier Tonnen Heroin eingeschmuggelt hatte. Auch das ist ein Rekord.

Die Tatsachen sind in Bonn bekannt, doch die Maßnahmen dagegen sind lasch. Finanz- und Wirtschaftsministerium zeigen sich nach wie vor von den Argumenten der Banken beeindruckt, die auf das Bankgeheimnis pochen.

Soll der Geldwäsche Einhalt geboten werden, müssen die Geschäfte der Banken stärker reglementiert werden. Noch immer geschockt von der Diskussion um die Quellensteuer, möchte die Bonner jedoch alles vermeiden, was Kapital in die Flucht treiben könnte.

Die USA und selbst die Schweiz, deren Banken sich über Jahrzehnte für keinen noch so kriminellen Kunden zu schade waren, lassen sich mittlerweile von ihren Bankiers nicht mehr einschüchtern. Allein in den USA werden Jahr für Jahr 500 Millionen Dollar von Geldwäschern beschlagnahmt, in Florida täglich immerhin 550000 Dollar.

»Geld ist das Lebensblut der Drogenhändler«, sagt US-Justizminister Dick Thornburgh. »Wenn wir es beschlagnahmen, dann können wir ihre Operation abwürgen.«

»Aber wie geraten letztlich die Drogen in die Venen unserer Kinder?« fragte der amerikanische Senator John Kerry in einem Hearing des US-Kongresses. Und er gab selbst die Antwort: »Banken erleichtern die Arbeit der Dealer.«

Der Vorwurf trifft inzwischen vor allem auch deutsche Institute. Diese sehen gern an der Wirklichkeit vorbei, wenn die Summen nur groß genug sind, die über ihre Konten laufen: Wie kann Geld schmutzig sein, wenn es sauber gebündelt ist?

So wunderte sich niemand darüber, wie ein kleiner Gemüsehändler mit schmalen Umsätzen in kurzer Zeit zu einem Kontostand von 14 Millionen Mark kommen konnte. Rauschgift-Kuriere aus ganz Europa hatten ihm aus grenznahen Städten die Millionen überwiesen. Der Fall flog auf, als BKA-Beamte einen Drogen-Kurier mit 460 000 Gulden bei der »Deutschen Bank« in Emmerich festnahmen.

»Die Kriminellen«, sagte der Frankfurter Oberstaatsanwalt Harald Hans Körner, »werden leider immer noch weit unterschätzt. Das ist um so bedauerlicher, als unsere Kundschaft unter Hochdruck arbeitet.«

Die Geldkuriere kommen zu Lande, zu Wasser und in der Luft. Zöllner auf allen deutschen Flugplätzen entdeckten bei ihren Routinekontrollen immer wieder Koffer und Taschen, berstend gefüllt mit Notenbündeln. Bei seinen Grenzkontrollen, sagte ein Zollbeamter, habe er Kofferräume bis oben hin gefüllt mit Geldbündeln gesehen.

In Containern werden, zwischen Waren verstaut, Millionen geschmuggelt. Selbst wenn in großen Hafenanlagen mal ein solcher Zufallsfund gemacht wird, bedeutet das nichts, die Zöllner müssen das dreckige Geld passieren lassen.

Manche Banken haben Pech mit ihren zweifelhaften Kunden. Die »Deutsch-Südamerikanische Bank« in Hamburg etwa, eine Tochterfirma der »Dresdner Bank«, geriet durch die ihr anvertrauten Schmutz-Millionen in ein böses Licht. Gut 20 Millionen Dollar Drogengeld waren 1989 auf das Konto Nr. 131-775 00-400 bei der »Deutsch-Südamerikanischen Bank« geflossen. Auch Geld von der verrufenen »Banco de Occidente« aus dem Dealer-Paradies Panama war dabei. Dann schlug das Bundeskriminalamt zu.

Im April 1989 pfändete ein Gerichtsvollzieher 16 Millionen Dollar, die auf die »Schweizerische Bankgesellschaft« umgeleitet werden sollten. Obwohl US-Behörden um Überlassung der Drogengelder nachgesucht hatten, gab ein Richter in Hamburg auf Empfehlung des zuständigen Staatsanwalts die Dollar-Millionen wieder frei.

Die Taten seien ja von Ausländern im Ausland begangen worden, meinte der Richter. Es läge daher kein »irgendwie geartetes Interesse« vor, die Gelder einzubehalten.

Ein Interesse gab es schon. Die Amerikaner zumindest hatten gute Gründe, die Herausgabe des heißen Geldes zu verlangen.

Bei einem Undercover-Einsatz von zwei amerikanischen Drogenfahndern auf der Karibikinsel Aruba war im März 1988 ein Gespräch mit Eduardo Martinez, einem der Köpfe des kolumbianischen Kokain-Kartells in Medellin, abgehört worden. Und das war eindeutig.

Martinez: »... ich werde meinen Partner fragen, ob er ... da er das größte Geldvolumen darstellt ... vielleicht möchte, daß ein Teil des Geldes nach Europa geht. Da alles in New York konsolidiert wird, für seine Bank, das ist, glaube ich, die ›Deutsch-Südamerikanische Bank‹ in Deutschland ... «

Nach Ermittlungen der Amerikaner sollen in Hamburg auch 11,8 Millionen Dollar des panamaischen Ex-Diktators Manuel Antonio Noriega eingegangen sein. Das Geld sei von der Luxemburger Filiale der »Bank of Credit and Commerce International (BCCI)«, einer Hausbank des Verbrechens, überwiesen worden.

Doch die Manager der »Deutsch-Südamerikanischen Bank« dementierten, Konten auf den Namen Noriega geführt zu haben. Vielleicht hieß der Drogengeneral dort Smith oder Miller.

Mit Geldwäsche hätten sie nichts zu tun, sagt Vorstandsmitglied Herbert Mittendorf. »Wir schließen Konten sofort, wenn wir das Gefühl haben, daß der Kunde nicht integer ist.«

Auch andere Größen aus dem Drogenreich, wie der Kokain-Baron Rodriguez Gacha, legten in Deutschland an. Der »Mexikaner«, wie der Medellin-Boß wegen seiner Vorliebe für breitkrempige Hüte genannt wurde, unterhielt für mindestens sieben seiner Scheinfirmen Konten bei der »Dresdner Bank«. Gacha starb im Gefecht mit der kolumbianischen Armee. Tausend Mann einer Sondereinheit hatten im Dezember 1989 sein Landgut Tolugas gestürmt.

Rund 130 Millionen Dollar der Gacha-Gelder konnten bislang sichergestellt werden, allein 34 Millionen in Luxemburg. Ein Gacha-Konto fand sich auch bei der »Deutschen Bank«, Kontostand: 4 068 775 Dollar.

Unter Experten gibt es keinen Zweifel. »Mehr und mehr deutsche Banken«, sagt Spezialagent Gregory Passic von der amerikanischen Drogenfahndung, »werden für die Geldwäsche eingespannt.« Passic hat außer der laschen Gesetzgebung noch andere Gründe für den Run auf Deutschland ausgemacht: »Die D-Mark ist stabil, die Inflation existiert praktisch nicht, und das Bankensystem ist eines der besten, wenn nicht das beste, in der Welt.«

Verheerender noch als die erste Stufe der Geldwäsche ist nach Meinung von Experten die weitere Verwendung der Gelder. Multi-Milliarden-Summen, von der Unterwelt in allen Etagen der Gesellschaft zusammengestohlen, werden überall in der Wirtschaft investiert.

Gut getarnt, versteht sich. Die Verzahnung von verbrecherischen Aktionen und scheinbar ehrbarer kaufmännischer Tätigkeit ist perfekt. Schon 1984 wurde ein Konstanzer Geschäftsmann enttarnt, der für Freunde der amerikanischen »Cosa Nostra« Dollar-Millionen so lange hin und her bewegt hatte, bis sie sauber waren. Der Finanzjongleur unterhielt ein ganzes Firmenimperium inklusive Diamantenhandel. Die Unternehmen dienten ausschließlich dem Zweck, die vielen Geldbewegungen auf seinen Kontoauszügen zu erklären.

Das BKA kam mehreren Geschäftsleuten auf die Spur, die mit Hilfe von Strohmännern und als Treuhänder fungierenden Rechtsanwälten untereinander Firmenbeteiligungen hin- und herschoben. Durch die vorgetäuschten Käufe konnten Millionen gewaschen werden.

Oft sind es Rechtsanwälte, die, geschützt durch die anwaltliche Schweigepflicht, für ihre kriminellen Mandanten die Holdings halten. Drei solcher Dachgesellschaften, die von der US-Rauschgiftbehörde DEA als »Geldschleusen« für das Kokain-Geschäft bezeichnet werden, sollen allein in Hamburg ihren Sitz in Anwaltskanzleien haben.

Die Täter sind keine finsteren Gestalten mit dem Revolver im Schulterhalfter. Der amerikanische Staatsanwalt Buddy Parker beschreibt den Manager der Geldwäscherei in der Belle-Étage des Verbrechens als »scharfsinnig, gebildet, mit der internationalen Bankenwelt vertraut«.

Diese gebildeten Leute kennen sich laut Parker nicht nur mit Bilanzen aus – sie sind auch bereit, »ihr Leben aufs Spiel zu setzen, weil ja sie den großen Drogenhändlern die Geldbewegungen garantieren müssen«.

Altgedienten Bankiers fällt auf, daß sich immer mehr Beamte, bewußt oder unbewußt, in die Dienste krimineller Organisationen stellen. »Bei uns«, sagt das Vorstandsmitglied einer deutschen Großbank, »sind einige aus dem mittleren und oberen Management ausgestiegen, die als Finanzberater in kurzer Zeit zweistellige Millionenbeträge anzulegen hatten.« Er frage sich manchmal, woher dieses Geld wohl stamme.

Die Großen der Rauschgift-Zunft, glaubt Frankreichs Staatschef François Mitterrand, üben »soviel Macht aus wie Regierungen«. Die UNO befürchtet gar, daß politische Institutionen und Wirtschaftsorganisationen »unmittelbar bedroht« seien.

Allein in den USA werden im Kokain-Geschäft Jahr für Jahr rund 30 Milliarden Dollar gewaschen. Zwischen 40 und 100 Milliarden Dollar setzten Dealer nach Schätzungen der Justizbehörden jährlich um.

Billionenbeträge sind in den letzten Jahrzehnten in das internationale Finanzsystem eingesickert. Seit im Ausland Fahnder Einblick in die Geschäfte der Geldwäscher gewinnen, weisen sie dort zunehmend Veränderungen der Wirtschaftsstrukturen nach.

An der Costa del Sol beispielsweise haben spanische Kokain-Ringe große Teile der Touristik-Branche an sich gerissen. Sie zogen Hotel- und Restaurant-Ketten, Night-Clubs und Appartement-Anlagen hoch. Das Geld schleusten die Drogengangster zumeist über Gibraltar ein. Ein einziges Maklerbüro hat dort nach Angaben der spanischen Polizei 1989 rund vier Milliarden Mark gewaschen.

Riesige Hotelkomplexe und Ferienanlagen auf den Bahamas oder in der Türkei, einer der größten Heroin-Lieferanten, wurden mit Drogengeldern errichtet. Oft sichern sich die Kriminellen mit Investitionen im sozialen Bereich den Rückhalt in der Bevölkerung.

In Asien übernimmt Thailand mehr und mehr die Rolle von Hongkong. In Europa sind Länder wie Deutschland und Österreich dazugekommen. Österreich sauge »wie ein Schwamm illegales Kapital aus der ganzen Welt auf«. Mit dieser Aussage brachte Senator Maurizio Salvi, Vizepräsident der italienischen Anti-Mafia-Kommission, die Alpenrepublik im November 1991 in Rage.

Nach der Flucht des Drogenkönigs Pablo Escobar im Sommer 1992 aus einem kolumbianischen Gefängnis forderten Politiker des Landes den Rücktritt von Staatspräsident César Gariria. Dessen Kampf gegen die einheimische Rauschgift-Mafia habe sich, so der ehemalige Justizminister Enrique Perejo, als »totaler Fehlschlag« erwiesen. In Wahrheit hat Kolumbiens Regierung kaum noch eine Chance, sich der Drogenbarone zu entledigen. So errechneten Spezialisten der US-Regierung, daß die Kokain-Bosse von Medellin und Cali allein von Mitte 1991 bis Mitte 1992 illegale Gewinne in Höhe von 3,6 bis 7,2 Milliarden Mark nach Kolumbien eingeführt haben – mindestens dreimal mehr, als die kolumbianische Zentralbank für die vergangenen Jahre angegeben hatte. Mit den Gewinnen aus Tarnfirmen finanzieren die Drogenhändler wiederum die Wahlkämpfe von Politikern – Kolumbien ist auf dem Weg zur ersten Narco-Demokratie der Welt.

Das Waschen von dreckigem Geld hat weltweit derart Konjunktur, daß immer mehr Länder zu

Spielhöllen der Syndikate verkommen. Am Ende dann stehen Entwicklungen wie in Italien, wo sich die milliardenschwere verbrecherische Wirtschaftsmacht bereits in alle Bereiche der Gesellschaft eingenistet hat. Mafia und Geldwäscher gehören zum Staat.

Die Syndikate haben sich im Laufe von Jahren riesige Mengen Staatsanleihen und Kreditbriefe des italienischen Schatzamtes zugelegt. Mit Hilfe der Mafia konnte das hohe Defizit des italienischen Haushalts verringert werden.

Das Land ist durch die Geldzufuhr der Kriminellen, wie Vorgänge im Sommer 1992 an den italienischen Börsen belegen, in eine gefährliche wirtschaftliche Abhängigkeit von den Gangsterkartellen geraten.

Wochen vor dem Mord an Untersuchungsrichter Paolo Borsellino fielen die Kurse von Wertpapieren, Aktien und Lira in neue Tiefen. Die Wirtschaftspolitik in Rom bot dafür keinen Anlaß. Im Gegenteil, die Regierung hatte sogar einen drastischen Stabilitätskurs mit hohen Einsparungen verkündet.

Doch die Baisse war damit nicht aufzuhalten. Nach dem Mord fielen die Kurse noch weiter. Im Schatzministerium und bei der italienischen Finanzpolizei wurde das Börsengeschehen als unmißverständliche Drohung angesehen: Bei verschärftem Vorgehen gegen die Mafia, so die Botschaft, werde die Regierung durch die Unterwelt über Wirtschaftskrisen zu Fall gebracht.

Schon die Warnung war reichlich teuer für den Staat. Durch den Lira-Verfall rechneten römische

Finanzexperten mit einem zusätzlichen Verlust von acht bis zehn Milliarden Mark. Denn Rom wurde zur Änderung seiner Zinspolitik gezwungen und mußte für seine Staatsschulden erheblich mehr aufbringen.

Mit dem Börsenmanöver konnten die Syndikate, die nach Berechnungen der Anti-Mafia-Kommission über flüssiges Kapital in Höhe von umgerechnet rund hundert Milliarden Mark verfügen, ihren Reichtum sogar noch erheblich vergrößern. Bei Börsentiefststand stiegen die Verbrecherorganisationen wieder ein.

Die staatliche Abhängigkeit vom Mafia-Geld kann leicht dazu führen, daß die Gangsterorganisationen eines Tages den Regierungen ihre Bedingungen für die Legalisierung ihres Kapitals diktieren werden. Die Folgen wären verheerend. Georgina Dufoix, bis vor kurzem noch im französischen Finanzministerium für das Problem Geldwäsche zuständig, fürchtet bereits um die Stabilität des internationalen Finanzsystems.

Bis ins Europa-Parlament reicht schon der lange Arm der Clans. In der Fraktion der »Democrazia Cristiana«, meint der konservative CSU-Abgeordnete Otto von Habsburg, sei fast jeder zweite Abgeordnete der Mafia zuzurechnen. »Das sind«, erklärte er deutschen Parteifreunden, »seriös wirkende, freundliche Leute.«

Eine Beschreibung, die auch auf Dottore Guiseppe Lottusi zutraf. In seiner leicht heruntergekommenen Eleganz hatte er etwas von einem englischen

Landedelmann. Seine Leidenschaft waren Pferde-
rennen. Seine Vollblutpferde liefen auf der Mailän-
der Rennbahn San Siro.

Die Gelder, die für Lottusi wirklich zählten,
nahm er nachts auf dem Gemüsemarkt in Empfang.
Die Lire-Berge kamen, unter Feigen, Zitronen, Trau-
ben und Melonen versteckt, nach Mailand. Tagelöh-
ner sammelten sie ein und lieferten sie bei Lottusis
»Interpart Finanziaria« an der schicken Piazza Santa
Maria Beltrade 1 ab. Absender der schmutzigen Lire
war der Madonia-Clan aus Resuttano in Sizilien,
einer der großen Verteiler von Kokain. Das Syndikat
beglich über Lottusi Lieferungen des kolumbianischen Drogenkartells.

Die Gelder aus Drogengeschäften transferierte
Lottusi weiter auf Konten in Deutschland, Italien, in
der Schweiz, in Luxemburg, Irland, London oder
auf den englischen Kanalinseln. Inhaber der meisten Konten: Mitglieder des kolumbianischen Esco-
bar-Clans.

Lottusis Geldwäscherei flog auf, als ein Überläufer der amerikanischen Cosa Nostra auspackte.
Rund achtzehn Monate überwachten ihn dann italienische Fahnder, und am 15. Oktober 1991 wurde
Lottusi vor laufenden Fernsehkameras in seinem
noblen Palazzo verhaftet.

Er gilt auf dem alten Kontinent als einer der wichtigsten Verbindungsmänner von Mafia, »Cosa Nostra«
und kolumbianischem Kokain-Kartell. Für die Syndikate soll er insgesamt 600 Millionen Mark verschoben haben.

Die »ehrenwerten Familien« beeinflussen mittlerweile auch im Norden Wirtschaft und Politik. Der Mafia ist es sogar gelungen, ihre Kassen mit Steuergeldern zu füllen. Von den vielen Milliarden Staatssubventionen fließt ein großer Teil mit Hilfe korrupter Politiker an Mafia-Firmen.

Die Syndikate haben sich in zahlreichen Branchen etabliert. Sizilien, kein Land für gewöhnliche Firmenansiedlungen, hat immerhin rund 1000 Finanzierungsgesellschaften angelockt. Sie stecken schmutziges Geld in scheinbar legale Geschäfte oder lassen es im Ausland verschwinden.

Manche Regionen sind auf dem Wege zur mafiosen Syndikatswirtschaft. In Neapel und Umgebung beispielsweise erreichen die Clans einen Umsatz von schätzungsweise rund elf Milliarden Mark.

Der Mafia gehören dort nach Berechnungen des Wirtschaftsmagazins »Il Mondo« in der Provinz Neapel bereits die Hälfte aller Einzelhandelsgeschäfte, die Hälfte der Bauunternehmen, ein Drittel der Landwirtschaft, zwanzig Prozent des Kredit- und Finanzwesens, zwanzig Prozent des Transportwesens und je zehn Prozent der Industrieunternehmen und der Dienstleistungsbetriebe.

Überall im Lande haben Mafia und Camorra zahlreiche Banken, Leasing-Gesellschaften und Versicherungen in ihren Besitz gebracht. Ihre Manager kontrollieren die Produktion von Mozzarella und Lederwaren, den Vertrieb von Autos und Wohnküchen und verwalten Luxushotels.

Im italienisch-schweizerischen Grenzgebiet haben sich mittlerweile auch die kolumbianischen Kartelle niedergelassen. Von ihren Stützpunkten in und um Lugano aus steuern sie mit ihren Mafia-Helfern in Mailand den europäischen Markt.

Seit Jahren fließen ihre Gelder immer reichlicher nach Deutschland. Weil Politiker hierzulande das immer noch nicht wahrhaben wollen, sind die Bonner Aktivitäten in Sachen Geldwäsche lascher als anderswo.

Die Amerikaner haben dagegen die Herausforderung durch die Verbrecherkartelle inzwischen angenommen. Nirgendwo sonst auf der Welt werden Geldwäscher so unnachsichtig verfolgt wie in den USA. Sie werden genauso hart bestraft wie Dealer. Tausende von Verfahren gegen Geldwäscher wurden in den letzten Jahren eröffnet. In schwerwiegenden Fällen drohen Zuchthausstrafen bis zu 25 Jahren.

Nie zuvor in der Geschichte Amerikas, resümierte die »Washington Post« in einem Leitartikel, haben »derart viele Leute aus der Finanzwelt gleichzeitig im Gefängnis gesessen«. Dazu gehören nicht nur kriminelle Spekulanten. Viele Mitarbeiter von Finanzinstituten, Bankdirektoren und Kassierer, die sich von Dealern zur Geldwäsche verleiten ließen, wurden verurteilt.

Mehrere hundert Beschäftigte von Finanzinstituten kamen als Komplizen von Geldwäschern auf die Anklagebank. Seit 1986 leitete die US-Steuerfahndung mehr als 4 200 Geldwäsche-Untersuchungen ein. Auch Dutzende von Banken standen am Pranger.

In den letzten zehn Jahren wurden bereits 76 Geldinstitute wegen Verletzung des Bankengesetzes oder auch wegen Geldwäscherei zu hohen Geldstrafen verurteilt. Darunter auch die »First Bank of Georgia«, deren Präsident für 42 Monate ins Gefängnis mußte, die »Bank of New England«, die »Ponce Federal Bank« sowie die »New York Chemical Bank«.

Selbst Europas größte Waschanstalt, die Schweiz, hat 1989 Strafrechtsbestimmungen gegen Geldwäsche eingeführt. Anonyme Konten mit Nummern oder Decknamen, wie sogar »Heroin«, sind nicht mehr erlaubt.

Grundsätzlich gelte heute, sagt Jörg Schwarz, Rechtskonsulent des »Schweizerischen Bankvereins« (SBV), »Cash ist verdächtig«.

Schlupflöcher gibt es dennoch reichlich. Treuhandgesellschaften, Leasingfirmen, Vermögensverwalter und Geldwechsler werden von den gesetzlichen Bestimmungen ebensowenig erfaßt wie Finanzgesellschaften.

Trotz aller Vorsicht, räumt Schwarz vom SBV ein, werde weiterhin Geld gewaschen, nur raffinierter und aufwendiger als früher. Allein seine Bank habe täglich 250 000 Kontenbewegungen. Um ein solches Volumen zu beobachten, »wäre eine elektronische Überwachung in der Art der Rasterfahndung« nötig, »wenn wir die Möglichkeit dazu hätten, würden wir sie nutzen«.

Schon beim geringsten Verdacht auf Geldwäsche kann die italienische Polizei aktiv werden. Aber wegen der vielen Mafia-Helfer auf allen Ebenen von Wirtschaft und Politik haben die Clans weiterhin freie Bahn.

Das deutsche Geldwäsche-Gesetz ist, verglichen mit den Gesetzen der anderen westlichen Industrienationen, das lascheste Regelwerk. Die Identifizierung des Bankkunden soll sich weitgehend auf die Vorlage der Ausweispapiere beschränken.

Bonn konnte sich nicht einmal durchringen, den EG-Vorschlag umzusetzen. Danach sollen Bareinzahlungen ab 15 000 Ecu (zirka 30 000 Mark) registriert und gemeldet werden. Die Bundesregierung will sich auf Druck der Bankenlobby für die 50 000-Mark-Grenze entscheiden.

In Großbritannien drohen Geldwäschern Haftstrafen bis zu 14 Jahren. Den Banken sind besonders umfangreiche Kontrollen vorgeschrieben. Bekannte des Kunden werden ausgeforscht, sogar Wählerlisten überprüft, und in Verdachtsfällen werden routinemäßig Auskunfteien eingeschaltet.

Experten von Banken, Bausparkassen, Polizeibehörden und der britischen Drogenfahndung haben Ende 1990 ein Vademekum über die Techniken der Geldwäsche vorgelegt. Es enthält eine Sammlung obskurer Bankoperationen und Schulungsmaterial für Bankkaufleute. Wer einen verdächtigen Fall nicht meldet, kann als Helfer von Geldwäschern vor Gericht kommen.

In Deutschland müssen Bankangestellte ein solch hartes Vorgehen nicht fürchten. Ihnen droht laut Gesetz allenfalls eine Geldbuße bis 100 000 Mark – aber nur dann, wenn sie vorsätzlich oder grob fahrlässig gehandelt haben.

Für die deutschen Banken wäre Geldwäsche somit eine Ordnungswidrigkeit, nicht mehr. »Der Verletzung dieser Pflichten«, erklärte die Bundesregierung, »kommt kein gesteigerter ethischer Unwertgehalt zu, der eine Ahndung als Straftat geboten erscheinen läßt.« Solche Milde wird Folgen haben. »Ohne ein Strafbarkeitsrisiko auch für Banken«, sagte die SPD-Bundestagsabgeordnete Ingrid Matthäus-Maier, »kann man jedes Geldwäsche-Gesetz vergessen.«

Der wichtigste Zeitpunkt für die Aufdeckung von Geldwäsche-Operationen, heißt es beispielsweise in den Leitlinien für die britischen Banken, sei »der Moment, in dem das Bargeld in das Banksystem eintritt«.

Doch in Deutschland wird selbst im Fall eines dringenden Verdachts das Geld allenfalls 24 Stunden festgehalten. »Ist ein Aufschub der Finanztransaktion nicht möglich«, so der Gesetzentwurf, »darf diese durchgeführt werden; die Anzeige ist unverzüglich nachzuholen.«

Vor allem stößt in Bonn und bei deutschen Verfassungsrechtlern die in Großbritannien und den USA mit Erfolg praktizierte Beweislast-Umkehr auf Widerstand. Dort müssen Verdächtige beweisen, daß ihr Vermögen nicht aus einer Straftat stammt, nach deutschem Gesetz soll die Eigentumsgarantie und die Unschuldsvermutung in dubio pro reo weiterhin Vorrang haben.

Juristen und Drogenexperten halten einen dritten Weg zwischen dem laxen und dem harten Staat für möglich. Nur bei Personen, »die im Drogenhandel tätig sind«, meint beispielsweise der SPD-Innen-experte Hans Gottfried Bernrath, sollte »das Vermögen beschlagnahmt und deponiert« werden. Dann müsse »der Betreffende nachweisen, woher sein Vermögen stammt«.

Nach dem Steuergesetz, so Bernrath, sei jeder Bürger verpflichtet, nachzuweisen, wieviel er eingenommen und ausgegeben habe. »Welche Veranlassung haben wir«, meint der SPD-Politiker, »Leuten zu trauen, die so ziemlich das Schlimmste tun, was man in unserer Gesellschaft tun kann?«

Doch so lebensnah geht es in Bonn nicht zu. Die Verständigung auf einen Kompromiß ist nicht mehr in Sicht. Eine Allianz von Linken, die den Überwachungsstaat fürchten, und von Rechten, die das Bankgeheimnis schützen wollen, leisteten erfolgreich Widerstand.

Beim Thema Geldwäsche fühlt sich der Frankfurter Oberstaatsanwalt Harald Körner »an das Bild von den heiligen drei Affen« erinnert. Politiker und Banken, meint der Drogenexperte, »nehmen einfach nicht zur Kenntnis, was bei uns abläuft«.

Heiße Fracht für Ibrahim
Die verschlungenen Wege der Drogen-Geldwäscher von Heidelberg

Zagreb, Belgrad, Dimitrovgrad, Istanbul – die Balkan-Route, eine Marter, im Sommer vor allem. Tagsüber köchelt der Teer auf der höckrigen Piste. Der Verkehr rollte durch Schwaden von Glut und Gestank, lange vor dem Horizont verschwindet die Kolonne im Flimmer.

Es streckt sich gewaltig bis zum Bosporus. Trukker erzählen von der Route wie Veteranen über den Krieg – nur ein paar Anekdoten bleiben. Torturen und Blessuren konserviert die Erinnerung nicht gern.

In den meisten Geschichten kommen nur Sieger vor. Das aber ist Ronald Kaschke nicht. Er hing ziemlich durch damals. Seit längerem ohne Arbeit, ständig klamm, schwand ihm die Hoffnung auf bessere Tage. Dann der Lichtblick – mit Namen Rolf Wiedemann.

Um den Frust zu dämpfen, suchte Kaschke häufiger das Gedröhne einer rauchschwülen Diskothek in Schwetzingen. Da war er dann eines Abends, der Rolf Wiedemann. Vor Jahren hatten sie gemeinsam bei den Heidelberger Kraftanlagen gejobbt. Immer nur Schlosser, das schien beiden keine Perspektive.

Das große Geld beschäftigte sie und die Art, es sich zu beschaffen, wie auch immer, wo auch immer.

Wiedemann war das offenbar gelungen, seine Kleidung, sein Auftreten signalisierten es Kaschke.

Zufälle sind manchmal offenbar keine. So einen wie Kaschke brauchte Wiedemann. Ein Heroin-Transport von Istanbul nach Madrid war fällig, überfällig schon. Kaschke hatte eine Freundin, die Silke Stein mit ihrer einjährigen Tochter. Eine Familie auf Reisen – eine fast perfekte Tarnung.

Wiedemann und sein Chef Sahin Ceylan drängten Kaschke zur Eile. Die Abnehmer in Spanien ließen sich nicht länger vertrösten. Ceylan, ein Türke mit Wohnsitz in Leimen, hatte bei seinem letzten Besuch in Madrid eine Lieferung innerhalb der nächsten Tage versprochen.

Ein Syrer namens Ibrahim war der Boß der spanischen Heroin-Gang. Ceylan hatte viel mit ihm zu tun. Als oberster Geldwäscher der Organisation kümmerte er sich um die Transporte der Peseten und Dollars von Madrid nach Frankfurt und ihren Umtausch bei deutschen Banken. Ibrahim war ein prompter Zahler, Ceylan durfte ihn unter keinen Umständen verlieren.

Als Kaschke losfuhr, war es schon weit im August. Hinter Wien dörrte das Land, der Lada war wie ein Backofen. Nur nachts brachten leichte fönige Windstöße schon mal Linderung. Das Mädchen quengelte oft und schlief fiebrig-nervös. Und Ronald schwor: nie wieder mit Kind.

In Istanbul fuhren Mitglieder der Organisation den Wagen in eine versteckt liegende Werkstatt.

Dort schweißten Monteure zwischen Sitzpolster und Karosserieboden im Fond einen Tank ein, lackierten ihn in Wagenfarbe und füllten ihn mit 14,5 Kilogramm Heroin, Reinheitsgrad 50 Prozent.

Während der Rückreise legte sich die Angst bald. Denn die Grenzer prüften nur kurz die Papiere und warfen an Kaschke vorbei einen Blick auf Silke und das Kind. Das war der Moment des Aufatmens, das Wageninnere interessierte dann nur noch für die Dauer eines Augenaufschlags. Drei Tage später trafen sie in Madrid auf der Grand Via ein.

Bereits einen Monat später hatte die Organisation wieder eine Fracht für Ibrahim. Kaschke fuhr in Begleitung von Silke Stein, diesmal aber ohne deren Tochter. Um nicht den Argwohn der Grenzer durch die letzte Eintragung zu wecken, hatte sich das Paar mit neuen Pässen versorgt.

In Istanbul herrschte Nervosität in der Organisation, wenige Stunden vor ihrer Ankunft war einer der türkischen Bosse verhaftet worden. Alle rätselten darüber, was die Polizei wußte, sie befürchteten, beschattet zu werden. Die Zentrale sagte die Heroin-Tour ab, und Wiedemann drängte Kaschke zur Abfahrt. Doch schon bald kam die Entwarnung vom Bosporus.

Kaschke aber durfte nicht mehr fahren, seine Stempel im Paß machten ihn verdächtig, ein neuer war auch nicht mehr drin. Neue Kuriere mußten gefunden werden. Ceylan überließ das ganz seinem Freund Wiedemann.

Ceylan war mit dem Geldumtausch völlig ausgelastet. Der Sohn einer Gastarbeiterfamilie aus Sandhausen bei Heidelberg spannte dafür seine vielen Bekannten ein. Seine Verlobte Simonetta Forgione, ebenfalls ein Gastarbeiter-Kind, arbeitete bei der Bauträger-Firma »EMWO« in Sandhausen. Durch sie hatte Ceylan den Mitinhaber Erich Müller kennengelernt, der ihm wie sich später herausstellte, noch sehr nützlich sein sollte.

Bei Müller auf dem Büro verdiente Simonetta im ersten Ausbildungsjahr nur 452 Mark netto im Monat. Dennoch war der Chef einverstanden, als sie von der »EMWO« ein Reihenhaus in Leimen zum Vorzugspreis von 300 000 Mark kaufte. Müller wußte, daß Ceylan zahlte.

Anfangs hatte sich der Unternehmer schon mal über die Finanzkraft des Türken gewundert. Dessen Erklärungen erschienen ihm aber durchaus plausibel. Ceylan hatte ihm erzählt, er verdiene sein Geld bei einer türkischen Firma und sei dort für Devisengeschäfte zuständig. In Spanien herrschte damals Devisenbeschränkung. Da machte es durchaus Sinn, daß größere Summen nur außer Landes geschmuggelt werden konnten.

Bei der ersten Umtausch-Tour war Simonetta behilflich. Sie war gut bekannt mit einer ehemaligen Angestellten der »Bayerischen Vereinsbank« in Heidelberg. Die erklärte sich auch sofort bereit, den Kontakt zu ihren früheren Kollegen herzustellen.

Ceylan hatte aus Madrid Peseten im Wert von über 100 000 Mark herangeschafft. Die Bankiers machten keine Umstände, über die Herkunft des Geldes wollten sie nichts wissen. Simonettas Bekannte erreichte sogar, daß Ceylan einen besonders günstigen Umtauschkurs erhielt.

In Madrid häuften sich derweil die Geldberge. Ceylan konnte es nicht mehr allein wegschaffen und setzte Wiedemann ein. Der Freund, den er vor etlichen Jahren bei Montagearbeiten im Kernkraftwerk Philippsburg kennengelernt hatte, war ihm zu einem unverzichtbaren Helfer geworden. Von nur einer einzigen Tour nach Madrid brachte er Peseten- und Dollarbündel im Wert von einigen hunderttausend Mark mit.

Wiedemann war ein Mann für alle Fälle. Er sprang, wenn es nötig war, auch schon mal als Heroinkurier ein. Dann nahm er meist seine Freundin Gabriele Paasche mit. Während der Umbauarbeiten am Auto legte das Pärchen einige Ferientage am Meer ein, sonnengebräunt wie Urlauber, reisten sie zurück. An den Grenzen gab es nie Probleme.

Genauso reibungslos lief es mit dem Geldumtausch. Ceylan hatte derweil mit Müllers Hilfe Kontakt zur »BfG« hergestellt. Die Bankiers waren bereit, die Gelder beliebig oft und in beliebiger Höhe umzutauschen. Darauf genau kam es an. Denn in Madrid türmten sich schon Berge von Bündeln.

Ceylan hatte in Madrid eine Spanierin kennengelernt, die er für seine Geldtransporte schon mal einsetzte. Auf einer einzigen Fahrt schleppte sie Peseten im Wert von rund einer halben Million Mark nach

Frankfurt. Mit dem umgetauschten Geld flog der Türke meist kurz darauf zu den Bossen nach Istanbul.

Als wenig später wieder ein größerer Betrag zum Transfer bereitlag, hielt sich auch Müller in Spanien auf. Für seine Firma führte er Verhandlungen in Marbella und besuchte anschließend Ceylan in Madrid.

Weil die Spanierin verhindert war, kam Müller wie gerufen. Seit langem schon hatte Ceylan Angst, beim Zoll mit seinen prallen Geldtaschen aufzufallen. Er fürchtete, von Beamten wiedererkannt zu werden.

Müller sprang ein. Vor seinem Abflug überreichte ihm Ceylan eine Plastik-Tüte mit 200 000 Dollar. Daheim gab er Ceylan, der einige Tage später eintraf, die Tüte zurück. 10 000 Dollar fehlten, die hatte Müller als Honorar abgezweigt.

Ein Rückschlag für die Organisation war die Verhaftung von Simonetta. Die Polizei hatte bei ihr 30 Gramm Kokain gefunden, die sie von Wiedemann für einen Araber namens Naser Halab besorgt hatte. Halab, der von der Polizei beschattet wurde, wollte den Stoff mit Backpulver strecken und die Italienerin am Gewinn beteiligen.

Ceylan erfuhr davon in der Türkei. Er wußte sogar, daß seine Verlobte Wiedemann als Lieferanten preisgegeben hatte.

Ceylan erreichte Wiedemann noch kurz vor dessen Abfahrt aus Madrid. Sein Wagen enthielt zwar kein Heroin mehr, doch bei den Grenzkontrollen hätten Zöllner das Versteck finden können, Wiedemann wäre dadurch zusätzlich belastet worden.

Er disponierte sofort um, flog nach Amsterdam und meldete dort den Diebstahl seines Wagens in Den Haag.

Bei der Einreise in die Bundesrepublik wurde Wiedemann festgenommen, nach drei Monaten aber mußte er aus der U-Haft entlassen werden. Auf Leute wie ihn konnte die Zentrale bauen. Nicht einen einzigen Namen hatte er bei seinen Vernehmungen preisgegeben. Die Organisation nahm ihn wieder auf. Weil er als Kurier nicht mehr geeignet war, sprang Freundin Gabriele Paasche ein.

Bei den türkischen Bossen wurde Wiedemanns Freundin hochgeschätzt. Sie besaß Mut und galt als äußerst verschwiegen und belastbar. Ohne Begleitung brachte sie mit einem Mazda 323 neun Kilo Heroin, versteckt in Türschwellen und unter der Rücksitzbank, nach Madrid.

Gabriele Paasche hatte sich damit für weitere Aufgaben empfohlen. Kurz darauf holte sie in Madrid zwei Taschen ab, prall gefüllt mit Geldscheinen – insgesamt 34 214 700 Peseten. Die »BfG«-Angestellten störte nicht, daß die Kundin ihnen das Geld in Plastiktüten über den Schalter schob. Sie zahlten dafür 499 534,62 Mark.

Gleich darauf startete die Frau zu weiteren Geldfuhren nach Spanien. Von den fünf Madrid-Reisen brachte sie Peseten im Umtauschwert von 1,43 Millionen Mark mit. Wenn Gabriele Paasche in Turn-

schuhen und mit Plastiktüten in der »BfG«-Schalter-
halle erschien, wurde sie begrüßt wie eine alte
Stammkundin.

Weil Gabriele Paasche für die Heroin-Transporte
ausfiel, wurden zwei neue Kuriere angeheuert.
Klaus Heinrich Schreiner und Martin Schweizer
mußten in Istanbul ihren Wagen an Wiedemann
abgeben, der ihn zum Umbau in eine Garage jenseits des Bosporus fuhr.

Drei Tage dauerten die Umbauarbeiten für die
Verstecke in den Seitenwänden, 6,5 Kilogramm
Heroin wurden dort eingeschweißt. Auf der Rück-
fahrt passierte es dann.

An der Grenze von Bulgarien nach Jugoslawien
wurde ihr Wagen aus der Kolonne gewinkt, Schreiner und Schweizer mußten aussteigen. Die jugoslawischen Zöllner am Grenzposten »Gradina« stellten
den Wagen auf den Kopf und fanden auch das
Heroin. Die beiden Deutschen wurden verhaftet
und dem BKA überstellt.

Bei ihren Vernehmungen fiel dann der Name
Kaschke, über ihn kamen die Beamten nach und
nach auch auf Ceylan, Wiedemann, Paasche und die
übrigen Helfer. Schließlich belastete einer den anderen, die gesamten Aktivitäten der Heroin-Händler
kamen so ans Licht. Allein Gabriele Paasche hat
nach den Ermittlungen für die Organisation 4,3 Millionen Mark gewaschen.

Nur in einem Punkt allerdings gaben sich alle
zugeknöpft. Die Namen der obersten Bosse in Istan-

bul mochte keiner nennen. Ceylan räumte schließlich ein, er fürchte die Rache seiner Landsleute.

Das Landgericht Mannheim hat die beiden Hauptangeklagten Ceylan und Wiedemann zu hohen Freiheitsstrafen verurteilt, die anderen kamen gnädiger davon. Müller konnte belegen, daß ihm Ceylan erst in den letzten Tagen die Wahrheit über die Rauschgift-Touren berichtet hatte.

Völlig ungeschoren blieben nur die beteiligten Bankiers. Über die Hintergründe der Transaktionen, gaben sie bei den Vernehmungen an, hätten sie nichts wissen können. Wie denn auch?

Tresor der Unterwelt
Banken schützen die großen Täter und beschnüffeln die kleinen Kunden

Isokrates war ein vielseitiger Geist. Der Zeitgenosse von Sokrates gilt als der größte Rhetoriker im alten Griechenland, er schrieb die erste Autobiographie, befaßte sich mit neuen Formen literarischer Prosa und veröffentlichte politische Schriften.

Der Sohn eines begüterten attischen Flötenfabrikanten unterhielt eine der größten Rednerschulen Athens. Philosophen und Staatsmänner drängten sich dort um Isokrates. Viele schätzten seine Meinung, vor allem in Fragen der praktischen Lebensweisheit.

Manche seiner Empfehlungen zeugen von fast seherischen Fähigkeiten und einem tiefen Gespür für menschliche Handlungsweisen. So riet Isokrates beispielsweise einem Münzhändler: »Bewahre die Worte sorgfältiger als die Gelder, die man Dir anvertraut.«

Als hätte Isokrates damals den Bankiers von heute in die Seele blicken können. Den Rat des alten Griechen hat das Geldgewerbe in aller Welt zur Geschäftsmaxime erhoben. Doch der Ruhm seines Landsmannes Hippokrates, nach dessen Eid junge Ärzte auch das Versprechen der Verschwiegenheit abgeben, blieb dem Urvater des Bankengeheimnisses versagt.

Durchaus verständlich. Der Satz des Athener Weisen decouvriert peinlich exakt die immer wieder kritisierten anrüchigen Seiten der Geldbranche, aber auch ihre Vertreter werden trefflich analysiert.

Mit der geräuschlosen Diplomatie eines Metternich umgarnen die Herren des Geldes ihre Kunden. Vertrauen sollen diese haben, blindes am liebsten. Viele haben es. Denn wie können Leute, die mit der Seriosität von Franziskanern auftreten, unseriös sein? Hinter der schönsten Fassade läßt sich der meiste Dreck verbergen.

In der Präambel ihrer allgemeinen Geschäftsbedingungen betont die Branche nachdrücklich das »besondere Vertrauensverhältnis« zu den Kunden. Vertrauen durch Diskretion, das klingt so fromm wie eine Ordensregel. Etwas Kreuzbraves wie Beichtväter müssen die Leute an sich haben, denen so viel Geld anvertraut wird.

Vertrauen rangiert denn auch für Eberhard Martini, Präsident des »Bundesverbandes Deutscher Banken«, noch vor Kompetenz und Leistungsfähigkeit. Das Schlimmste für ihn sei »eine Aufweichung oder gar Abschaffung des Bankgeheimnisses«.

Die Bankiers kämpfen für etwas, das rechtlich nicht geregelt ist. Der Gesetzgeber erwähnt es in Verordnungen und Erlassen und erkennt damit nach Ansicht von Rechtsexperten seine Existenz an. Das im Grundgesetz geregelte Persönlichkeitsrecht schützt die Privatsphäre des einzelnen. Daraus leiten Experten das Recht der Banken auf eine Geheimhaltungspflicht ab.

Wie belauschte Logenbrüder bemühen sich die Herren der Geld-Gilde um noch mehr Anonymität.

Die Fahnder des Fiskus machen ihnen zu schaffen. Der Staat hält seine Ermittler zwar mächtig zurück. Erst wenn alle anderen Aufklärungsmöglichkeiten erschöpft sind, darf bei begründetem Verdacht auf Steuerhinterziehung von einem Geldinstitut Auskunft über Einzelkunden verlangt werden.

Aus Angst, ihr Schwarzgeld könnte entdeckt werden, reagieren zigtausende von Kontoinhabern wie steckbrieflich Gesuchte. Sie türmen mit ihrem Geld in die Schweiz, nach Luxemburg, Liechtenstein oder Österreich, das trotz heftiger Kritik aus dem Ausland an seinen anonymen Konten festhält. Ständig beliebter auch bei deutschen Geldflüchtlingen werden exotische Steuerparadiese wie Nauru oder Vanuatu. Die beiden Pazifikinseln locken mit absoluter Steuerfreiheit.

Leichte seismographische Ausschläge genügen, um eine Fluchtwelle auszulösen. Die Ankündigung einer Zinssteuer hat hohe Milliarden-Beträge vertrieben. Monat für Monat, schätzen Bankiers, fließen drei bis 3,5 Milliarden Mark ins Steuerparadies Luxemburg. Bis zur Einführung der Zinsabschlagsteuer ab 1993 dürften hohe zweistellige Milliarden-Beträge über die Grenzen verschleppt worden sein. Als Fluchthelfer agieren deutsche Bankiers, die in ihren Luxemburger Prachtdependancen aus Glas und Marmor dem flüchtigen Geld ein schnüffelfreies Asyl bieten. In das kleine EG-Land hat der deutsche Fiskus keinen Zutritt.

Das Allerheiligste der Geldbranche, das Bankgeheimnis, ist Millionen Deutschen nur noch die

Flucht wert. Das Bundesverfassungsgericht hat es in seinem sogenannten Zinsurteil grundsätzlich in Frage gestellt.

Die Richter haben Bonn veranlaßt, für eine Gleichbehandlung unter den Zinssteuerzahlern zu sorgen. Die Banken müssen deshalb automatisch für den Kunden den Steuersatz überweisen. Bei der Zinssteuer sollte es nicht nur Zufallszahlungen geben.

Nach dem Richterspruch ist grundsätzlich fraglich, ob Vermögen oder deren Erträge datenrechtlich überhaupt schützenswert sind. »Es kann dahinstehen«, heißt es in dem Urteil, »ob der Informationszugriff auf privates Finanzkapital und seine Erträge als Vorgang des marktoffenen Erwerbs ... überhaupt von Gewährleistungsinhalt des verfassungsrechtlichen Datenschutzes erfaßt wird.«

Doch das System der Banken duldet keine Störfaktoren. Kontrollen im filigranen Netz des Geldes könnten die Macht der Geldmanager aushöhlen, ihren Beherrschungsanspruch in der Wirtschaft untergraben, sie zu Finanzstatisten degradieren.

Wenn immer mehr Transparenz verlangt wird, formieren sich die Herren in den Nadelstreifenanzügen zum erbitterten Widerstand. So wehrten sie sich zunächst sogar generell gegen ihre Beteiligung beim Aufspüren von Geldwäschern. Sie lehnten es ab, bei größeren Bargeldeinzahlungen von unbekannten Kunden eine Identifikation zu verlangen und im Falle eines Verdachts auf Geldwäsche die Strafverfolgungsbehörden zu alarmieren.

In den USA müssen bei Einzahlungen ab 10 000 Dollar die Banken einen Identitätsnachweis verlangen. Die Bundesregierung wollte die Grenze erst bei 30 000 Mark festlegen, will sich jetzt auf Druck der Bankenvertreter für 50 000 Mark entscheiden.

Die Registrierung von Finanzdaten und Personalien, wehrten sich anfänglich die Vertreter der Bankenverbände, bedeuteten eine »erhebliche Mehrbelastung«. Rund sieben Millionen Einzelfälle müßten dann erfaßt werden. Das sei viel Aufwand für allenfalls einige hundert Fälle.

Die Verfasser des Grundgesetzes, intervenierte der »Zentrale Kreditausschuß der Volks- und Raiffeisenbanken« (ZK), hätten »keinen Überwachungsstaat« gewollt. Diesen Auftrag dürfe die Bundesregierung nicht leichtfertig aufs Spiel setzen.

Die Aufzeichnungen der Banken dürfen selbst bei schwersten Steuerdelikten nicht zu Ermittlungen herangezogen werden, die Geldbranche wollte den Schutz noch erweitern.

Es könne nicht angehen, schreiben die ZKA-Vertreter Lehnhoff und Kessel im Dezember 1991 an das Bundesinnenministerium, daß die Unterlagen der Banken »nicht nur, wie ursprünglich zugesagt, zur Strafverfolgung von Geldwäschedelikten aus Drogenhandel dienen, sondern auch im Extremfall zur Ermittlung gegen sogenannte ›Einbrecher- oder Autoknackerbanden‹. [...] Eine Verwendung der Aufzeichnung darf außer zur Bekämpfung der Geldwäsche allenfalls zur Verfolgung von Delikten gegen das Leben oder gegen ähnlich schwerwiegende Rechtsgutverletzungen möglich sein.«

Die kalkulierte Instinktlosigkeit der beiden Bankenvertreter gehört in die juristischen Seminare, wenn über Bandenwesen und seine Helfer diskutiert wird. Geld, sagte schon der römische Kaiser Vespasian seinem Sohn Titus, stinkt nicht. Der Umgang damit ist eine unendliche Geschichte der Niedertracht.

Auf den Konten deutscher Banken lagern Milliarden Mark von Einbrecher- und Autoknackerbanden, Drogendealern, Erpressern und Betrügern. Wirtschaftskriminelle, Leute mit übelstem Leumund, machen zweifelhafte Geschäfte. Ihre Helfer: Bankdirektoren. Das Ansehen des Kunden wächst, in aller Regel zumindest, mit seinem Kontostand – wer will schon fragen, wo das Geld herkommt.

BKA-Präsident Zachert fordert seit längerem eine »zielgerichtete« Lockerung des Bankgeheimnisses. Anders sei es kaum möglich, an die immensen Gewinne aus illegalen Geschäften zu kommen.

Mit massivem Druck wehren sich die Banken und ihre Standesvertreter in Bonn gegen gläserne Konten – als gelte es zu verhindern, daß aus jedem Kunden ein Winston Smith wird. Der Held des Romans »1984« von George Orwell ist ein Opfer des »Großen Bruders«, der jeden und alles beschattet.

Doch der Überwachungsapparat, Sinnbild der allmächtigen, allwissenden Kontrollinstanz, existiert längst. Den »Großen Bruder« hat, so abstrus das klingt, das Geldgewerbe selbst installiert. Es unterhält das mit Abstand größte Schnüffelsystem im Lande, zumeist gegen das kleine Geld. In den Dateien der »Schutzgemeinschaft für allgemeine Kreditsicherung« (Schufa) und der »KSV Kredit-schutz-Vereinigung GmbH« sind allein in den alten Bundesländern rund 25 Millionen Bürger mit ihren finanziellen Verhältnissen gespeichert. In ihren Kre-ditanträgen und Verträgen lassen sich die Geldhänd-ler das Recht einräumen, über jeden Kunden die Daten weiterzuleiten. Eine Überwachungsperfidie von Orwell'schen Ausmaßen.

Das wäre genauso, prangerte Hans Peter Bull, der ehemalige Bundesbeauftragte für den Datenschutz, die Überwachungspraxis der Banken an, »als wenn die Polizei auf Vorrat alle Menschen in ihre Dateien aufnähme«.

Bis zum Inkrafttreten des Datenschutzgesetzes im Jahre 1977 erfuhren Bankkunden selbst auf Anfrage nicht, was über sie gespeichert wurde. Seit Anfang 1987 müssen bei Auskunftsanfragen »berechtigte Interessen« vorliegen; doch das ist wahrlich kein Hin-dernis. Werden Auskünfte »im Interesse eines Kun-den« eingeholt, darf dessen Name anonym bleiben.

Wer sich mit seinem Hausbankier gut steht, kann andere leicht ausschnüffeln lassen. Auch untereinan-der dürfen Kreditinstitute ihre Informationen belie-big oft austauschen. Jeder muß fürchten, ein Wins-ton Smith zu sein.

»Alle Tatsachen, die der Kunde geheimzuhalten wünscht«, fallen nach Ansicht der beiden Rechtswissenschaftler Walter Hadding und Uwe H. Schneider unter das Bankgeheimnis. Doch was für eine Diskrepanz zwischen hehrer Theorie und verluderter Praxis. Die Öffentlichkeit nimmt es hin. Wer sich gegen den gläsernen Menschen wehrt, hat offensichtlich etwas zu verbergen. Doch nicht einmal die Kommentatoren des Bankenrechts stoßen sich daran. Die Branche hat offenbar auch sie davon überzeugt, daß ihr Überwachungssystem zur geschäftlichen Normalität gehört. Das zeugt von den jesuitischen Fähigkeiten der Bankiers.

Es ist schon virtuos, wie die mächtigen Geld-Herren angebliche Mißstände beklagen, um so von den skandalösen Zuständen in der eigenen Zunft abzulenken. So fordern gelegentlich die Geldmanager für das Bankgeheimnis eine gesetzliche Regelung wie in Frankreich oder den Niederlanden. Wohl wissend, daß daraus nichts wird. Denn in Wirklichkeit fürchten sie nichts mehr als das.

Ein Gesetz könnte niemals die »Schufa«-Schnüffelei dulden. In Frankreich und den Niederlanden unterliegen Verletzungen des Bankgeheimnisses generell dem Strafrecht, den Bankiers drohen bei vorsätzlichem Geheimnisbruch sogar Gefängnisstrafen. Französische Banken dürfen Kundenauskünfte nur unter strengster Geheimhaltung einem anderen Institut mitteilen, die Weitergabe an Dritte ist jedoch verboten.

Mit ihrem leisen System der Beherrschung, des Ordnens und Verordnens hat sich die deutsche Geldzunft ein machiavellistisches Machtkartell geschaffen, dem nicht mal mehr die Politik Fesseln anzulegen vermag. Mitunter haben die Dogen des Geldes und die Regierenden in Bonn gleiche Interessen. Geldmanager und Koalitionäre buhlen um die Sympathien der Steuerhinterzieher. Die Herren des Kapitals sind versessen auf ihr Geld, CDU und FDP wollen ihre Stimmen.

Kriminalbeamte und Staatsanwälte sind daher bei Banken höchst unerwünscht. Wenn sie dort nach den versteckten Milliarden krimineller Banden oder Drogen-Syndikate forschen dürften, wären sofort sämtliche Schwarzgelder verschwunden.

Das Heer der Steuerhinterzieher unter den Freiberuflern, den Handwerkern und Unternehmern soll auf keinen Fall verschreckt werden. Das ist auch einer der Gründe dafür, warum sich vor allem die Freidemokraten gegen eine in anderen Ländern längst praktizierte Beweislastumkehr so ins Zeug legen. Danach müßten mutmaßliche Drogengeldwäscher belegen, daß sie ihre Gelder auf ehrliche Art und Weise verdient haben. Bei dieser Art der Fahndung käme natürlich auch mancher Fall von Steuerhinterziehung ans Licht.

Die Schweiz hat ihren raffgierigen Bankiers im Jahre 1989 mit einem Geldwäschegesetz viel obskure und kriminelle Kunden vertrieben. Offenbar noch nicht genug. Allein in Zürich mußten 17 Millionen von zunächst 26 gesperrten Millionen Franken an bereits verurteilte ausländische Drogenbosse ausgehändigt werden. Den Fahndern war die unerfüllbar hohe Beweisforderung nicht gelungen, die Gelder in unmittelbaren Zusammenhang mit Drogengeschäften zu bringen.

Ohne Umkehr der Beweislast, sagt der Züricher Bezirksanwalt Peter Gasser, sei die Bekämpfung der internationalen organisierten Kriminalität aussichtslos. Gasser fordert nur, wozu Millionen von Steuerzahlern in der Schweiz, Deutschland und anderswo ohnehin verpflichtet sind. Sie müssen gegenüber ihrer Steuerbehörde ihre Einkünfte belegen.

Das verruchte Geldgewerbe in der Schweiz – wie makellos ist demgegenüber das Image des deutschen Bankiers. In Umfragen würde er durch Zuverlässigkeit bestechen, seine Professionalität steht weltweit in hohem Ansehen. Doch nimmt nicht auch er alles, was kommt? Bei solcher Einstellung der Oberen wundert nicht, daß auch auf den unteren Ebenen nur eine Maxime zählt: Geld ist Geld.

In Plastiktüten brachten die Mitglieder einer türkischen Heroinbande ihre Berge an geknüllten Scheinen zu mehreren Banken in Nordrhein-Westfalen. Dort wurden die Dollars, Peseten, Lire und österreichische Schillinge ohne Bedenken in DM gewechselt.

Bei ihren Vernehmungen räumten die Bankangestellten ein, die Vorgänge seien ihnen schon »etwas merkwürdig« vorgekommen. Sie hätten dennoch keinen Anlaß dafür gesehen, die Polizei zu informieren. Was kann man von dieser Branche erwarten, ist sie nicht längst eine Art Loddelei des Geldes?

Konzerne als Drogengewinnler
Westdeutsche Unternehmen rüsten die Rauschgiftkartelle auf

Heiß ist es, schwül. Der Schweiß läuft über die Kniekehlen in die Schuhe, und die Mücken sind eine Plage. Fast zwei Stunden schon fahren der Deutsche und sein einheimischer Begleiter durch dichten Wald – die Piste, abwechselnd Asphalt und festgestampfte Erde, verläuft schnurgerade.

Nur Bäume, Sträucher, der Himmel. Kein Mensch, Tiergeschrei ab und zu. Plötzlich endet der Weg, ein übermannshoher Zaun baut sich auf, mit Starkstrom gesichert. Ein mächtiges, eisenbeschlagenes Tor, links und rechts davon Häuschen für die Wachmannschaft. Zwei Männer stehen draußen vor dem Zaun, die grauen Hüte in den Nacken geschoben; einer trägt über der Brust eine israelische Maschinenpistole vom Typ »Uzi«, der andere am Hosenbund einen silberbeschlagenen Colt, wie Gary Cooper »zwölf Uhr mittags« in den Filmkulissen von Hollywood.

Aber das hier ist kolumbianische Wirklichkeit. Der MPi-Mann fragt etwas. Ein kurzer Dialog. Das tonnenschwere Tor öffnet sich. Die Ankömmlinge dürfen passieren. Niemand weiß im Camp, daß der Deutsche verdeckter Ermittler einer weltweit operierenden Anti-Drogenbehörde ist.

Alle halten ihn für einen Geschäftspartner aus Europa, der das besondere Vertrauen des Bosses genießt und vor Ort erkunden will, wie mitten im Urwald Kokain produziert wird. Das Labor befindet sich halb über, halb unter der Erde und ähnelt einem Munitionsdepot. Gerätschaften und Ausstattung im Hauptraum sind hochmodern; die Chemikalien im Nebenraum, unabdingbar notwendig zur Herstellung der Kokapaste und für deren Umwandlung zu Kokain, gehören zum besten, was der Weltmarkt bietet, made in Western Germany, eingekauft in einem der renommiertesten und umsatzstärksten deutschen Unternehmen.

Der Besucher, des Spanischen leidlich mächtig, braucht sich nicht in der Landessprache zu bemühen. Auf deutsch stellt sich ein gedrungener Peruaner als Chefchemiker vor: Er hat in Köln studiert und einige Kilometer rheinabwärts, beim Giganten »Bayer« in Leverkusen, jahrelang berufliche Ausbildung genossen.

V_2A-Leitungen, die keine Korrosion zulassen, durchziehen den Raum. Den metallenen Kesseln kann selbst die aggressivste Säure nichts anhaben. Elektromotoren bewegen Rührpaddel, Nutschen sorgen dafür, daß die notwendigen Filtervorgänge schneller voranschreiten; Waschflaschen, in denen Unterdruck und damit ein Sog erzeugt wird, beschleunigen diesen Vorgang noch.

In den Blättern der Kokapflanze stecken zwischen ein und zwei Prozent jener Substanz, die später Kokain heißt. Die Blätter werden mit Kalkwasser (oder feuchter Pottasche oder Natriumkarbonat) getränkt und dann in ein Kerosinbad gelegt. Das

Kerosin, das Touristen nur als preiswerten Treibstoff für Düsenflugzeuge kennen, zieht aus den Blättern alle Substanzen – einschließlich des Wirkstoffs. Schwefel und Kalziumkarbonat trennen nun Wirkstoff und den uninteressanten Rest; es entsteht die Kokapaste.

Sie wiederum muß mit nochmaligem Einsatz von Schwefelsäure gelöst werden; violettes Kaliumpermanganat, ganz langsam und genau kontrolliert hinzugegeben, spült weitere Verunreinigungen weg. Aceton, Methylethylketon oder Ethylester filtern die letzten Fremdstoffe heraus.

Konzentrierte Salzsäure zaubert nun das Kokainhydrochlorid hervor; es wird getrocknet, zerbröselt und verpackt: Der Koks ist da.

Deutsche Chemie und deutsche Pharmazie sind Spitze. Höchstes Ansehen, Milliardengewinne, an den Erlenmeyerkolben stehen künftige Nobelpreisträger. 1991 produzierten kriminelle Unternehmen weltweit 1000 Tonnen reines Kokain und 400 Tonnen reines Heroin. Drei bis vier Prozent der internationalen Rauschgiftproduktion, so Schätzungen von Polizeiexperten, landeten auf Schmugglerwegen in Deutschland. Allein die Heroindealer, errechnete das Freiburger »Max-Planck-Institut« für internationales und ausländisches Strafrecht, erzielten hierzulande einen Reingewinn von 1,5 Milliarden Mark. Das Gesamtgeschäft liegt bei jährlich 800 Milliarden Mark – es ist so schwergewichtig wie das der Erdölbranche.

Auch daran hat die deutsche Chemie Anteil. Wer aus Kokapflanzen Kokain machen will oder aus

Mohn Heroin, wer »Speed« kocht oder »Engelsstaub« synthetisiert, der benötigt Spezialitäten aus der industriellen Retorte. Der Bauer in Birma kann seine Mohnpflanzen melken, aber Heroin macht daraus nur derjenige, der auch Essigsäureanhydrid besitzt. Ethylether, Toluol oder Aceton sind die Stoffe, aus denen Kokain ist – der Landwirt in Lima hat sie nicht.

Der Transfer solcher Drogenchemikalien über Zwischenhändler oder Broker ins Reich der Giftköche ist – am Stichtag 1. Oktober 1992 – immer noch straffrei. Seit Jahren kommen aus der Dritten Welt immer wieder Hinweise auf ominöse Frachten deutscher Absender »mit fiktivem Empfänger und verschleierten Transportwegen«, formulierte ein Papier des baden-württembergischen Landeskriminalamtes. Schon 1982 meldete der UNO-Ausschuß für Suchtkontrolle, daß 90 Prozent der weltweit beschlagnahmten Menge Essigsäureanhydrid von »einer einzigen westdeutschen Firma« stammten.

Bereits frühzeitig verlangten Fachleute, den Handel mit diesen Grundprodukten gesetzlich zu normieren. In der »Neuen Juristischen Wochenschrift« kritisierte 1982 der Frankfurter Rauschgift-Staatsanwalt Harald Hans Körner, Autor eines gängigen Kommentars des Betäubungsmittelgesetzes:

»Der deutsche Staat, der Millionenbeträge in die Bekämpfung des Heroinhandels investiert, muß mangels gesetzlicher Regelungen zuschauen, wie kurdische Heroinhändler ihr

›*Anedridi asit asitik*‹ *(Essigsäureanhydrid) in der Bundesrepublik einkaufen, auf Umwegen zu den Heroinküchen transportieren und ihre späteren Heroinprodukte wieder nach Deutschland zurückexportieren.«*

Lange hielt die Bundesregierung eine »gesetzliche Unterstellung und Kontrolle« solcher Vorläufersubstanzen »für unzweckmäßig«. Selbst der Hinweis von Interpol-Experten, fast 95 Prozent des legal nach Kolumbien eingeführten Ethylethers werde zur Kokainherstellung mißbraucht, konnte die Verantwortlichen nicht überzeugen.

Bonn argumentierte, eine von Industrie und Vertreibern freiwillig eingerichtete Selbstkontrolle (»Monitoring-System«) und das vorhandene Paragraphenwerk reichen aus, um »international begangene Rauschgiftkriminalität wirksam verfolgen zu können« – ein Trugschluß, der das tödliche Werk der Dealer sicherlich förderte. Zudem stellte sich die mächtige Chemie- und Pharmaindustrie quer. Der »freie Verkehr« mit teils riesigen Mengen der Präparate dürfe staatlicherseits nicht angetastet werden, ohnehin sei eine Überwachung kaum praktikabel. Deshalb wurde der Vorschlag von Polizeipraktikern, Essigsäureanhydrid-Lieferungen durch Isotopenbeschuß zu markieren, um deren kriminelle Verwendung zurückzuverfolgen und belegen zu können, abgeblockt.

1991 lag die weltweite Produktion von Essigsäureanhydrid bei 1,3 Millionen Tonnen, der deutsche

Anteil betrug wie in den Jahren zuvor etwa sieben Prozent. Die Chemikalie, eine wasserhelle, stechend riechende, zu Tränen reizende Flüssigkeit, dient der Produktion von Zigarettenfiltern und Sulfonamiden, Folien oder künstlichen Vitaminen – sie verwandelt aber auch das Opium der Mohnpflanze in Heroin. Um ein Kilogramm »H« oder »Henry« zu kochen, ist ein Liter Essigsäureanhydrid nötig.

750 Gramm Phenylaceton, das legal zur Herstellung von Arzneien dient, bringen ein Kilo der synthetischen Droge Amphetamin, in der Szene »Speed« genannt; zwei Pfund Piperidin lassen sich zur gleichen Menge PCP (»Engelsstaub«) synthetisieren, und daraus werden dann Tausende von Trips; ein Kilo des Stoffes Ergotamintartrat, der gegen Migräne helfen soll, ergibt die doppelte Menge der psychedelischen Droge LSD.

In der Tat ist es ein diffiziles Unterfangen, bei diesen Supermengen einschlägiger Chemikalien das Abzweigen in Heroin- oder Kokainlabore zu verhindern oder zumindest zu erschweren. Schließlich würden »nur marginale Mengen im Promillebereich« benötigt, sagt der frühere BKA-Drogenexperte Holger Saberschinsky. Auch die Justiz entwand sich der Aufgabe, als sie, wie im folgenden Fall, einmal gefordert wurde.

Von Frankfurt aus ließ ein US-Bürger, wie im Krimi, etliche Kilogramm des LSD-Vorläufers Ergotamintartrat zum Preis von 230 000 Mark in die Staaten schmuggeln. Das Pulver steckte an einem Ort, der vor dem Zugriff der Zöllner sicher schien: in

den ölverkrusteten Zylindern eines ansonsten blitz-
blank gewienerten, fast 70 Jahre alten Oldtimers.
Jenseits des Ozeans verwandelten Untergrund-Che-
miker die weiße Substanz zum Flower-Power-Träu-
memacher LSD, der in der wissenschaftlichen
Nomenklatur ziemlich profan Lysergsäurediethyla-
mid heißt.

Der Lieferant wurde, nach gezieltem Hinweis,
gefaßt und in Frankfurt vor Gericht gestellt. Die
Strafkammer verurteilte ihn auch antragsgemäß –
wegen »Beihilfe zur gewerbsmäßigen Herstellung
von Betäubungsmitteln«. Vier Jahre sollte er sitzen.

Doch der Karlsruher Bundesgerichtshof, als Revi-
sionsinstanz angerufen, kassierte den Spruch. Kauf
und Verkauf von Ergotamintartrat seien eine »straf-
lose Vorbereitungshandlung«, selbst wenn der Stoff
später nachweislich zur LSD-Produktion benutzt
würde. Nun mußte das Landgericht zwangsläufig
den Angeklagten in neuerlicher Verhandlung frei-
sprechen.

Der deutsche Zwiespalt, einerseits das Prinzip
eines freien Welthandels auszunutzen, andererseits
die Idee einer umfassenden Anti-Drogen-Politik zu
unterstützen, wurde besonders deutlich, als der
amerikanische Präsident George Bush den Kampf
gegen Rauschgift und Dealer zur allerersten Staats-
pflicht erklärte. 70 Prozent der Chemikalien, die aus
US-Produktionsstätten offiziell an legale Empfänger in Kolumbien geliefert worden waren, seien in
Drogenlabors gelandet – so die aufschreckende Meldung von Ermittlern nach Washington.

Das Abgeordnetenhaus reagierte: Es erließ den »Chemical Diversion and Trafficking Act« – eine Vorschrift, die einschlägige Exporte nach Süd- und Mittelamerika verhindern sollte. Der Erfolg war bescheiden, aber immerhin: Die Ausfuhrzahlen stiegen zumindest nicht im befürchteten Maß.

In die entstandene Lücke sprangen Engländer, Franzosen, Holländer – und vor allem Deutsche, behauptet die amerikanische Drogenbehörde DEA (»Drug Enforcement Administration«). Sie nannte auch Zahlen: 1988 verkauften Europäer 5 500 Tonnen Chemikalien nach Kolumbien, 1989 bereits 17 000 Tonnen, Tendenz steigend, was schon damals deutlich war.

Hauptlieferant, erklärte DEA-Direktor Ronald W. Buzzeo, sei Deutschland. Nach Rechnung der Amerikaner stieg der Export innerhalb Jahresfrist um 438 Prozent (Europaschnitt: 300 Prozent), von 2 660 auf 14 315 Tonnen. »Die Chemikalien kommen aus Deutschland«, bekräftigte Buzzeos Kollege Gene Haislip, »und es waren deutsche Bürger, die sie dorthin brachten.« Haislip ließ »keinen Zweifel« daran, daß der größte Teil der Ware bei Kokainproduzenten landete.

»Der Chemikalienboykott«, ergänzte Buzzeo, sei »unsere stärkste Waffe im Krieg gegen die Kokainflut. Und gewinnen können wir nur durch eine globale Allianz.« Die Senatoren der US-Bundesstaaten Nevada, Kentucky und Massachusetts forderten die Sperrung des heimischen Marktes für alle »unsolidarischen Staaten«. Senator Richard Bryan aus Nevada:

»Den Chemieproduzenten muß klar werden, daß sie zu wählen haben. Entweder sie liefern an die Drogenbarone oder an uns.«

Die so Gescholtenen dementierten prompt. Während einer Besprechung im Bonner Gesundheitsministerium erklärten Funktionäre des »Verbandes der Chemischen Industrie« (VCI), »entgegen der Behauptungen der ›DEA‹« habe es im fraglichen »Zeitraum keine Steigerung der Ausfuhren nach Kolumbien« gegeben, der Gesamtumfang des Exportgeschäftes nach Mittel- und Südamerika (neben Kolumbien Peru, Venezuela und Brasilien) sei »kaum verändert«. Allerdings, so die feine Einschränkung, laut Protokoll: »Bemerkenswert« sei schon, daß es eine »Verlagerung der Ausfuhren von Kolumbien nach Venezuela und Brasilien« gegeben habe – untrügliches Zeichen für ein Ausweichen der Drogenköche in Nachbarländer, die noch nicht im Fadenkreuz internationalen Interesses liegen oder wo der Fahndungsdruck weniger spürbar ist als in Kolumbien.

Die Korrekturarbeiten des Protokollführers belegen, daß den VCI-Funktionären selbst in kleinem Kreis offenbar nicht ganz wohl war. Version eins des Protokolls: »Die Industrievertreter sehen darin kein Warnzeichen, da diese Veränderungen (nämlich die Verlagerung der Ausfuhren) durchaus im Rahmen industrieller Bedarfsverschiebungen liegen.«

Version zwei des Protokolls, die kleinen Unterschiede kursiv gedruckt: »Die Industrievertreter sehen darin *noch* kein Warnzeichen, da diese Veränderungen durchaus im Rahmen industrieller Bedarfsverschiebungen liegen *können*.«

Um Argumente gegen die DEA-Behauptungen zu sammeln, hatte der VCI seine Mitglieder nach kolumbianischen Exporten befragt – jedem stand es frei, zu antworten oder lieber zu schweigen. 14 von 19 Firmen erklärten, an Kolumbien nichts geliefert zu haben. »Shell Chemie« (Eschborn) bestätigte »Ausfuhren, allerdings nur an seriöse Händler mit entsprechender Verbleibserklärung«, die Firma »Theodor Schuchardt« (Hohenbrunn) lieferte Aceton, ebenfalls »über seriöse Händler«. Wer jedoch definiert Seriosität? Und wer legt seine Hand dafür ins Feuer, daß in der Kette des Weiterverkaufs nicht unseriöse Händler auftauchen?

Die Gladbecker »Phenolchemie« verkaufte, natürlich über »seriöse Händler« in den Niederlanden, 244 Tonnen Aceton nach Kolumbien. Die »DEA« in Hamburg, eine Tochter des Essener Energie-, Chemie-, Maschinenbau- und Anlagenbau-Trusts »RWE«, ließ 2215 Tonnen der Substanz Methylethylketon (MEK) ins Drogenland Nummer eins schaffen – MEK dient weltweit als universelles Lösungsmittel oder der Entparaffinierung von Schweröl.

Methylethylketon braucht aber auch der Kokain-Koch, um aus der Kokainbase die letzten Fremdstoffe herauszuschwemmen. Jeder halbwegs interessierte Chemiker oder Pharmazeut kann das wissen, und auch die »DEA«, die – Treppenwitz der Weltgeschichte – unter gleicher Abkürzung firmiert wie die amerikanische Antidrogenbehörde.

Der Verkauf des MEK war wirklich kein Riesenge-schäft. Die »DEA« kassierte höchstens 50 Millionen, die Mutter »RWE« bringt es auf einen Jahresumsatz von 55 Milliarden Mark. Andererseits bessert selbst ein Export in bescheidener Größenordnung die Bilanz einer Abteilung auf, und wer weiß denn wirk-lich, wozu die Kolumbianer diese Chemikalie mit dem schwer aussprechbaren Namen benötigen. Bei solchen Lieferungen ist viel Heuchelei dabei, oft-mals gespielte Naivität und manchmal auch augen-zwinkerndes Einverständnis.

Spätestens seit Juni 1989 standen die Deutschen unter Zugzwang. Damals hatten sie mit den Part-nern der Europäischen Gemeinschaft einem Über-einkommen der Vereinten Nationen zugestimmt, wonach »Vorprodukte, Chemikalien und Lösungen, deren mühelose Verfügbarkeit zu einem Anstieg der heimlichen Herstellung« von Drogen führe, streng zu überwachen seien. Das Kernstück des UN-Vor-schlags war rigide, aber praktikabel: Die Vertrags-parteien könnten durch Beamte, wie Polizisten in exekutivem Auftrag,

- »alle Personen und Unternehmen kontrollieren, die mit der Herstellung oder Verteilung dieser Stoffe befaßt sind«,
- »im Weg der Genehmigungspflicht die Betriebe und Räumlichkeiten kontrollieren, in denen die Herstellung oder Verteilung erfolgen kann« und so
- »verhindern, daß sich im Besitz von Herstellern und Verteilern Mengen dieser Stoffe ansammeln,

welche die für den normalen Geschäftsgang unter Berücksichtigung der herrschenden Marktlage benötigten Mengen übersteigen«.

Was letztlich blieb, war reine Papiertigerei. Zwar richtete der Weltwirtschaftsgipfel von Houston/ Texas im Juli 1990 eine Sondereinheit ein, die den hochtrabenden Titel »Chemical Action Task Force« und eine in solchen Zirkeln übliche Abkürzung (CATF) erhielt; auch beschrieben die Deputierten das Ziel von »CATF« – nämlich »verstärkt... wirksame Verfahren gegen die Abzweigung von Vorprodukten und wesentlichen Chemikalien zur unerlaubten Drogenherstellung zu entwickeln«.

Doch den raschen, unangemeldeten und packenden Zugriff auf Produktions- und Handelsstätten, der der UN-Suchtstoffkommission als probates Mittel vorschwebte, wollte die »CATF« dann doch nicht. Die derzeit gültige EG-Verordnung 3677/90, die das Übereinkommen der Vereinten Nationen in europäisches und damit nationales Recht umsetzt, erlaubt lediglich die »Einholung von Auskünften über alle Bestellungen und Transaktionen im Zusammenhang« mit Vorläufersubstanzen sowie das »Betreten der Geschäftsräume von Beteiligten zum Zweck der Sicherstellung von Beweismitteln über Unregelmäßigkeiten«.

Erstmals allerdings führt die EG-Verordnung in zwei Tabellen 12 Stoffe auf, die als wichtigste Grundmittel beziehungsweise Hilfsmittel für die kriminelle Drogenproduktion gelten: ab 1. Januar 1993 kommen in einer zweiten Verordnung zehn weitere Stoffe, dann aufgeteilt in drei Kategorien*, hinzu.

Im Juni 1992 endlich legte das Bundesgesundheitsministerium dem Kabinett Kohl einen Gesetzesentwurf vor, der nun auch Sanktionen vorsieht; das Gesetz soll, nach den Planungen von Minister Horst Seehofer (CSU), noch im Laufe des Jahres 1992 in Kraft treten.

Danach wird verboten sein, die in den EG-Verordnungen genannten »Zubereitungen, wenn sie zur unerlaubten Herstellung von Betäubungsmitteln verwendet werden sollen, herzustellen, mit ihnen Handel zu treiben, sie – ohne Handel zu treiben – einzuführen, auszuführen, durchzuführen, zu veräußern, abzugeben, sonst in den Verkehr zu bringen, zu erwerben oder sich in sonstiger Weise zu verschaffen«. Wer gegen diesen neuen Paragraphen 18 a des Betäubungsmittelgesetzes verstößt, muß mit einer Gefängnisstrafe bis zu fünf Jahren rechnen.

Zehn Jahre sind seit den ersten massiven Warnungen vergangen. Damals war es eine Sensation, wenn die Polizei ein Kilogramm Heroin sicherstellte – heute wird in Zentnern gerechnet. Schwarzmarkt ist überall: in Diskotheken und Schulen, in Kneipen und Jugendtreffs. Die Nachschubwege sind hervorragend organisiert, jeder Ort, der eine Postleitzahl hat, ist in die Logistik eingebunden.

---

* Kategorie I: Ephedrin, Ergometrin, Ergotamin, Lysergsäure, 1-Phenyl-2-Propanon, Pseudoephedrin, N-Acetylanthranilsäure, 3,4 Methylenodioxyphenylpropanon-2-on; Kategorie II: Essigsäureanhydrid, Anthranilsäure, Phenylessigsäure, Piperidin, Isosafrol, Piperonal, Safrol; Kategorie III: Aceton, Ethylether, Methylethylketon, Toluol, Kaliumpermanganat, Schwefelsäure, Salzsäure.

Das Bundeskriminalamt schätzt die Zahl der deutschen Drogenkonsumenten auf etwa 400 000; 100 000 nehmen Heroin, 45 000 Kokain, 200 000 Cannabis, 40 000 Amphetamin. Die Zahl registrierter Erstkonsumenten, immer zuverlässiger Gradmesser für die weitere Entwicklung, lag im ersten Halbjahr 1992 bei über 5 400 – einen solch qualitativen Sprung nach vorn hat es noch nie gegeben. Alarm.

1989 starben 991 Menschen an den Folgen ihrer Sucht, 1990 fast 1 500, im Jahr darauf bereits 2 125. Drogenexperten befürchten, 1992 werde die Zahl der Rauschgiftopfer 2 300 erreichen. Doch diese Statistik des Todes, die das Bundesinnenministerium herausgibt, ist eher zufällig. Die Definition »Drogentoter« wird unterschiedlich gehandhabt, oft hängt es davon ab, wie der ermittelnde Kriminalbeamte den Sachverhalt einschätzt. Wer nach einer Dröhnung an Herz- und Kreislaufversagen stirbt oder an einer Atemlähmung, wer high mit dem Auto gegen einen Baum knallt oder in tiefer Depression seinem Leben selbst ein Ende setzt, der wird oftmals nicht als Rauschgiftopfer erfaßt.

Die offiziell jedes Jahr bekanntgegebenen Zahlen können nur eine variable statistische Größe sein. Die Dunkelziffer liegt viel höher – und ist nicht annähernd exakt zu bestimmen. Der Hamburger Drogenspezialist Günter Speckmann meint, die verlautbarten Werte müßten mindestens »mit dem Faktor drei multipliziert werden«. Pessimisten unter Deutschlands Kripobeamten befürchten sogar, nur jeder fünfte bis achte Drogentote werde auch als solcher erkannt.

Das Zahlenwerk gibt schon deshalb ein falsches Bild wieder, weil Deutschland längst selbst Erzeugerland ist. Amphetamine herzustellen oder das engverwandte Methamphetamin, das in Apotheken unter dem Handelsnamen »Pervitin« angeboten wurde und Schauspieler vor Aufführungen, Schüler vor dem Abitur und Jagdflieger vor dem Angriff stimulierte, ist keine Kunst der Pharmazeuten mehr. Unbescholtene Amateure bauen sich kleine Märkte auf, in die kein Polizist eindringt; Tod eines ebenfalls unbescholtenen Konsumenten nach einer Überdosis – diese Diagnose wird in solchen Kreisen kaum gestellt.

Ein gebürtiger Pole, zuvor lediglich wegen Fischwilderei und Motorradfahrens ohne Versicherungsschutz aufgefallen, ist ein Beispiel dafür, daß die Drogenproduktion auch Viertel- bis Halbgebildeten gelingt. Als Fahnder eher zufällig seine Dachgeschoßwohnung überprüften, entdeckten sie zwischen Bad und Bett ein komplett ausgestattetes Labor: eine chemische Reaktion war in vollem Gange.

Die Vernehmung zur Person brachte eine interessante Biographie zutage: Volksschule, Schlosserlehrling, Trucker, arbeitslos. Die Vernehmung zur Sache geriet zu einem anspruchsvollen Kolloquium, das die Kripoleute nur mit Hilfe eines Fachlexikons durchstehen konnten. Der Pole, Jahrgang 1954, redete von »L-Ephedrinhydrochlorid«, »85prozentiger Phosphorsäure«, »Siedesteinchen«, »37prozentiger Salzsäure«, »Mutterbase« und »Natriumhydroxid«.

Als sei er sein Lebtag Chemiker gewesen, beschrieb er »kontrollierte und unkontrollierte Reaktionen«, erklärte Methoden der Feindestillation und widmete sich schließlich der hohen Wissenschaft vom Bau der Moleküle – wenn etwa »dem Ephedrin ein Atom abgespalten wird«. Das Wissen hatte sich der Pole angelesen.

In den letzten sieben Jahren sind allein in Deutschland über 300 Drogendestillen, in denen synthetisches Rauschgift produziert wurde, aufgeflogen. Auf frischer Tat ertappten Fahnder einen Drogenkoch, der, ausgerüstet mit Gummischürze und Schutzbrille (»Heiße Spritzer sind gefährlich«), am heimischen Herd hantierte. Er deutete, ganz Lehrmeister, auf eine Mischung in einem stählernen Topf und erklärte den Beamten, laut Protokoll:

»Die Flüssigkeit läßt man verkochen. Auf dem Boden des Topfes setzt sich der sogenannte Kuchen ab. Wenn sich der Kuchen abgesetzt hat, muß man den Topf direkt mit Wasser abkühlen . . . Der Kuchen ist steinhart und hat eine weiße Farbe.«

Die Substanz wird zerstoßen und fein gerieben, als Pulver abgepackt oder in Tablettenform gepreßt. Die gängigen Zutaten sind, ähnlich wie die Vorläufersubstanzen für Heroin oder Kokain, mit einigem Geschick im freien Handel erhältlich: Phenylaceton oder Ephedrin, Jod, Phosphor, Natriumhydroxid, Salzsäure. Rezepte werden in der Szene gehandelt, jede einigermaßen ausgestattete Universitätsbibliothek, Sektion: Chemie, liefert einschlägige Literatur frei Haus. Es ist ein Riesengeschäft. Schon die Investition von ein paar hundert Mark, weiß ein Hamburger Polizist, »kann 100 000 Mark bringen«.

Der Kreis potentieller »A-Kunden« (Polizeijargon) ist mittlerweile ebenso groß wie der der Kokainkonsumenten. Bei den synthetischen Rauschgiften steht Deutschland hinter den Vereinigten Staaten auf Platz zwei. Intelligente Synthi-Strategen liefern vor allem den Amphetamin-Abkömmling MDMA (»Ecstasy«, »Cadillac«, »Adam«): ein Renner auf dem Markt der Träume und der Triebentfaltung.

In Hamburg spürten Fahnder das bisher professionellste MDMA-Labor Europas auf, getarnt als Künstleratelier; akustische Warnmelder und ein kompliziertes System von Lichtschranken sollten die kriminellen Pharmazeuten sichern.

Die »Imhausen-Chemie« im badischen Lahr, Erbauerin der Giftgasfabrik für Libyens Diktator Muammar el-Gaddafi, bestückte zwei amerikanische Dealer zentnerweise erst mit dem MDMA-Grundstoff Piperonylmethylketon (PMK) und später gleich mit 170 Kilo der fertigen Substanz, getarnt als Appetitzügler. Daraus ließen sich Hunderttausende von Trips pressen, Schwarzmarktwert: rund 30 Millionen Mark. Das Gericht nahm den zwei angeklagten »Imhausen«-Managern ab, sie hätten von der Strafbarkeit des Geschäftes keine Ahnung gehabt, und verurteilte sie nur wegen fahrlässigen Umgangs mit Betäubungsmitteln zu mildesten Geldstrafen: 9000 und 6000 Mark.

Das MDMA, seit August 1986 auf der Liste verbotener Betäubungsmittel, verbindet halluzinogene mit stimulierenden Wirkungen und ist dabei neurotoxisch, also ein nervenangreifendes Gift. Es kann bei Überdosierung zum sofortigen Herztod führen und nach chronischer Einnahme zur paranoiden Psychose. Heroin, Kokain oder die Ausgangsdroge Amphetamin gilt Medizinern und Suchtberatern wenigstens noch als chemisch feststehende und in der Suchtgefährdung halbwegs kalkulierbare Größe – mit dem Derivat MDMA aber beginnt die gefährlichste Generation aller Rauschgifte: Designer Drugs (DD), die »knallharte Revolution des Drogenmarktes«, wie die Zürcher »Weltwoche« formulierte.

Die chemischen Grundstoffe für solche Designerdrogen sind in legalen und illegalen Arzneien enthalten. Fünf Stoffgruppen sind bisher bekannt: eben Amphetamin, das hochwirksame Analgetikum Fentanyl, Dolantin, ein Schmerzpräparat, Phencyclidin, früher als Beruhigungsmittel für Schlachtvieh im Handel, und Tryptamin, strukturell verwandt dem Neurotransmitter Serotonin.

In Profi-Küchen kann die Struktur der Substanzen durch Probieren oder mit Computerhilfe zigtausendfach geändert werden, hier die Temperatur hochfahren, da senken, hier ein Molekül wegnehmen, da eines hinzufügen. Teufelszeug entsteht, und es unterliegt nicht mehr den einschlägigen Drogen-

gesetzen. Denn in der Verbotsliste des Betäubungsmittelgesetzes sind diese neuen Stoffe, die aus der
illegalen Pharmaindustrie kommen, nicht enthalten
– folgerichtig deren Handel und Konsum auch nicht
verboten: Ihre andere Struktur, das neue Design,
schützt sie wie ein eingetragenes Warenzeichen.

Bei der gezielten Molekularabwandlung übertref-
fen die synthetischen Drogen ihre Muttersubstan-
zen an suchterzeugender Wirkung noch um ein Vielfaches. »Schon im Mikrogrammbereich«, sagt der
Tübinger Pharmazie-Professor Karl-Artur Kovar, »erzielen Designer Drugs eine massive Wucht.« So
genügen 200 Gramm eines Fentanyl-Abkömmlings,
um mehr als zwei Millionen Einzeldosen in Amerika als »world's finest heroin« auf den Markt zu wer-
fen. Die bislang gefährlichste Droge heißt »Carfenta-
nil« – sie wirkt 7 500mal stärker als Morphin.

Kaum salzkorngroß sind die Rauschgifte »so
potent, daß sie auf der Stelle abhängig machen oder,
noch schlimmer, zu Todesfällen führen«, behauptet
Inayat Khan, Drogenspezialist der Genfer Weltge-
sundheitsorganisation WHO. Die Produzenten
haben, wenn sie nicht hochqualifizierte Chemo-Pro-
fis sind, die Synthese nur schwerlich im Griff.
Nahezu unmeßbare Schwankungen der Herstel-
lungstemperatur bringen bereits neuartige Substanzen hervor – mit extremen Nebenwirkungen.
Bestimmte Derivate beispielsweise greifen jene
Hirnzellen an, in denen die Trägersubstanz Dopamin erzeugt wird. Sind mehr als 80 Prozent dieser
Zellen zerstört, setzen unheilbare Zitter- und Läh-

mungserscheinungen ein (»Parkinsonsche Krank-
heit«).

Ein Drogenkonsument kann bereits nach Einnahme weniger DD-Einheiten bis zur Hälfte seiner
Dopamin produzierenden Zellen einbüßen, ohne
eine Wirkung zu verspüren. Erst viel später unter-
schreitet er, vielleicht wieder drogenfrei und scheinbar geheilt, den kritischen Wert, wenn durch natürli-
ches Altern weitere Zellen abgestorben sind: Die
Sucht holt ihn ein.

Die deutsche Szene blieb bisher von einer Mas-
senproduktion einigermaßen verschont. »Sollten
sich Syndikate der synthetischen Drogen anneh-
men«, prophezeit Spezialist Kovar, »dürften wir uns
an 1992 wehmütig erinnern.«

Waffenhandel im Staatsauftrag
Die legalen schmutzigen Geschäfte einer bundeseigenen Firma

Was ein Verbrechen ist, wissen wir – und wir wissen es nicht. Die Encyclopaedia Britannica macht darüber folgende Angaben:»Verbrechen . . . allgemeine Bezeichnung für Verstöße gegen die Strafgesetzgebung. Man hat das Verbrechen definiert als Mißachtung oder Ablehnung der Verhaltensnormen, welche die Gesamtheit im übrigen als verbindlich betrachtet.« In seinem Werk »Leviathan« schrieb dazu vor gut dreihundert Jahren der englische Philosoph Thomas Hobbes: »Ein Verbrechen ist eine Sünde, die begeht, wer durch Taten oder Worte tut, was das Gesetz verbietet, oder unterläßt, was es befiehlt.« Ist Waffenhandel ein Verbrechen?

Gerichtsakten geben darüber wenig Aufschluß. Ein knappes halbes Dutzend ist abgelagert; zumeist Verfahren mit schmalem Ergebnis. Die Beihilfe zum Bau einer Atombombe in Pakistan war ein Verstoß gegen das Außenwirtschaftsgesetz und somit ein kleines Verbrechen; die Errichtung von Munitionsabfüllanlagen in Südafrika und Paraguay zog Bewährungsstrafen nach sich. Fast wortgleich hieß es in den Urteilsbegründungen, »daß die Kontrolle – wenn überhaupt – halbherzig und eben für die Wirtschaft erfolgte« (Düsseldorfer Rheinmetall-Prozeß).

»Der größte Waffenhändler, den wir im Moment in der Bundesrepublik haben«, verkündete Gerhard

Mertins, »ist der verantwortliche Regierungschef.«
Mertins, ein Waffenkrämer aus Königswinter bei
Bonn, war in den siebziger Jahren angeklagt wor-
den, weil er von der Bundeswehr ausgemustertes
Gerät über Umwege in sogenannte Spannungsge-
biete exportiert hatte.

»Weil die Regierung es wollte«, erklärte Mertins,
»haben wir in der Dritten Welt ein Netz aufgebaut.«
Der Waffenhandel sei »ein Instrument der Außenpo-
litik« gewesen. Mertins wurde freigesprochen und
erhielt sogar noch aus der Staatskasse fünf Millionen Mark Schadensersatz, weil sein Ruf als ehrbarer
Kaufmann Schaden genommen hatte. Der Staat als
oberster Todeskrämer?

Rechtfertigungen für Waffenhandel werden gewöhnlich mit Argumenten von lähmender Monoto-
nie vorgetragen. Wenn wir nicht liefern, tun es
andere. Wohin die Kooperationspartner die Ware
verkaufen, darauf haben wir leider keinen Einfluß.
»Sie können auch mit einer Säge oder mit einem
Hammer jemanden umbringen, ohne daß der Hersteller der Säge oder des Hammers dafür verantwortlich gemacht werden können.« (Erich Riedl,
Parlamentarischer Staatssekretär im Bundeswirt-
schaftsministerium).

Der erste Kopf, der erklärte, daß man mit einem
Brotmesser jemanden töten und mit einem Schwert
den Mantel teilen kann, war ein brillanter Kopf; die
Politiker-Garde, die ihre Exporte damit rechtfertigt,
ödet nur noch an.

George Orwell hat solchen Sprachgebrauch bereits
1949 in seinem Roman »Nineteen Eighty-Four« als

»doublethink« und »newspeak« entlarvt. »Doppeldenk« ist eine Begriffsdialektik von der Art »War is peace«–»Krieg ist Frieden«. »Neusprech« ist die moderne Umschreibung des alten deutschen Refrains: »Politik is anners seggen as doon«. Im Neusprech heißen Panzer landwirtschaftliche Geräte, Geschoßhülsen sind Lippenstifte, Kanonenfabriken werden Universalschmieden genannt.

Daß Politik ein schmutziges Geschäft sein müsse, war immer ein undemokratisches und spießbürgerliches Vorurteil. Die umgekehrte Maxime, daß von Geschäftemachern schmutzige Politik gemacht wird, weist weit mehr Realitätsgehalt auf – insbesondere dann, wenn Politfüchse mit im Spiel sind.

Nach dem Zweiten Weltkrieg wollten die Verfassungsväter ausdrücklich nicht, daß jemals wieder in Deutschland Kriegswaffen gebaut würden. Für einen solchen Staat ist die Menge der ausgeführten Waffen beachtlich. Lange lag die Bundesrepublik unter den Verkäufern der mörderischen Hardware auf einem beachtlichen fünften Platz. Den im Frühsommer 1992 veröffentlichten Statistiken des Friedensforschungsinstituts »Sipri« zufolge ist Deutschland inzwischen sogar, ganz klammheimlich, hinter den USA und der GUS, auf Rang drei der größten Waffenexporteure vorgerückt.

Eine Nachricht, die vielen Blättern nicht einmal eine kleine Meldung wert war. Ursache für den Anstieg war vor allem der Verkauf von NVA-Material. Abrüstung durch Export ist perfektes »doublethink«. Was den Waffenexport betrifft, treten wir wirklich aus dem Schatten der Geschichte heraus: Es soll nur keiner merken.

In den »Sipri«-Zahlen ist ohnehin nur ein Teil des tatsächlich exportierten Geräts erfaßt. Nur die Transfers der Großwaffensysteme wie Flugzeuge, Kriegsschiffe, Radar- und Führungssysteme, Raketen sowie Kanonen mit einem Kaliber über einhundert Millimeter, Panzer und gepanzerte Mannschaftswagen werden berücksichtigt. Rüstungsgüter wie Munition, Schießgerät oder Lkws tauchen in den Bilanzen ebensowenig auf wie sonstige Waren mit strategischer Bedeutung: Computer, Werkzeugmaschinen, die sowohl militärisch als auch zivil einsetzbar sind.

Der Export solcher Güter in rund 160 Länder der Welt macht schätzungsweise acht Prozent der deutschen Gesamtausfuhren aus. Da wird klar, warum »Big Money«, »Big Business« und »Big Government« in trautem Zusammenspiel einerseits Kritiker abbürsten und gleichzeitig erstaunt tun, wenn wieder etwas Unvorhersehbares (Giftgas für Libyen, die Bombe für den Irak) passiert ist.

Die Regierenden machen vieles, aber vieles möglichst heimlich. Mit hehren Worten prangerten Politiker die Apartheid im Burenstaat an und pflegten dabei die stille Kooperation mit Südafrika. Synonym für die zum Prinzip erhobene Unaufrichtigkeit ist die Liaison von Regierenden (gleich welcher Partei) mit dem Management der »Fritz Werner Industrie-Ausrüstungen GmbH« in Geisenheim (FW).

»FW« ist ein Traditionsunternehmen. Firmengründer Friedrich Karl Werner, ein Büchsenmacher aus Thüringen, hatte schon im vorigen Jahrhundert in Berlin mit Waffen gehandelt. In beiden Weltkriegen verhalfen die Werner-Werke in Berlin deutschen Soldaten zu Schießzeug aller Art. Weil sich die Produktion von Rüstungsgütern mit dem Berliner Viermächtestatus nicht vereinbaren ließ, verlegte die Firma ihre Abteilung Wehrtechnik nach Geisenheim am Rhein. Bis Ende 1989 war sie in Staatsbesitz. Oberaufseher waren liebenswürdige Herren in Grau mit ausgesprochen guten Manieren: Ministeriale aus Bonn.

»FW« hat in aller Welt einen furchterregend guten Ruf. »Das Unternehmen«, sagt Sein Win, Exil-Premierminister Birmas, »war schon in Birma, bevor überhaupt diplomatische Beziehungen mit Deutschland aufgenommen wurden.« Die Firma aus Geisenheim sei »so etwas wie die diplomatische Vertretung der Bundesrepublik« gewesen.

Am 10. Dezember 1991 wurde in Oslo die birmanische Oppositionspolitikerin Aung San Suu Kyi mit dem Friedensnobelpreis ausgezeichnet. Obwohl die Vorsitzende der Partei »Nationale Liga für Demokratie« bei den Wahlen 59,87 Prozent der Stimmen erhalten hatte, stand sie unter Hausarrest und konnte den Preis nicht entgegennehmen. Ihre Anhänger wurden von einer Soldateska zu Tausenden getötet. In dem Nachbarstaat Thailands, der 1989 seinen kolonialen Namen ablegte und jetzt Myanmar heißt, zählen Menschenrechte einen

Dreck. Oppositionelle werden gefoltert, zu Zwangs-
arbeit oder zu langjährigen Haftstrafen verurteilt.

Die Bundesregierung pries die Entscheidung des
Nobel-Komitees, die charismatische Aung San Suu
Kyi auszuzeichnen, als weitsichtig und verurteilte
scharf die Unterdrücker. Ein Verdikt, dem weder mit
dem Instrumentarium Orwells noch mit dem altvä-
terlichen Begriff der Doppelmoral beizukommen ist,
es ist eine Schande.

Die Junta von Myanmar stützt sich auf die Feuer-
kraft der bundeseigenen »FW«. Das weiß am Golf
von Bengalen jeder und auch in Bonn am Rhein,
wenn er es wissen will.

Die Verbindungen sind alt. Ende der fünfziger
Jahre begann »FW«, mit Unterstützung der Obern-
dorfer Waffenschmiede »Heckler & Koch«, in Myanmar Sturmgewehre zu produzieren, später auch
Munition für die G-3-Gewehre und anderes Kriegs-
zeug. »Mit den Waffen von Fritz Werner«, sagt der
Exil-Politiker Sein Win, »wird die Bevölkerung
unterdrückt und gefoltert.« Oppositionsblätter berichten, daß während eines Aufstandes im August
1988 mit dem »FW«-Gerät achttausend Menschen
umgebracht worden seien. Ohne die westdeutsche
Hilfe wäre die Militärdiktatur am Ende gewesen.

Graue Eminenz des Unrechtssystems ist General
Ne Win, der hervorragende Beziehungen nach Bonn
hat. Als Ne Win noch Militärchef war, hat er gemeinsam mit den Kontrolleuren von »FW« Urlaub gemacht, die Herren gingen zur Jagd. Ne Win ließ sich
nicht lumpen. Er schenkte »FW« einen Pavillon, der

einen Kilometer von der Geisenheimer Zentrale entfernt liegt. Aufschrift: »Fritz Werner-Family« – das verbindet.

Zwischen dem 28. Mai 1988 und dem 20. September 1988 gewährte Bonn der damals bundeseigenen Firma »FW« den Export von rund 60 Partien Kriegsgerät nach Myanmar, Wert rund 60 Millionen Mark. Das lief völlig geräuschlos und war wirklich kein Thema. Dem Unternehmen mit der Zollnummer 2281961 wurden auf Weisung der Bundesregierung die Ausfuhr von Maschinengewehren, Munition und Sprengstoffen erlaubt: Schreckt das jemanden auf, bringt es zumindest die Regierenden um den Schlaf?

Das Unrecht hat einen Namen, hat Anschrift, hat Gesicht, aber sogar Kritiker formulieren ihre Anklage lieber anonym. Es sei »eine Todsünde«, erklärte im Dezember 1991 der Präsident des internationalen katholischen Missionswerkes »Missio«, »daß mit Hilfe bekannter deutscher Wirtschaftsunternehmen Menschen drangsaliert und ermordet werden«. Der Aachener Prälat Bernd Kant sprach über Birma, meinte »Fritz Werner« und vergaß Bonn.

Politische Kultur ist, wenn man nichts Unfeines sagt. Es geht darum, die Form zu wahren, egal, wie es drinnen aussieht. Die paar Intellektuellen, die stets so aufgeregt mit dem Moralfinger wackeln, haben von Sachzwängen eh keine Ahnung, und es gibt Heerscharen deutscher Sachzwänge.

Wenn nicht gerade Krieg ist, haben Geschichten über Waffenhandel einen schweren Stand. Die Ertappten gehen in die Entlastungsoffensive über, weisen auf schwebende Verfahren hin, drohen sogar vage mit Konsequenzen – den Enthüllern. Das Publikum wirkt leicht genervt. Im Durcheinander der wechselseitigen Vorwürfe blickt kaum noch einer durch, schließlich hat man auch noch andere Interessen. Das Zeitspiel geht fast immer auf, vor allem wenn die Notabeln der Gesellschaft verwickelt sind – Größen wie der ehemalige Flick-Manager Hanns Arnt Vogels.

Der Mann mit dem Spitznamen »Piep« genießt unter Waffenhändlern den Ruf, um keinen Trick verlegen zu sein. Vor allem kennt der einstige Aufsichtsratschef der Geisenheimer Waffenschmiede »Fritz Werner Industrieanlagen GmbH« die richtigen, mächtigen Leute. Für diese Tricks interessiert sich die Staatsanwaltschaft Wiesbaden: Sie untersucht, wie es dem »Fritz-Werner«-Management in den achtziger Jahren gelingen konnte, viele Millionen teure Waffenlieferungen in das Krisenland Iran zu schaffen. Unterlagen belegen, daß für den Waffenhandel mit dem Iran auch einer von Vogels' mächtigen Bekannten nützlich war: der ehemalige Bundesaußenminister Hans-Dietrich Genscher (FDP).

Genscher, so haben die Waffenhandel-Ermittler herausgefunden, hat der ehemals staatseigenen »Fritz-Werner-GmbH« nicht nur mit einem guten Tip gedient – das Genscher-Ministerium unterstützte zudem die Arbeit iranischer Waffeneinkäufer in der Bundesrepublik.

Die dubiosen Beziehungen zwischen dem Auswärtigen Amt und dem iranischen Waffenhandel begannen mit einem Bittbrief des »Fritz-Werner«-Aufsichtsrats Vogels an Genscher. Die Waffenschmiede war Anfang der achtziger Jahre in die Klemme geraten. Die Iran-Aufrüster sollten nach dem Ausbruch des Golfkriegs 1980 keine Ausfuhrgenehmigung mehr bekommen. Dabei war der Bedarf des Kriegsherrn Chomeini so groß wie nie zuvor. Die Bitte um Hilfe kam bei Genscher an. Der Freidemokrat gilt als Freund Teherans. Minister Genschers Antwortbrief an Vogels vom 10. Mai 1981 mit eigenhändiger Unterschrift klingt ganz unverfänglich:

> *»Ich habe volles Verständnis für diese Probleme. Das Auswärtige Amt ist dabei, die sich in diesem Zusammenhang stellenden Fragen, bei denen zur Zeit der militärische Konflikt zwischen Irak und Iran eine Rolle spielt, zu überprüfen. Ich hoffe, daß sich eine Lösung finden läßt, die es erlaubt, Ausfuhrgenehmigungen für Ersatz- und Verschleißteile sowie für Zubehör und Werkzeuge aus Altverträgen zu erteilen. Allerdings werden wir wegen der unparteiischen deutschen Haltung im genannten Konflikt alle Verträge sehr sorgfältig prüfen müssen. Bitte haben Sie Verständnis dafür, wenn uns zur Zeit nicht bei allen Anträgen eine Genehmigung möglich ist.«*

Doch der Brief enthält den Hinweis auf die Lösung aller Lieferprobleme: den Dreh mit den »Altverträgen«. Der Dreh war Millionen wert. Die »Fritz-Werner«-Manager lieferten fortan großdimensionierte Ausrüstungen zur Herstellung von Munition an die iranische »Defence Industries Organization« (DIO), die Einkaufsstelle des iranischen Kriegsministeriums. Die gesamte Palette reichte von Kleinkaliberanlagen (7,62 Millimeter) bis hin zur Hülsenfertigung für Artilleriemunition (Kaliber 130 Millimeter). Deklariert waren die Ausfuhranträge für »Maschinen, Werkzeuge und Materialien etc. als Ersatz für Einrichtungen aus Altverträgen«.

Bei den Lieferungen gehe es nur um »den Versuch«, erläuterte Prokurist Karl Heinz Muth dem Bundesamt für Wirtschaft, »den Betrieb einigermaßen aufrechtzuerhalten«. Es müsse vermieden werden, »daß aufgrund von Lieferengpässen der iranische Kunde sich anderen ausländischen Lieferanten zuwendet«.

Für Aufträge im Wert von mindestens 120 Millionen Mark hat der Bundesbetrieb »Fritz Werner« das staatliche Okay bekommen. Bonn erteilte in Kriegsjahren sogar Ausfuhrgenehmigungen für mehr Anlagen, als die Firma schließlich lieferte.

Mit den in Bonn beschlossenen »Grundsätzen für den Export von Kriegswaffen und sonstigen Rüstungsgütern« war solche Praxis unvereinbar. Eine Genehmigung bleibt schon dann »grundsätzlich« ausgeschlossen, wenn nur die »Gefahr für den Ausbruch bewaffneter Auseinandersetzungen besteht«. Und immer gilt: Die Lieferung »darf nicht zu einer Erhöhung bestehender Spannungen beitragen«.

Als der SPIEGEL im April 1992, ein paar Wochen vor Genschers Rücktritt, erstmals über den Deal des Dauerkandidaten für den Friedensnobelpreis berichtete, tat das Genscher-Ministerium empört. Für die Genehmigung sei das Bundesamt in Eschborn zuständig gewesen, folglich sei an den Vorwürfen nichts dran. Das war zwar schlicht gelogen, weil Eschborn nur wegen des Persilscheins aus dem Außenamt die Genehmigung erteilt hatte, klang aber gut.

Mit dem üblichen Muster ist das Zusammenwirken zwischen »Fritz Werner«, Bonn, und dem Iran nicht zu erklären. Der Umfang der Geschäfte ist riesig. Allein die Geisenheimer Firma lieferte in den letzten Jahrzehnten für 5,5 Milliarden Mark Kriegsgerät in den Iran.

Anlagen zur Herstellung von: Handgranaten (HG 500), Rauchgranaten (DM 2 HC), Patronen (Kal. 20 mm), Minen (18 A 1 und M 19), Granatwerfer-Munition (Kal. 60 mm, 81 mm, 120 mm), Artillerie-Munition (Kal. 155 mm, 105 mm, 106 mm, 130 mm), Mittelkaliber Munition (Kal. 35 mm), Gewehr-Granaten (22 A 1), Übungs-Gewehr-Granaten (DM 28), Übungs-Handgranaten (301 UN), Zünder (AZ 111 A 2, M 51 A 5), Kleinkaliber-Munition (Kal. 5,56 mm bis .50), Gewehre (G 3), Granatwerfer (Kal. 60 mm, 80 mm, 120 mm), Maschinengewehre (MG 3), Panzerabwehr-Raketen (40 mm), Artillerie-Raketen (122 mm), Launcher

(40 mm), Schießstände für Kal. 7,62 mm, Kal. 5,56 mm, Kal. .50, Kal. 20 mm, Kal. 35 mm und Großkaliber, Füllanlagen für diverse Kaliber, Raketen-Prüfstände, Entwicklungseinrichtungen für Raketen und Artillerie-Munition, Bunker für die Einlagerung von Spreng- und Treibmitteln, Schulungs- und Ausbildungswerkstätten, Pulver- und Treibsatzfertigung, Walzwerke, Werkzeugmaschinen, allgemeine Reparaturbetriebe, Laboratorien für chemische und physikalische Prüfungen.

Wie gut die Zusammenarbeit des Auswärtigen Amtes mit der Waffenschmiede klappte, zeigt ein Info des Prokuristen Muth vom Oktober 1987: Das Außenministerium habe mitgeteilt, »daß Herr Genscher die Anträge auf Ausfuhrgenehmigung über DM 65 Millionen zunächst abwartend behandelt und eine Entscheidung im Dezember fällen wird. Grund dafür sind die gegenwärtig laufenden Verhandlungen in der UNO.«

Am Ende funktionierte der Deal dann offenbar doch noch: Mit Schreiben vom 23. Juli 1989 teilte das Teheraner »Fritz-Werner«-Büro der »DIO« mit, daß die letzten Maschinen zur Herstellung von Kleinkaliber-Munition im Vormonat übergeben worden seien.

Dafür, daß auch Genschers Partei in die umstrittenen Geschäfte verstrickt war, sprechen rätselhafte Vorgänge in der FDP-Kreisgeschäftsstelle Wiesbaden. Bei den Freidemokraten, nur ein paar Kilometer vom »Fritz-Werner«-Sitz entfernt, tauchten im Sommer 1986 vier iranische Waffendealer auf. Nach Darstellung eines Freidemokraten, der zufällig das Parteibüro besuchte, »wurde in meiner Anwesenheit ganz offen über Waffengeschäfte geredet«. Einer der Iraner wurde dem verblüfften Parteimann als Bruder eines iranischen Ministers vorgestellt. Die Delegation habe freimütig auch Summen genannt: Für rund zwei Milliarden Mark habe Teheran »Material für die nächste Winteroffensive« kaufen wollen. Die Geschäftsführerin des FDP-Büros hatte Erfahrungen mit solchen Geschäften: Ihr Mann arbeitete damals für die »Fritz-Werner-GmbH«.

Aufklärungsbedürftig ist auch das Engagement des Außenministers für den früheren Leiter der deutschen »DIO«-Niederlassung, Ali Modir Ghomi: Der Mann residierte jahrelang in der Kaiserswerther Straße in Düsseldorf. Die Bundesregierung wußte und tolerierte das. Der Iraner konnte von dort aus unbehelligt seinen Waffengeschäften nachgehen. Bereits im November 1984 hatte das Auswärtige Amt der Stadt Düsseldorf mitgeteilt, daß es begrüßt würde, wenn Ghomi eine Aufenthaltsgenehmigung bekäme. Bei der »DIO«, heißt es in der Begründung,

»handelt es sich um eine seit langem – schon vor der Islamischen Revolution – im Iran etablierte Institution, die für die Beschaffung von Waren für das Verteidigungsministerium zuständig ist. Sie befaßt sich dabei zwar auch mit Rüstungsgütern, die in der Bundesrepublik

Exportbeschränkungen unterliegen, jedoch daneben mit Waren verschiedenster Art«.

Das Außenministerium unterstütze

> *»das Anliegen der iranischen Botschaft, da sich die Einrichtung eines Verbindungsbüros in Düsseldorf positiv auf die deutsch-iranischen Wirtschaftsbeziehungen auswirkt«.*

Ghomi und seine Düsseldorfer Kollegen hatten viel zu tun. Nach Erkenntnissen der Zollfahnder wurden in dem »DIO«-Büro innerhalb eines kurzen Zeitraums riesige Umsätze abgewickelt, in der Hauptsache mit Waffen- und Rüstungseinkäufen.

Ghomi organisierte alles selbst. So überwachte er am 3. Dezember 1984 im Hafen von Nordenham die Ladung des Frachters »Bentota«, der 443 Tonnen Treibladungspulver für 155-Millimeter-Artillerie in den Iran bringen sollte, natürlich auf Umwegen.

Bei der »DIO« in Düsseldorf ging ein alter Bekannter des Außenministers ein und aus: Sadigh Tabatabai, als Waffeneinkäufer des Chomeini-Regimes in Bonner Diplomatenkreisen bestens eingeführt. »Ich habe dazu beigetragen«, erinnert sich der Unterhändler, »die politischen Wege für die Beschaffung von Rüstungsmaterial zu ebnen.«

Der Teheraner mit Wohnsitz in der Bundesrepublik telefonierte häufig mit Genscher: über humanitäre Angelegenheiten wie die Freilassung von Geiseln, die Modalitäten der Ausweisung von straffälligen Iranern und manches mehr. Wie Vogels konnte sich auch Tabatabai, wenn es ernst wurde, auf Genscher verlassen.

Ernst wurde es für Tabatabai im Sommer 1981. Da hatte der Diplomat in Düsseldorf mit Schweizer Geschäftsleuten einen Vertrag über die Lieferung von 50 amerikanischen M-48-Panzern geschlossen. Kaufpreis: 67 Millionen Dollar. Rund 47 Millionen Dollar hatte er bereits auf ein Konto der »Globalbank« in Düsseldorf eingezahlt, da bekam das Bundeskriminalamt einen Tip. Tabatabai sollte wegen des Verstoßes gegen das Kriegswaffenkontrollgesetz festgenommen werden. Genschers Behörde verhinderte die Verhaftung. Das Außenministerium räumte dem sogenannten Sonderbotschafter einen Diplomatenstatus ein, obwohl er nicht akkreditiert war.

Aktenfunde in den Archiven der Stasi belegen, daß der Bonner Günstling sich auch von der DDR ausrüsten ließ: Im Heiligen Krieg hat es offenbar eine systemübergreifende Allianz der Geschäftemacher gegeben. Zwischen Iran und Irak wurde längst erbittert gekämpft, da tauchte Tabatabai auch in Ostberlin auf. Im »Internationalen Handelszentrum« (IHZ) verhandelte er mit Dieter Uhlig, Abteilungsleiter im Devisenimperium »Kommerzielle Koordinierung« (KoKo) des Stasi-Obersts Alexander Schalck-Golodkowski. Auf seiner Bestell-Liste hatte der Iraner vor allem explosives Material für schwere Artillerie und Munition für panzerbrechende Waffen.

Regelmäßig landeten bald darauf auf dem Zentralflughafen Berlin-Schönefeld schwere Transport-Jumbos der »Iran Air«. Bei ausgeschalteter Beleuchtung wurden die Maschinen, die laut Stasi-Berichten »eine Transportkapazität von zirka 100 Tonnen« hatten, mit Waffen und Munition beladen. Lieferant: »Imes Import-Export Gesellschaft« mit Sitz im »IHZ«. Im Januar 1989 konnte Schalck das für Wirtschaft zuständige ZK-Mitglied, Günter Mittag, davon unterrichten, daß er allein bei Waffengeschäften mit den Mullahs einen Umsatz von mehr als 500 Millionen Dollar erzielt hatte. Geliefert wurden: 800 000 Handgranaten, 490 000 Werfergranaten, 260 000 Sturmgewehre, 11 048 Militärlastwagen, 11 000 Panzerbüchsen, 3 000 Maschinengewehre, 144 000 Stück Munition für Panzerbüchsen und 300 Millionen Schuß kleinkalibrige Munition.

Fast zugleich mit Tabatabais Abstecher nach Ostberlin verhandelte ein DDR-Emissär, »Imes«-Mitarbeiter Wolfgang Kotz, mit Tabatabai-Vertrauten in Zürich über die Gründung einer gemeinsamen Firma. Als Sitz waren London, Genf oder Liechtenstein im Gespräch. Das Unternehmen sollte in Westeuropa Waffen einkaufen. Der Anteil der DDR bei dem heimlichen Joint-venture sollte bei 40 Prozent liegen.

Offiziell hat es die Hilfe für die Mullahs niemals gegeben. Die Bundesregierung, versicherte Helmut Schäfer, Freidemokrat und Staatsminister im Auswärtigen Amt, habe keine Waffen geliefert und im ersten Golfkrieg »strikte Neutralität« gewahrt.

Mit derselben Legende arbeiteten die Brüder im Osten auch. Obwohl der Iran im Herbst 1989 noch eine Rechnung wegen einer verdeckten Lieferung von 30 000 Geschossen Munition, Kaliber 122 Millimeter, für den BM-21-Raketenwerfer (Katjuscha) offen hatte, riet der stellvertretende DDR-Außenminister Heinz-Dieter Winter in einer internen Besprechung davon ab, das Geld offiziell einzutreiben. Winter »möchte nicht«, heißt es in einem internen »KoKo«-Vermerk vom 25. September 1989, »daß ein offizielles Dokument der DDR-Regierung im Iran vorhanden ist, daß die Regierung der DDR diese Art von Geschäften billigt«. Die Mullahs haben, wenn auch mit Verspätung, gezahlt. Das Geld traf 1991 ein – im Ministerium des damaligen Genscher-Kollegen Theo Waigel (CSU):

Das Treiben der »Fritz-Werner«-Kaufleute wurde von den Regierenden in Bonn nicht gerügt. Selbst als Munitionsanlagen der Firma im brandenburgischen Lübben auftauchten, kam keine Spur Nachdenklichkeit auf. Die Munition für die Mauerschützen war auf den Maschinen gefertigt worden, aber die »FW«-Manager gaben sich unschuldig wie Laubsägenbastler. Sie hatten natürlich keinen Schimmer, daß die vierzehn Maschinen, die sie ursprünglich an die österreichische »Hirtenberger Patronenfabrik« geliefert hatten, in die DDR gelangt waren.

Ein fiktionssüchtiges Bewußtsein, das sich alles – nur seinen eigenen Schwindel nie – eingesteht, prägt die Diskussionen. »Ich glaube nicht«, beschwichtigt der Freidemokrat Klaus Beckmann, auch Staatssekretär im Bonner Wirtschaftsministerium, daß man bei »Fritz Werner von ›Skandalen

sprechen‹ könnte. Der Vertreter des Bundeswirt-
schaftsministeriums hat in den Aufsichtsratssitzun-
gen ständig darauf hingewiesen, daß die Firma sich
bei ihrem geschäftlichen Handeln ausschließlich im
Rahmen der geltenden Gesetze bewegen sollte.«

Der polnische Schriftsteller Andrej Szczypiorski,
ein politischer Feuilletonist, hat in seinem Roman
»Die schöne Frau Seidenman« über solche Heuchelei
reflektiert. »Wenn die Geschichte den Deutschen
einst die Pflicht zur Verstellung auferlegt«, so Szczypiorski, »werden sie die vollkommensten Scheinhei-
ligen sein.«

Felix Kurz

Disteln für den Staatsanwalt
Wie Giftgas-Ermittler Klein ins Abseits gerät

Hans-Heiko Klein verspürte von Tag zu Tag mehr Verdruß. Der Zivil-Richter am Landgericht Mannheim kam sich, pardon, »laufend verarscht vor«. Er könne nur »beackern, was die Parteien auf den Tisch legen«. Kleins Fazit: »Wenn eine Partei einen dummen Anwalt hat, hat sie schon verloren.«

Der hochgewachsene Jurist mit den asketischen Zügen wechselte auf die andere Seite der Barriere im Gerichtssaal. Klein wurde Staatsanwalt – ein penibler Ermittler, den seine Neugier immer tiefer in einen Fall treibt. »Ich will nur herausfinden«, sagte er, »wie es wirklich war.«

Kleins Interesse an Erkenntnis hat ihm bei seinen früheren Richterkollegen den Ruf eingetragen, seine Fälle stets mit Sorgfalt zu ermitteln. Die Anklageschriften des Staatsanwalts sind oft mehrere hundert Seiten lang, gelegentlich auch müssen sich Richter über tausend Seiten quälen.

Am 10. Februar 1989 übernahm Klein einen Fall, der auf ihn zugeschnitten war. Klein wurde das Ermittlungsverfahren gegen Jürgen Hippenstiel-Imhausen übertragen. Der Geschäftsführer der »Imhausen-Chemie« in Lahr stand in dem ungeheuerlichen Verdacht, Libyen mit einer Giftgasfabrik beliefert zu haben.

Der Ermittler von der Schwerpunktabteilung für Wirtschaftsstrafsachen der Staatsanwaltschaft Mannheim ahnte anfangs nicht einmal vage, was in den nächsten eineinhalb Jahren noch alles auf ihn zukommen sollte.

Tausende von Akten waren zu durchforsten, die Ermittlungen gestalteten sich äußerst schwierig. Um diese immense Aufgabe bewältigen zu können, beauftragte Klein routinemäßig das Bundeskriminalamt. Die Beamten hatten nicht nur das nötige Know-how, sondern auch sein Vertrauen. Sie schätzten sich von früheren gemeinsamen Aktionen. Eine Sonderkommission »Rabta«, benannt nach dem Standort der Fabrik, sollte sich um den Fall kümmern.

Das wohl spektakulärste Wirtschaftsverbrechen der deutschen Nachkriegszeit hatte die Bundesrepublik international in Verruf gebracht. Die »New York Times« sprach vom »Auschwitz im Wüstensand«. Die Bonner Regierung geriet in eine peinliche Lage. Bundeskanzler Helmut Kohl und sein Vize, Hans-Dietrich Genscher, die extra nach Washington zitiert wurden, versuchten erst abzuwiegeln und zu beschwichtigen.

Die Geheimdienste hatten, räumte ein Kohl-Sprecher schließlich ein, schon seit Oktober 1988 »ernst zu nehmende Informationen« über das Projekt in Rabta vorgelegt. Kohl wollte das nicht wahrhaben. Voller Entrüstung empörte sich der Kanzler über den Verdacht, deutsche Firmen könnten Gaddafi beim Aufbau einer Giftgasfabrik zur Hand gegangen sein. Er fand es sogar »unerträglich«, wenn man die Deutschen auf die Anklagebank setzte, »ohne daß wir die Möglichkeit haben, die Beweismittel einzusehen«.

Für den Fall, daß Imhausen wirklich geliefert haben sollte: Hätte nicht die Justiz durch gründliche Ermittlungen und einen sorgfältig vorbereiteten Prozeß den Schaden in der Weltöffentlichkeit begrenzen können? Und schien der sorgfältige und detailbesessene Klein nicht die Idealbesetzung eines staatsanwaltlichen Ermittlers zu sein?

Wie nicht anders zu erwarten, stieg Klein mit Eifer und Fleiß in die vielen Details der skandalösen Affäre ein und entdeckte eine Menge Ungeheuerlichkeiten: Der erste Hinweis auf die Libyen-Imhausen-Connection datierte bereits aus dem Jahre 1985. Am 5. Juli 1985 schickte die deutsche Botschaft in Moskau ein vertrauliches Telex an das Bonner Außenministerium: »Betrifft: Verdacht einer Lieferung einer Giftgasanlage durch deutsche Unternehmen via Hongkong nach Libyen.« Die »Imhausen-Chemie GmbH« und ein bundeseigener Konzern, hieß es, seien daran beteiligt. Botschafter Jörg Kastl rechnete prompt mit Rückfragen. Doch es regte sich nichts, kein Wort aus Bonn dazu. Statt dessen steckten die Beamten im Außenministerium die brisante Information in die Registratur, um sie später ganz zufällig wieder hervorzuzaubern.

Klein konnte sich über die Untätigkeit der Bonner Regierung nur wundern. Selten hatte das Warnsystem so früh und so präzise funktioniert. Anfang

1986 meldete der Bundesnachrichtendienst (BND) nach Hinweisen des US-Geheimdienstes CIA dem Kanzleramt den Verdacht gegen »Imhausen«. In Abständen von einigen Monaten häuften sich in Bonn die Informationen über die Giftgasfabrik. Die Hinweise stammten aus verschiedenen Quellen.

Am 20. Oktober 1988 erfuhr auch Kohl konkrete Details über den Verdacht gegen »Imhausen«. Kurz darauf fiel in Kohls Umgebung auch der Name »Salzgitter«. Der damals noch bundeseigene Konzern sollte für Rabta Anlagenteile und Chemikalien geliefert haben. Am 20. Dezember 1988 ordnete Kohl im Kabinett die Einrichtung einer Arbeitsgruppe an, sie sollte die Rechtslage für den heiklen Exportfall überprüfen.

Der in der Sache stets hartleibige Klein glaubte zunächst an eine Anhäufung von Pannen. Die vielen Hinweise in Bonn, die bleierne Untätigkeit der Regierungsstellen, das konnte doch keine Absicht sein. Gewiß nicht bei einem derartig gravierenden Vorwurf.

Das Vorgehen der Oberfinanzdirektion Freiburg, die gegen »Imhausen« die ersten Ermittlungen führte, ließ sich für Klein mit Unprofessionalität noch hinreichend erklären. Regierungsdirektor Willi Vögele hatte am 5. Januar 1989 auf einer gemeinsamen Pressekonferenz mit Jürgen Hippenstiel-Imhausen Firma und Chef von jedem Verdacht freigesprochen.

Doch wie konnten sich die Finanzprüfer so leimen lassen? Hippenstiel hatte, nach oberflächlicher

Einschätzung ein Beleg für die reine Weste, den Beamten jede Mithilfe zugesichert und ihnen ohne Zögern bergeweise Unterlagen über die Fabrik in Rabta mit der internen Bezeichnung »Pharma 150« vorgelegt. Die Prüfer sahen Fotos von der Bauphase mit bewaldeten Bergen und grünen Wiesen in der Umgebung. Chinesische Arbeiter waren auf der Baustelle zu sehen, chinesische Schriftzeichen auszumachen. Ein Videofilm zeigte einen Fluß an der Grundstücksgrenze. Wie Wüste sah das alles nicht aus. Die Gutachter taten sich auch in der Buchhaltung der »Imhausen-Chemie« um. Sie fanden Abrechnungen über Flüge nach Hongkong, Rechnungen des »Regent Hotel«, Bewirtsbelege des »Carst Ocean Seafood-Restaurants«, Taxiquittungen – alles Hongkong.

Hinweise auf Reisen nach Libyen wurden nicht gefunden. Der Fall war klar: Die Firma »Imhausen-Chemie« habe, so stellte die Betriebsprüfungsstelle Zoll für den Oberfinanzbezirk Freiburg in ihrem Bericht fest, Know-how für eine pharmazeutische Fabrik nach Hongkong geliefert: »Die Fabrik ist in Hongkong errichtet worden.« Nichts würde die Annahme rechtfertigen, daß »Imhausen« Libyen beliefert habe.

Bei seinen Ermittlungen stellte Klein schnell fest, daß Hippenstiel offenbar bewußt einkalkuliert hatte, daß ihn seine Geschäfte mit dem unberechenbaren Diktator bei Bekanntwerden in erhebliche Schwierigkeiten bringen würden. Er hatte daher viel Energie darauf verwandt, die Spuren seiner Giftgasaktivitäten zu verwischen. Die offizielle Fährte führte nach Hongkong.

Als offizieller Auftraggeber für den Bau von »Pharma 150« trat eine »Pen-Tsao-Materia-Medica-Center Ltd.« auf. Die Firma »Pen-Tsao« in Hongkong existierte tatsächlich, ebenso eine Baustelle mit einem leeren Gebäude in Yeun Long. Doch beide waren kaum mehr als die raffinierte Kulisse für ein weit einträglicheres Geschäft – den Bau der Chemiefabrik in Libyen.

Das Büro der Firma »Pen-Tsao«, tief in der China-Town von Mongkok im Stadtteil Kowloon, war klein und bescheiden. Und doch mußte das Unternehmen sich die Räumlichkeiten mit einem weiteren Mieter teilen, der »Dee Trading Co. Ltd«. Die Firma »Dee« war gleichzeitig, mit rund 23 Prozent, der größte Gesellschafter der »Imhausen-Chemie« in Lahr. Daniel Cheng, Eigentümer der Firmen »Dee« und »Pen-Tsao«, bezeichnet sich als alten Freund der Chemie-Familie Imhausen.

Wie eng die Beziehungen waren, zeigte sich, als »Pen-Tsao« bei der »Swiss Bank« in Hongkong ein Geschäftskonto eröffnete. Den Antrag unterschrieb Jürgen Hippenstiel. Als Geschäftszweck wurde, in ungewohnter Offenheit, der »Handel mit Chemikalien und Chemie-Anlagen« angegeben.

Der alte Freund Cheng war einverstanden, daß Hippenstiel-Imhausen in Hamburg eine Tochtergesellschaft der »Pen-Tsao« gründete. Damit verfügte »Imhausen« über ein Netz internationaler Firmen, das die Lahrer Firma gut zu nutzen wußte: zur Tarnung ihrer Libyen-Connection.

Die Tarnung reichte gerade noch, um Regierungsdirektor Vögele zu düpieren. Doch Klein war damit
nicht zu täuschen.

Am 9. Mai 1989 saß Jürgen Hippenstiel-Imhausen
schon früh an seinem Schreibtisch bei der »Bochu-
mer Gesellschaft für Automation«, einer Tochterfirma der »Imhausen-Chemie«. Doch zum Arbeiten
kam der Chef an diesem Mittwochmorgen vor
Pfingsten nicht mehr. Staatsanwalt Klein hatte
gegen ihn einen Haftbefehl erwirkt. BKA-Beamte
nahmen ihn fest, Hippenstiel kam in U-Haft.

Die Fahnder der Sonderkommission stießen auch
zu Harry P. Meyer, dem Steuerberater des irakischen
Geschäftsmanns Ishan Barbouti vor. In dessen Keller
in Frankfurt lagerten zwölf Kisten mit Akten der
inzwischen liquidierten Barbouti-Firma, der »Ishan
Barbouti International« (IBI). Barboutis »IBI Engineering GmbH« war Generalunternehmer für Rabta
und für die Verteilung der Aufträge zuständig. Aus
den beschlagnahmten Akten ging für Staatsanwalt
Klein eindeutig hervor, wie tief »Imhausen« in das
Geschäft mit Gaddafi verstrickt war. Führende »Imhausen«-Mitarbeiter lieferten die Pläne für die
angebliche Pharmafabrik, andere überwachten vor
Ort den Bau der Anlage.

Klein stieß bei seinen Recherchen immer häufiger auf den Staatskonzern »Salzgitter«. Die 100pro-
zentige Tochter des Unternehmens, die »Salzgitter
Industriebau GmbH« (SIG), soll das gesamte Engineering für Rabta geliefert haben. »SIG«-Chef
Andreas Böhm, ein guter Freund Hippenstiels,

geriet ebenfalls ins Visier der Mannheimer Fahnder. Auch die Rolle des Vorstandsvorsitzenden der »Salzgitter AG«, Ernst Pieper, interessierte Klein brennend. Was hat Pieper von dem kriminellen Deal gewußt? War er etwa eingeweiht? Hat er das Geschäft mit dem Händler des Todes etwa durchgehen lassen?

Alles Fragen, die nach Antworten schreien. Er wollte die »Salzgitter AG«, die »SIG« und die Privatwohnungen von Böhm und Pieper durchsuchen lassen. Doch genau in diesem Moment wurde er erstmals ausgebremst, das ermittelnde Zollkriminalinstitut (ZKI) in Köln legte sich quer.

ZKI-Vizepräsident Jürgen Rump und Zolloberinspektor Heinz Renette gerieten mit Klein aneinander. Rump bestand darauf, daß der Fall »nur politisch« zu lösen sei. Es handele sich nicht um einen »Fall für die Strafprozeßordnung«. Renette wiederum kümmerte sich um den Offenburger Staatsanwalt Jürgen Collmann, der ebenfalls der Sonderkommission Rabta angehörte. Der Zolloberinspektor schlug Collmann allen Ernstes vor, das Verfahren gegen die »Imhausen-Chemie« mit einem Strafbefehl aus der Welt zu schaffen. Renettes Begründung: Der Hauptbeschuldigte Hippenstiel sei doch ohnehin »weg vom Fenster«.

Rump und Renette schalteten schließlich auf stur, als das BKA verstärkt in die Ermittlungen einbezogen werden sollte. Bei Besprechungen blieben die ZKI-Leute unentschuldigt fern. Referatsleiter Manfred Müller im Hause des damaligen Finanzministers Gerhard Stoltenberg erklärte dem Staatsanwalt, gemeinsame Ermittlungen von ZKI und BKA seien »nicht sinnvoll«. Das Fazit eines Beamten der Sonderkommission Rabta war für die Zöllner verheerend: Die Ermittlungen des ZKI erinnerten eher an Strafvereitelung als an Fahndung.

Der Verdacht ist nicht von der Hand zu weisen. So wurden, völlig unüblich, vom ZKI in einigen Fällen schlichtweg keine Sicherstellungs- und Durchsuchungsprotokolle angefertigt. Die Durchsuchung eines Eschborner Unternehmens, von der Staatsanwaltschaft wegen Gefahr im Verzuge angeordnet, unterließ das ZKI mit der abenteuerlichen Begründung, die Geschäftsräume seien verschlossen gewesen.

Klein war überrascht und sauer auf die »Zöllner«. Ein böser Verdacht kam auf: Das ZKI blockiere auf Weisung des Finanzministeriums die Ermittlungen. In einem Vermerk stellte er fest: »Das Thema ›SIG‹ wurde ausführlich erörtert, aber bereits diese Diskussion hatte wieder einen gewissen Beigeschmack, da sich der Eindruck nachgerade aufdrängte, da die ›SIG‹ durch die Zollbehörden eine gewisse Vorzugsbehandlung erfahren hatte.« Das ZKI wolle offensichtlich »bewußt keine Ermittlungsverfahren einleiten. Über die Gründe kann man nur mutmaßen.«

Monatelang blockte das ZKI eine Durchsuchung bei »SIG«, Böhm und Pieper ab. Die Begründung war geradezu absurd: Wenn die »SIG« zu einem Beschuldigten gemacht würde, werde das Unternehmen freiwillig keine Akten herausgeben. Das ZKI, so das scheinheilige Angebot der Stoltenberg-Beamten, werde sich um den Staatskonzern kümmern – auf seine Weise. Die »Salzgitter«-Unterlagen, monierte die damalige Vorsteherin des Zollfahndungsamtes Hannover, Britta Lohmeyer, seien offenbar »bei Kaffee und Kuchen« abgeholt worden. Mitgenommen hatten die Beamten lediglich Akten, die von den »SIG«-Revisoren eigens zu diesem Zweck zusammengestellt worden waren.

»Jeder Ladendieb«, stellte Klein später fest, »hat es bei der Justiz schwerer.« Die großen Bosse in der Wirtschaft haben dagegen wenig zu befürchten. Ob es die irakischen Rüstungshelfer von »MBB« oder die in viele illegale Geschäfte verwickelten »Salzgitter«-Manager waren – sie kommen stets ungeschoren davon.

Was hatten die Manager vom Staatskonzern »Salzgitter« nicht alles für krumme Dinger gedreht? Von der Tochterfirma »HDW« in Kiel gingen unerlaubt Konstruktionspläne für U-Boote ins rassistische Südafrika. Rund 40 Millionen Mark Schmiergelder hatte Salzgitter gezahlt, um in Libyen eine PVC-Fabrik bauen zu können.

»Salzgitter«-Chef Pieper und seine Mannen hatten bereits viel Erfahrung darin, Aufklärungen wie in der U-Boot-Affäre zu behindern. Dennoch wagte Klein einen Vorstoß gegen den Staatskonzern.

Im April 1989 ließ er mit einem Großaufgebot doch noch die »SIG« und die Wohnungen von Pieper und Böhm durchsuchen. Mit mäßigem Erfolg. Viele Unterlagen, so stellte sich heraus, waren, wie zu erwarten, lückenhaft. Das behördeninterne Gezerre hatte zu viel Zeit gekostet.

Die Anwälte von Hippenstiel verhandelten inzwischen mit der Staatsanwaltschaft Mannheim über ein Geständnis ihres Mandanten. Die Beweise gegen Hippenstiel waren erdrückend. Wegen Verstoßes gegen das Außenwirtschaftsgesetz drohte ihm eine vergleichsweise geringe Höchststrafe von drei Jahren. Aber selbst die wollte Hippenstiel nicht absitzen.

Der Exporteur der Giftgasfabrik aber hatte noch ein weiteres Problem. Ihm drohte noch eine zusätzliche Anklage wegen Steuerhinterziehung: Hippenstiel hatte sein kriminelles Geschäft nicht versteuert. In einem besonders schweren Fall der Steuerhinterziehung drohen immerhin zehn Jahre Gefängnis. Die Staatsanwaltschaft hatte allerdings die Schwierigkeit, Hippenstiel die genaue Summe der hinterzogenen Steuer nachzuweisen. Es fehlte der Vertrag über die Lieferung der Giftgasfabrik und somit der exakte Preis des Geschäfts. Der Lahrer Unternehmer hatte sein Exemplar längst vernichtet. Die Chancen, noch fündig zu werden, waren gering.

Hippenstiels Anwälte boten den Vorgesetzten Kleins einen Kuhhandel an: Der kriminelle Unternehmer sollte ein Geständnis ablegen, von der Staatsanwaltschaft wurde erwartet, daß sie nicht mehr nach dem Gewinn des schmutzigen Libyen-Geschäfts forschte und zudem ein vertretbares Strafmaß zusagte. Beide Anklagen sollten dann zusammengezogen und in wenigen Verhandlungstagen abgehandelt werden.

Wochenlang wurde über den Deal verhandelt, es ging um einzelne Geständnisversionen, immer wieder wurden Formulierungen geändert, an manchen Tagen gar drohte der faule Kompromiß zu scheitern. Staatsanwalt Klein und BKA-Beamte wollten nicht mitspielen. Sie sahen nicht ein, warum die Höhe des Gewinns nicht ermittelt werden sollte, denn allein die bestimmte am Ende das Strafmaß im Fall der Steuerhinterziehung.

Klein beharrte auf zwei unterschiedlichen Verfahren. Er wollte Zeit gewinnen für weitere Ermittlungen in der Schweiz, wo Hippenstiel zahlreiche Akten ausgelagert hatte. Auch von weiteren Ermittlungen gegen »Salzgitter«-Chef Pieper und dessen Untergebenen Böhm versprach sich der Staatsanwalt wichtige Erkenntnisse. Welche Rolle hatte der Halbjude Pieper bei dem gegen Israel gerichteten Giftgas-Deal gespielt? Das wollten später auch die Aufsichtsräte von Pieper wissen, der zwischenzeitlich zum Chef der »Preussag« avanciert war. Der Vorstandsvorsitzende bestritt jegliche Beteiligung. Doch nachzulesen sind seine Ausführungen nicht: In dem ansonsten gewissenhaft geführten Protokoll der Aufsichtsratssitzung fehlt die entsprechende Passage.

Klein bekam jedoch für weitere Ermittlungen kein Plazet mehr. Sein Vorgesetzter, Oberstaatsanwalt Peter Wechsung, der sich in dem Verfahren bis dahin merklich zurückgehalten hatte, plädierte für den von den Anwälten Hippenstiels angebotenen Deal. Die Ermittlungen nach dem genauen Gewinn seien zu aufwendig. Wechsung schien es zu diesem Zeitpunkt egal, ob bei dem schmutzigen Geschäft 20 oder 70 Millionen Mark Gewinn gemacht wurden.

Mannheims Behördenchef Holger Preisendanz teilte die Meinung seines Abteilungsleiters Wechsung. Das Verfahren gegen den inhaftierten Geschäftsmann, verlangte er, müsse abgeschlossen werden. Es sei schließlich egal, tönte er auf einer Weihnachtsfeier, ob man beim Skat mit 61 Punkten oder mehr gewinne. Und Fußball-Weltmeister werde man ja auch, wenn man den Gegner mit 1:0 besiege, ein 2:0 oder gar 3:0 sei da gar nicht nötig.

Klein fiel aus allen Wolken. Das BKA verfaßte ein mehrseitiges Papier und wies in acht Punkten nach, daß damit wichtige Ermittlungen vor allem nach weiteren Mittätern und möglichen Hintermännern unmöglich gemacht worden waren.

Klein gab die Hoffnung noch nicht auf. Der ins Londoner Exil geflüchtete Barbouti wollte nach Deutschland zurückkehren, dafür mußte der Haftbefehl gegen ihn aufgehoben werden. Barbouti spielte Klein dafür wenige Tage vor Prozeßbeginn ein Exemplar des Kaufvertrages über die Giftgasfabrik zu. Danach ließ sich für Hippenstiel ein Gewinn von rund 70 Millionen Mark nachweisen. Über das Ergebnis seiner Ermittlungen freute sich der Staatsanwalt zu früh. Sein Vorgesetzter Wechsung blockte weiter ab. »Wer sagt denn, ob der Vertrag echt ist«, unkte er und wies Klein an, sich an die Abmachungen mit den Verteidigern und dem Gericht, das längst in den Deal eingebunden war, zu halten.

In der Hauptverhandlung wurden Klein und Wechsung dann zu Kombattanten. Beide vertraten die Anklage im Prozeß. Wechsung war nicht besonders aktiv. Es herrschte unter den Prozeßbeobachtern der Eindruck vor, daß er mehr zur Kontrolle von Klein abgestellt war.

In gerade mal elf Verhandlungstagen bewältigte das Gericht den Fall, der weltweit wie kein anderes Wirtschaftsverbrechen der Nachkriegszeit für Aufregung gesorgt hatte. Das ausgekungelte Strafmaß von gerade mal fünf Jahren stand schon vor Prozeßbeginn genauso fest wie der Verzicht auf eine eventuelle Revision. Hippenstiel durfte zudem den gesamten Gewinn aus dem Rabta-Geschäft behalten.

Klein wollte schon deshalb das Strafmaß nicht begründen und überlegte sogar, ob er nicht ganz aus dem Verfahren aussteigen sollte. Das Verfahren wurde noch einmal kurz vor den staatsanwaltlichen Plädoyers unterbrochen, weil die Kontroverse eskalierte, Behördenchef Preisendanz tauchte im Gerichtssaal auf. Die Stimmung war gereizt. Klein ergriff schließlich doch noch das Wort. »Hier wurde verhandelt«, erregte er sich, »als ob es um eine Wurstfabrik ohne Genehmigung ging.« Dann begründete er, warum Hippenstiel verurteilt werden mußte. Die Begründung des abstrus-milden Urteils überließ er Wechsung.

Am 9. Juli, wenige Tage nach dem Kungel-Urteil, saßen ein Leitender Oberstaatsanwalt, fünf Oberstaatsanwälte und sieben Staatsanwälte der Mannheimer Strafverfolgungsbehörde in eigener Sache zu Gericht. Verhandelt wurde über den abwesenden Klein, der zu einer mehrtägigen Dienstreise in die Schweiz gefahren war. Dort sichtete er zusammen mit zwei BKA-Beamten Beweismaterial für die nächsten Verfahren im »Imhausen«-Komplex. Die Prozesse gegen die Mittäter und Gehilfen Hippenstiels standen noch aus.

Der wegen seines besonderen Eifers aufgefallene Klein war bei den Abteilungsleitern und Dezernenten in Ungnade gefallen. Wie die zwölf Geschworenen sprachen sie sich für eine Versetzung des Kollegen aus. Wechsung, der ebenfalls dabei war, verbreitete später, Klein sei zwar ein guter Ermittler, doch mit der weiteren Ausführung habe er Probleme.

Klein, der nie einen Führerschein besaß, sollte künftig für Verkehrssachen, Pressestrafsachen, Strafsachen mit politischer Motivation und Strafsachen gegen NATO-Angehörige zuständig sein. Als Klein aus der Schweiz zurückkehrte, war sein Dienstzimmer im Gericht ausgeräumt. Sämtliche »Imhausen«-Akten fehlten.

Klein wehrte sich vehement gegen seine Abberufung, ohne Erfolg. Behördenchef Preisendanz beauftragte einen jungen Staatsanwalt mit den weiteren Ermittlungen im Fall »Imhausen/Salzgitter«.

Klein will seitdem die Mannheimer Behörde verlassen, er bewarb sich für den Dienst in Sachsen. Doch die Abordnung dahin wurde ihm ohne Begründung verweigert. Eine ungewöhnliche Reaktion angesichts des Mangels an erfahrenen Juristen in den östlichen Bundesländern. Sein Kontrahent und langjähriger Vorgesetzte Wechsung, für den sich so schnell keine Beförderung abzeichnete, ist heute Leitender Oberstaatsanwalt in Dresden.

Gerhard Mauz

Warte, warte nur ein Weilchen, oder: ein Zwischenspiel

Machen wir uns nichts vor: Jede Zeit hat das Gefühl, eine »Endzeit« zu sein; eine Zeit, in der die Entscheidung über die Zukunft, über das Überleben der Menschheit fällt.

Es ist sehr liebenswürdig, sehr schätzenswert, daß jede Zeit auf diese Weise ausdrückt, sie fühle sich für die Zukunft der Menschheit verantwortlich. Doch wenn ich die einer so hehren Haltung nicht ganz angemessenen Vokabeln »liebenswürdig« und »schätzenswert« wähle, dann deute ich an, daß mir bei diesem Verantwortlichkeitsgefühl nicht ganz wohl ist.

Könnte es nicht sein, daß jede Zeit das Feindbild einer totalen, absoluten Bedrohung braucht; daß sie dieser Bedrohung bedarf, um sich als die bedrohteste, tragischste aller Zeiten zu empfinden – als die Zeit, in der die Entscheidung über alle Zeiten fällt (die es nur noch geben wird, wenn *diese* Zeit, diese *End*zeit, sich ihrer Verantwortung bewußt ist)?

Pfui, ich bringe den Advocatus Diaboli in mir mit einem Fußtritt zum Schweigen, kusch dich, du Lümmel. Die Wahrheit ist, die Wahrheit soll gefälligst sein, daß alle Zeiten jeweils Endzeiten sind und daß in dem Gefühl, *die* Endzeit zu sein, die wunderbare Bereitschaft aufglänzt, um einer besseren, ungefährdeten Zukunft willen (für die Zukunft unserer Kinder!), alles, aber auch alles auf sich zu nehmen, um endlich, den vorangegangenen Zeiten ist das mißlungen, sie waren eben nicht bereit genug, die Wende zu schaffen – den Schritt zu tun, der die Ewigkeit der Bedrohung des Menschen beendet.

Es gibt natürlich gewisse Übertreibungen, die den Elan unserer gegenwärtigen Endzeit, jener, die endlich und wahrhaftig die Wende will, ein wenig diskreditieren. Die Mitteilung, daß wir noch als Leichen die Umwelt gefährden, dürfte eine solche Übertreibung sein (denn die läßt genaugenommen nur den Schluß zu, daß der Mensch ein für allemal ausgerottet gehört, damit er mit dem Vergiften aufhört, und zu der Sorge um die Zukunft unserer Kinder paßt das nicht so recht).

»Stiehlt einer ein Geldstück, dann hängt man ihn. Wer öffentliche Gelder unterschlägt, wer durch Monopole, Wucher und tausenderlei Machenschaften und Betrügereien noch so viel zusammenstiehlt, wird unter die vornehmen Leute gerechnet.«

So äußerte sich Erasmus von Rotterdam, den man einen Humanisten nannte und nennt, er lebte von 1466 oder 1469 bis 1536. Johannes Ludwig stellt dieses Zitat seinem Buch »Wirtschaftskriminalität« voran, einem Buch, das er all denen zugedenkt, »die nicht bereit sind, sich mit dem alltäglichen Unrecht abzufinden und statt dessen, ungeachtet etwaiger persönlicher Nachteile, Rückgrat zu zeigen«.

Man kann gerade uns Journalisten nicht vorwerfen, wir schwiegen zu den Greueln, deren blutige und für unzählige Menschen ruinöse Realität mit dem Begriff »Wirtschaftskriminalität« so bodenlos trocken rubriziert wird. Egmont R. Koch beispielsweise spricht in »Grenzenlose Geschäfte« vom Fußvolk und den Spitzenkräften, von Neppern, Schleppern und Bauernfängern einerseits und andererseits von der »High-Society des Wirtschaftsbetrugs«, von der Schar »ausgebuffter, in gutes Tuch gekleideter Geschäftsleute, die ihre diversen Firmen und das Handwerk der Steuerhinterziehung so geschickt beherrschen wie Einbrecher Dietriche«. Vom SPIEGEL zu schweigen, der mit der Hartnäckigkeit eines Dachshunds nahezu unausgesetzt in das Labyrinth der »Erscheinungsformen im wirtschaftsdeliktischen Bereich«, so lautet die wissenschaftliche Definition, einzudringen sucht.

Diese Kriminalität hat sogar zu einer beispiellosen Annäherung zwischen den Staatsanwälten und den Medien geführt. Die Strafverfolgungsbehörden, sonst eher mit wachsamer Aufmerksamkeit von den Journalisten beobachtet, sonst eher distanziert begleitet und kommentiert, können sich, was die Wirtschaftskriminalität angeht, nicht über mangelnde Unterstützung durch die publizierte öffentliche Meinung beklagen. Ärger ziehen sie sich nur zu, wo man sie zur Jagd tragen muß (oder wenn sich in ihren Reihen lähmend abwiegelnde Einwirkungen erkennen lassen).

In der Beschreibung der Situation auf diesem Gebiet der Strafverfolgung äußern sich Staatsanwälte nicht weniger scharf und unmißverständlich als Journalisten. Die Strafverfolger Rudolf Müller und Heinz-Bernd Wabnitz beispielsweise sagen im Vorwort zu ihrem Handbuch »Wirtschaftskriminalität« unverhohlen, daß den mit dieser Problematik befaßten, von den Richtern bis zu den Kriminalisten, die Fragen der Wirtschaftskriminalität »oft ein Buch mit sieben Siegeln« sind.

»Nur selten sind junge Juristen ohne weiteres dazu bereit, als Beisitzer einer Wirtschaftsstrafkammer oder als Staatsanwälte einer Abteilung für Wirtschafts- und Steuersachen zu fungieren. Polizeibeamte befassen sich lieber mit der Aufklärung eines Mordes, anderer Schwerkriminalität oder der üblichen Feld-, Wald- und Wiesendelikte als mit der scheinbar trockenen, am Anfang in ihrem Umfang nicht überschaubaren und in der Regel nur durch äußersten Einsatz nachweisbaren Tatbestände der Wirtschafts- und Steuerkriminalität. Zumeist stehen Geschädigte und auch Vertreter von Berufsfachverbänden den Machenschaften wirtschaftskrimineller Elemente hilflos gegenüber und finden verspätet den Weg zur Staatsanwaltschaft oder jenen Behörden und Institutionen, die sich mit der Bekämpfung der Wirtschaftskriminalität befassen oder im Aufsichtswege Sicherungsmaßnahmen treffen können.«

Noch immer trifft auch zu, was die Autoren schon 1986 feststellten: »Nach wie vor geht die Ausbildung der jungen Juristen an den Universitäten und im Vorbereitungsdienst an dem Gebiet der Wirtschaftskriminalität vorbei. Die strafrechtliche Schulung erstreckt sich im wesentlichen auf die allgemeine

Kriminalität. Dieser offensichtliche Mangel beruht auf der Kluft zwischen Praxis und Lehre. Erkennen und Bekämpfen wirtschaftsparasitärer Verhaltensweisen ist nur möglich, wenn Wirtschaftsabläufe und Zusammenhänge in der Praxis miterlebt, beobachtet und analysiert werden.«

Die Allianz ist komplett, die auf dem Papier und in den Berichten und Kommentaren des Rundfunks und des Fernsehens, und zu dieser Allianz gehört auch die – in der Ausbildung der jungen Juristen so zögerliche, wirklichkeitsferne – Wissenschaft. Wo einer aus ihren Reihen sich zu Wort meldete, wurde in den Medien referiert und kommentiert.

1976 stellte der Strafrechtler Professor Klaus Tiedemann in »Wirtschaftsstrafrecht und Wirtschaftskriminalität« fest: »Auch bei vorsichtiger Zurückhaltung muß davon ausgegangen werden, daß die Wirtschaftskriminalität in der Bundesrepublik (und in den USA) größere materielle Schäden als die Summe aller sonstigen, gegenständlichen Kriminalität anrichtet. Insbesondere erreichen die durch Raub, Erpressung und andere Gewaltdelikte verursachten Schädigungen bei weitem nicht die astronomischen Ziffern der Wirtschaftskriminalität.«

Diese Sätze sind immer wieder zitiert worden, sie werden weiter zitiert, und ihre Bedeutung hat zugenommen – denn vorsichtige Zurückhaltung ist heute nicht mehr am Platz. Tiedemann ist von der Entwicklung nicht nur bestätigt, er ist übertroffen worden. Und in einem Punkt ist er sogar zu vorsichtig gewesen. Er warnte 1976 angesichts »der Intensivierung der organisatorischen Maßnahmen der Strafjustiz« vor der Gefahr, »daß das *Problem der Wirtschaftskriminalität überdramatisiert* wird«.

1986 zählten Müller und Wabnitz neue, fortentwickelte Kriminalitätsformen auf: »Zum Beispiel der Scheck-und Kreditkartenmißbrauch, die Warenzeichenfälschung und die Urheberrechtsverletzung, der Bereich des Gesundheitswesens, die Computerkriminalität, der Kapitalanlagebetrug, Änderungen des Börsengesetzes, die Schattenwirtschaft und die indirekte Parteienfinanzierung.« Die Autoren stellten fest, und damit beschrieben sie im voraus die 1992 voll erblühte, überhaupt nicht mehr zu überdramatisierende Situation: »Es gibt keinen wirtschaftlichen Bereich, in welchem der Wirtschaftsstraftäter nicht seinen Vorteil sucht... Die Aktivitäten des Wirtschaftsstraftäters berühren schlechthin alle Bereiche des Zivil- und Handelsrechts, des Konkurs- und Vergleichsrechts, des Außenwirtschaftsgesetzes, der Zoll- und Steuergesetze, des Marktordnungsrechts, des gesamten Wettbewerbsrechts und des Nebenstrafrechts.«

Und was wäre dem alles heute noch hinzuzufügen: die Hersteller gesundheitsgefährdender Produkte, das Geschäft mit dem Müll, die gemeingefährliche Mißachtung der Umwelt, die Beutezüge derer, die über Insiderwissen verfügen.

Es gibt tatsächlich *keinen* Bereich, in dem nicht kriminell der Vorteil gesucht wird. Es gibt keinen Fußbreit Boden im weltumspannenden Reich der Wirtschaft, den man sorglos betreten könnte. Und es wird damit ärger von Tag zu Tag. Während Anklagen nach unendlichen Vorbereitungen und in fataler Nähe zur Verjährung endlich erhoben, während Anklagen zugelassen und über Monate, über Jahre verhandelt werden – überflutet neuer Stoff die Büros der Strafverfolger, ist auf altbekannten und ganz neuen, unbeschrittenen Gebieten zu ermitteln, anzuklagen, zu eröffnen und zu verhandeln.

Bücher wie dieses schlagen zu, stellen dar, stellen bloß; Sendungen im Rundfunk, Filme im Fernsehen, Politikergeschrei und ab und an ein Kongreß, ein Symposion über Wirtschaftskriminalität, neue wissenschaftliche Arbeiten – nur, was ändert sich?

Ein »Gesetz zur Bekämpfung der Wirtschaftskriminalität«, immer wieder mal ein neues. Müller und Wabnitz merkten zum zweiten im April 1986 allzu treffend an: »Leider wurden mit ihm nicht alle Gesetzeslücken und Verfolgungsschwierigkeiten beseitigt.« Der Gesetzgeber hinkt hinter dem Siegeszug einer uralten und immerneuen, überwältigenden Kriminalitätsform her.

Sind wir denn, vielleicht denn doch, ein wenig bedrohter als andere Zeiten? »Wachsende Staatsaufgaben – sinkende Steuerungsfähigkeit des Rechts« – die Wissenschaft meditiert. Sie läßt nichts undiskutiert. So kann beispielsweise der Strafrechtler Professor Jürgen Baumann 1992 anläßlich einer BGH-Entscheidung zum Submissionsbetrug anmerken:

»In den frühen sechziger Jahren stritt man noch kräftig, vom Wirtschaftsstrafgesetz einmal abgesehen, ob es überhaupt notwendig sei, weitere besondere Tatbestände des Wirtschaftsstrafrechts dem StGB zu implantieren. Vielfach wurde, so etwa von der Staatsanwaltschaft eines großen Bundeslandes, behauptet, die Bekämpfung der Wirtschaftskriminalität benötige keine neuen Tatbestände, sondern nur Personalverstärkungen bei Staatsanwaltschaft und Polizei, dazu vielleicht noch eine bessere Ausbildung.«

Eilfertige Hast steht der Wissenschaft schlecht, doch mitunter sind die Probleme, die sie beschäftigen, die Probleme von vorgestern. Was die Wirtschaftskriminalität angeht, so gleicht sie schnellen Hunden, die hinter einem unerreichbaren elektrischen Hasen herjagen.

1975 wurde in die StPO der Paragraph 153a eingefügt, der eine Verfahrenseinstellung gegen Auflagen mit Zustimmung des Beschuldigten ermöglichte. Diese Einfügung wurde rasch gescholten, es war vom »Kuhhandel« die Rede. Oberstaatsanwalt Werner Schmidt-Hieber, Stuttgart, war einer der Vorkämpfer der neuen Bestimmung, und im November 1986 konnte er auf einem Symposion feststellen: »Nun, wir alle wissen, daß sich die Praxis von diesen mißtrauischen Prognosen nicht hat beeindrucken lassen. Heute wird jedes zehnte Verfahren nach dieser Bestimmung erledigt und ernstzunehmende Mißbräuche lassen sich nicht feststellen...«

Schmidt-Hieber beschrieb auch die besondere Verfahrenswirklichkeit des Paragraphen 153a: »Manch ein erbitterter Gegner der Kommunikation hat – nachdem er sich mit Wirtschaftskriminalität zu befassen hatte – gemerkt, daß die Verständigung so unschicklich, so prozeßordnungswidrig gar nicht ist. Daß die Verständigung die Domäne in der Wirtschaftskriminalität hat, liegt nicht daran, daß sich ein Wirtschaftsstraftäter freikaufen könnte – die Gründe liegen ausschließlich in der Materie, der Persönlichkeit des Täters und seiner Empfindsamkeit gegenüber einem schwebenden Strafverfahren. Dem Irrtum, der Wirtschaftsstraftäter könne sich freikaufen, muß man immer wieder begegnen...«

Und Schmidt-Hieber wies auch darauf hin, daß der Paragraph 153a überaus zweckmäßig sei, da er dazu beitrage, Verfahrenseinstellungen oder Freisprüche wegen überlanger Verfahrensdauer zu vermeiden. »Wer hier vom grünen Tisch aus eine Prozeßordnungswidrigkeit oder gar eine Gefahr für die Rechtsstaatlichkeit sieht, dem empfehle ich eine Besichtigung eines Arbeitszimmers eines beliebigen Staatsanwalts einer Schwerpunktabteilung für Wirtschaftskriminalität. Dort türmen sich die verstaubten Akten oft bis zur Decke, und nur ein enger Pfad erlaubt es, zum Schreibtisch zu gelangen.«

In Heft 31 der NJW 1990 freilich sah sich Schmidt-Hieber zu einer Korrektur genötigt. Der redaktionelle Vorspann wies warnend auf diese Wandlung hin: »Die derzeitige Praxis der Absprachen ist alles andere als erfreulich, insbesondere für einen frühzeitigen Befürworter dieser Art der Verfahrenserledigung... Verständigung kommt ganz überwiegend nur sozial starken Tätern zugute und erscheint hier zuweilen als Vorstufe zur Straflosigkeit. Die Wissen-

schaft hat dies bislang nicht zur Kenntnis genommen; sie erschöpft sich in aufwendigen Debatten
über eigene Vorgaben und Vorurteile und produziert
deswegen häufig Zirkelschlüsse. Was not tut, ist eine
rasche gesetzliche Regelung.«

Was Schmidt-Hieber danach unter der Über-
schrift »Absprachen im Strafprozeß – Privileg des
Wohlstandskriminellen?« vortrug, war vernichtend;
kein Journalist könnte die Realität der Bewältigung
durch Absprache, durch den »Deal«, besser beschreiben als der Mann, der einmal davon gesprochen hat,
daß »die Verständigung die Domäne in der Wirtschaftskriminalität hat«.

»Was immer tieferes Unbehagen weckt, ist der
unverhohlene Eigennutz, mit dem die Strafjustiz
Verständigung betreibt. Droht ein Verfahren um-
fangreich, schwierig und belastend zu werden, dann
spricht man sich ab. Ist der Verteidiger konfliktbe-
reit, beschlagen, gewieft, versteht er es, die Furcht
vor einem mühseligen Verfahren zu schüren, vor
allem den Widerwillen vor einer sich dahinschlep-
penden Hauptverhandlung, dann ist das Gericht
bereit, sich zu verständigen. Gibt man zu, daß Absprachen deswegen vor allem dem Wohlstandskriminellen zugute kommen? Ist der Angeklagte hingegen unbemittelt und unbeholfen und nicht oder
nur dürftig verteidigt, kann er mit Müh und Not die
Verteidigergebühr für eine zweistündige Hauptverhandlung zusammenkratzen, dann trifft ihn das
Ritual des Strafverfahrens mit seiner ganzen Kälte.
Ist es erlaubt, den Benachteiligten – ganz ohne klas-

senkämpferische Hintergedanken – als den proletarischen Kriminellen zu bezeichnen?«

Schmidt-Hieber fragt: »Ist die Strafjustiz dort am
erbarmungslosesten, wo der Widerstand am geringsten ist?« Und, wie gesagt, voll Neid muß ihn der
Journalist zitieren – seine Beschreibung des Umgangs mit dem »Kleinen und Schwachen« und der
Atmosphäre in einem Saal nebenan ist unübertreff-
lich:

»Vor allem der unbedarfte Kleinkriminelle ist den
rigorosen Förmlichkeiten bis zur Komik unterworfen. Er darf nur auf ausdrückliche Aufforderung hin-
sitzen, aufstehen, reden – und wird beliebig unterbrochen. Kommt er einmal zusammenhängend zu
Wort, dann wirkt seine ungeschickte Einlassung in
dem frostig-zeremoniellen Rahmen und im Vergleich mit der geübten Kanzelrhetorik des Staatsanwalts um so plumper. Weiß er überhaupt, ob man
ihm zuhört? Schaut nicht der Staatsanwalt gelangweilt zur Decke, schreibt nicht der Richter bereits
die Urteilsgründe nieder? Schließlich wird die
Strafe begründet mit einer gekonnt dosierten
Mischung aus Strenge und erhabenem Wohlwollen.

Aber Höflichkeit und Respekt vor dem Angeklagten wachsen mit dessen intellektuellen Fähigkeiten,
wie überhaupt die Menschlichkeit der Strafjustiz
vom sozialen Habitus des Täters abzuhängen
scheint. Führen wir unseren unbefangenen Betrach-
ter in den nächsten Verhandlungssaal, in dem eine
Wirtschaftsstrafsache verhandelt wird. Hier herrscht
zwanglose Konferenzatmosphäre. Den Angeklagten

erkennt man nur daran, daß er keine Robe trägt. Ansonsten ist er gleichberechtigter Gesprächspartner, der seine Anliegen mit Hilfe seines Verteidigers gewandt, nachdrücklich und zu jeder passenden Gelegenheit vorbringt. Das Gericht hört aufmerksam zu und nickt zuweilen verständnisvoll. Auch dem Staatsanwalt fehlt ganz und gar das ›Pathos der Distanz‹, das sein Kollege im Nebensaal so eindrucksvoll gezeigt hat. Die gerechte Strafe wird gemeinsam im Wege der Konsensbildung ermittelt (sofern dies nicht bereits außerhalb der Hauptverhandlung geschehen ist). Plädoyers und Urteilsverkündung sind deswegen nur noch nüchterne Pflichtübungen.«

Die Absprache im Strafprozeß, der »Deal«, ist *kein* Weg aus der Misere, daß Prozesse in Sachen Wirtschaftskriminalität sachlich und zeitlich fast immer unendlich aufwendig sind. Die Absprache ist *der* Versuch gewesen, einen Ausweg aus der Überforderung in jeder Hinsicht zu finden, den diese Strafverfahren darstellen.

Schmidt-Hieber: »Wer den Absprachen im Strafverfahren nicht so wohlwollend gegenübersteht wie deren Nutznießer, dem könnte das böse Wort von der Klassenjustiz einfallen, der könnte meinen, das Bedürfnis nach strafender Gerechtigkeit erschöpfe sich beim proletarischen Kriminellen. Mit dem Wohlstandskriminellen hingegen schließe man Kompromisse, ihn frage man zunächst, wie er bestraft werden möchte. Weicht also die Strafjustiz zurück vor steigender Intelligenz und wachsender sozialer Macht?«

212

In der Zusammenfassung des Aufsatzes heißt es unter Ziffer vier: »Für die These, Absprachen seien auch ein Symptom für das Zurückweichen der Strafjustiz vor der Macht, gibt es zumindest Anhaltspunkte.«

Das Urteil im ersten Strafprozeß über die Giftgasfabrik in Libyen war abgesprochen, Verteidigung und Anklage nahmen es noch im Gerichtssaal an, es wurde sofort rechtskräftig. Die Geschichte des Urteils findet sich in diesem Buch. Inzwischen hat Schmidt-Hieber zusammen mit einem Rechtsanwalt in einem Aufsatz kritisch zur Einwirkung der Politik auf die Justiz Stellung genommen. Die Erfahrung, die der Oberstaatsanwalt mit der von ihm zunächst unterstützten Absprache im Strafprozeß machte, dürfte daran nicht unbeteiligt sein.

Ein zweiter Weg, die Wirtschaftskriminalität handlicher, weniger aufwendig zu machen, bedarf kaum der Beschreibung. Dieser Weg ist altbekannt, auf diesem Weg hat die Justiz noch immer, wenn sie in Bedrängnis geriet, den Schritt ins Freie versucht – *die Einschränkung der Rechte der Verteidigung*. Der Versuch, auf diesem Weg dem Gedränge zu entkommen, wird von vielen Ansatzpunkten her betrieben, nicht nur von dem der Wirtschaftskriminalität. Der Frankfurter Privatdozent Felix Herzog hat in seiner Besprechung einer (ausgezeichneten!) Arbeit der Rechtsanwältin Regina Michalke über »Umweltstrafsachen« formuliert, wie die Rechtspolitik ihrer Misere Herr zu werden trachtet:

»Die Tendenz der Strafgesetzgebung geht in den innenpolitisch brisanten, öffentlichkeitswirksamen

Bereichen Drogen-, Umwelt- und Wirtschaftskriminalität immer mehr dahin, mangelnde politische
Gestaltungskraft durch repressives Muskelspiel zu
kompensieren. Tatbestandsgestaltungen und Strafrahmen werden von general-präventiven Illusionen
bestimmt: die Strafbarkeit wird weit in das Vorfeld
verlagert, die Zurechnungsvoraussetzungen werden
vereinfacht und die Strafrahmen – ohne erkennbare
intrasystematische Abstimmung mit dem Kernbe-
stand des Strafrechts – unverhältnismäßig hochge-
steckt. Damit drohen Verantwortlichkeitspräsuma-
tionen für gefährliche Zustände an die Stelle von
schuldbezogenen Erfolgszurechnungen zu treten.
Dies läßt sich rechtsstaatlich nur schwer und überhaupt nur dann ertragen, wenn man auf eine wache
Anwaltschaft rechnen darf, die einem Durchschla-
gen dieses kriminalpolitischen Klimas auf die entsprechenden Strafverfahren entgegentritt.«

Es gibt keine Kriminalität, der gegenüber die
Strafjustiz freier und handlungsfähiger wird, wenn
man die Freiheit der Strafverteidigung antastet.
Und, in der Tat – Tatbestandsgestaltungen und Zurechnungsvoraussetzungen, die nicht mit dem Kern-
bestand des Strafrechts abgestimmt werden, tragen
nur zur wachsenden Ohnmacht der Strafjustiz bei.

Es werden illegale Müll-Exporte ins Ausland entdeckt. Schon soll der Strafrahmen von fünf auf zehn
Jahre erhöht werden. Spätestens im nächsten Sommer soll ein neues Umweltstrafrecht in Kraft treten.
Für das Ausplündern von Nestern in Naturschutzge-
bieten oder Nationalparks, die Beschädigung oder

das Ausgraben geschützter Pflanzen – Freiheitsstrafen bis fünf, in besonders schweren Fällen bis zu zehn Jahren.

Das Strafrecht soll die Regeln, die Spielregeln festlegen, die ein leidliches Zusammenleben ermöglichen. Es kann nicht beliebig erweitert, immer weiter ausgedehnt werden. Wenn im Jahr 1992 Verstöße gegen Regeln, die man heute ernster nimmt als früher, strenger geahndet werden sollen, muß man sich fragen – welche bislang hochgehaltenen anderen Regeln zurückzutreten haben.

Kein Zusammenleben erträgt ein Übermaß von Regeln oder genauer, da es ums Strafrecht geht: von Strafandrohungen. Tatbestände strafrechtlicher Bedeutsamkeit lassen sich nicht ohne Ende aufstellen und schon gar nicht erfolgreich durchsetzen. Das Wort »Entkriminalisierung« war offenbar mißverständlich. Es ist, nicht ohne Vergnügen, als schlappe Nachgiebigkeit, als »Zurückweichen vor der Kriminalität« diskriminiert worden.

Der Journalist, vom Schrei nach Strafen, Strafen und noch höheren Strafen für alles und jedes verstört, kann sich des Eindrucks nicht erwehren, daß Orwells »1984« die Wirklichkeit zumindest der neunziger Jahre unterschätzt und geradezu lieblich beschrieben hat. Warte, warte nur ein Weilchen, dann kommt die Strafe auch zu dir – sollte man nicht, wenn die Entkriminalisierung nicht hingenommen werden kann, einmal über ein »Umkriminalisieren« sprechen?

Das Leben wird derzeit zu einem einzigen strafrechtlichen Tatbestand. Die Tatbestände, die tatsächlich, die in einem größeren, schwerwiegenderen Ausmaß, als uns das bis heute bewußt war, strafrechtlich bedeutsam sind, weil sie gefährlich sind, weil sie kapitale Folgen jeder Art haben, so daß ihnen unbedingt begegnet werden muß – sie sind kaum noch auszumachen.

Die Wirtschaftskriminalität in ihrer nationalen Bedeutung und, wie immer deutlicher wird, in ihrer internationalen Verflechtung und Organisation, ist unstreitig eine kapitale Gefahr. Sie kann ein Kapitalverbrechen sein, das jedes andere übertrifft. Sie kann in der Rangfolge der Bedrohungen und der Gefährdungen auf einen Spitzenplatz gehören. Doch es wird schon von »Fußball-Verbrechern« gesprochen, wenn ratlose, sich nur aus Feindbildern definierende junge Leute im Fußballstadion Krawall machen und tätlich werden.

Die Politik ist faul, sie ist bequem, sie ist feige. Wo sich Unmut regt – ein neues Gesetz, strengere Strafen, unbestimmte Tatbestände, jawohl, wir reagieren, wählt uns wieder, wählt uns endlich, wir werden es schon *richten*. Ach ja, wir sind sprachlich immer noch sehr ehrlich, wenn uns unsere Ehrlichkeit auch nicht bewußt ist. Die Politik wälzt auf das Recht ab. Und wie es dann, wiederum ein Stück unbewußter Ehrlichkeit, so oft am Ende nicht durchdachter, hurtiger Geschenke an den Unmut heißt, die nichts, aber auch gar nichts mit einem Kern des Strafrechts zu tun haben: »Das weitere bleibt der Klärung auf dem Rechtsweg überlassen.« So ist denn der Rechtsweg heillos überlastet, ein gigantischer Stau – und in dem ist die Wirtschaftskriminalität nur ein eingequetschtes, steckenbleibendes Fahrzeug unter unzähligen anderen. Da bleibt dann eben nur noch der Schrei einer Figur bei Shakespeare: »Laßt uns alle Anwälte totschlagen!«

Der Strafverteidiger Heinrich Hannover, der auch ein glänzender juristischer Schriftsteller ist, hat einmal notiert, daß sich Änderungen nicht im Gerichtssaal durchsetzen lassen; daß sich erst außerhalb des Gerichtssaals Veränderungen ereignen müssen, damit sich in den Gerichten etwas ändert.

Es müßte sich in der Gesellschaft ein Gefühl dafür entwickeln, wo unser Zusammenleben tatsächlich bedroht ist (und wenn denn so hoch gegriffen werden soll: die Zukunft des Zusammenlebens aller Menschen dieser Welt). Es müßte sich auch die Einsicht verbreiten, daß in einer immer engeren Welt mit mehr Störungen zusammenzuleben ist, als es bisher nötig war. Nicht jede Irritation, nicht jeder Ärger, nicht einmal jede spürbare Gefährdung muß kriminell, muß strafrechtlich bedeutsam und unbedingt zu ahnden sein.

Es wird in diesem Zusammenhang gern vom Eierdieb, vom Schwarzfahrer, vom Ladendieb gesprochen. Doch die Neuordnung des Katalogs der Bedrohungen, die wirklich ernstzunehmen sind, die Umkriminalisierung, wird sehr viel mehr verlangen.

Ernst Mahrenholz, der Vizepräsident des Bundesverfassungsgerichts, hat dieser Tage, anläßlich einer Entscheidung seines Senats, die gegen seine abweichende Meinung zustande kam, gesagt, daß es den

Gerichten möglich sein sollte, angesichts der haarfeinen »Grenze zwischen Mord und Todschlag«, zu differenzieren; daß also eine Tötung nicht in jedem Fall das Lebenslang nach sich ziehen muß.

Sling, der legendäre Justizberichterstatter im Berlin der Weimarer Republik, schrieb: »Der Mensch, der schießt, ist ebenso unschuldig wie der Kessel, der explodiert, die Eisenbahnschiene, die sich verbiegt, der Blitz, der einschlägt, die Lawine, die verschüttet. Alles tötet den Menschen, auch der Mensch tötet den Menschen.«

Wir werden uns nie damit abfinden, daß der Mensch den Menschen tötet, aber wir sollten gerade die Tötung des Menschen durch den Menschen so betrachten – daß wir dafür hellhörig werden, was uns als Gesellschaft, als Gemeinschaft, noch mehr gefährdet als manche tödliche Tat.

Dieser Tage wurde ein 44 Jahre alter Mann, der mehr als 600 Frauen durch Telefonanrufe gequält und viele auch telefonisch bedroht hatte, von einer großen Zeitung der Bundesrepublik ein »Sex-Terrorist« genannt. Man hatte schließlich auch ein Foto von ihm für die Seite eins (mit einem schwarzen Streifchen vor den Augen, das die Identifizierung nicht erschwert, und ein Richter hatte keinen Anlaß gesehen, »Deutschlands schlimmsten Sex-Terroristen« in Untersuchungshaft zu halten). Da sind die Angeklagten in den großen Wirtschaftsstrafsachen, die derzeit in der Bundesrepublik laufen, die im »co op«-Prozeß, die im Prozeß um ein Holzschutzmittel und jene, die dem Irak Material für seine

Rüstung geliefert haben sollen, natürlich ohne jedes Gewicht. Ihnen wird nur vorgeworfen, unendliche Millionen vertan, die Gesundheit vieler Menschen gefährdet und die Streitkräfte eines Diktators unterstützt zu haben.

Christoph Kulenkampff, heute Staatssekretär im hessischen Innenministerium, hat 1990 als Generalstaatsanwalt in Hessen eine Standortbestimmung der Staatsanwaltschaft in diesem Jahrzehnt versucht. Er stellte fest, »daß die überdurchschnittlich häufige Anwendung der Paragraphen 153, 153a StPO« – also jener Paragraphen, die für die Absprache gerade im Wirtschaftsstrafprozeß als Königsweg gelten – »oder unsere auffällig häufige Bereitschaft, sich auf einen sonstigen ›Vergleich‹ einzulassen, weitere, deutliche *Indikatoren* für fehlende oder nur eingeschränkte Justiziabilität der zugrunde liegenden Sachverhalte sind, weil nämlich offenkundig in bestimmten Verfahren entweder die Möglichkeiten der Wahrheitsfindung in Strafverfahren *von vornherein* überfordert sind oder weil wir in anderen Verfahren *von vornherein* davon auszugehen haben, daß ihre *informelle* Erledigung die einzig angemessene Reaktion der Strafjustiz ist.«

Kulenkampff sprach von einer drohenden »Legitimationskrise der Strafverfolgung« (»wenn sie sich dort nicht schon befindet«). Für ihn kann Strafverfolgung »nicht alles« leisten, was von ihr erwartet wird: »Repression ist als Instrument des Staates zum Schutz besonders hochwertiger Rechtsgüter unverzichtbar und wird es bleiben. Aber sie ist kein *allfäl-*

liges Instrument, das als Reaktion auf jeden Miß-
stand beliebig auch auf die Gefahr seines Scheiterns
einzusetzen wäre.«

Die Politik hat die »hochwertigen Rechtsgüter« zu
benennen, die zu schützen sind unter Aufbietung
aller strafrechtlichen Möglichkeiten. Doch Kulenkampff beschreibt die Realität der Rechtspolitik nur
zu genau: »Wann immer ein Thema – je nach Standort – gesellschaftspolitisch brisant wird: Schon steht
die Forderung nach seiner Bewältigung im Wege
der Strafverfolgung mit entsprechenden Gesetzes-
vorschlägen und -beschlüssen auf der Tagesord-
nung... Jeder politischen Strömung *ihre eigene*
Strafnorm, so heißt das rechtspolitische Motto unserer Tage.«

Und endlich sagt Kulenkampff: »Erstaunlicher-
weise ist in dieser intellektuell eher verworrenen
rechtspolitischen Lage bei der Strafjustiz ein gewis-
ser Hurrapatriotismus nicht zu verkennen; offenbar
sind einige von uns ehrlich überzeugt, *gerade wir*
könnten all die Mißstände unserer Zeit beseitigen,
wenn wir nur die richtigen Gesetze hätten: laßt uns
nur machen. Dabei müßten wir es eigentlich besser
wissen. Denn die Praxis, die *wir* erleben, belegt das
Gegenteil, nämlich eine *signifikante Versagensquote*
von Strafverfolgung und Strafjustiz. Deswegen müßten eigentlich gerade wir neuen Kriminalisierungen
und Strafverschärfungen von vornherein skeptisch
gegenüberstehen. Wir müßten anders herum *einfor-
dern*, daß Politik und Gesellschaft weitaus mehr als
bisher das Augenmerk von der Repression weg auf

die Frage richten, wie die Begehung von Straftaten verhindert oder zumindest erschwert werden kann – auch wenn das der weitaus schwierigere Weg ist, als einmal eben eine neue Strafvorschrift zu schaffen oder einen Strafrahmen zu erhöhen, was bei *oberflächlicher Betrachtung* noch nicht einmal etwas kostet.«

Der Wirtschaft die Wirtschaftskriminalität zu erschweren, gäbe es viele Möglichkeiten. In den Prozessen, in denen es beispielsweise um die Ausfuhr von Material für die Rüstung geht, erweist sich immer wieder, daß die Bestimmungen vieldeutig waren; daß sie auch die Auslegung zuließen, man dürfe dies und jenes liefern. Aber was soll das: Ende August 1992 wird mal wieder diskutiert, wie man die Banken dazu bewegen kann, auf Spareinlagen Zinsen wenigstens in Höhe der Geldentwertung zu zahlen. Wenn zulässig ist, was eine schlechte, böse Gewohnheit ist, darf man sich nicht wundern, wenn allzu viele in der Wirtschaft nicht erkennen, wo die Grenze verläuft.

Ein »Zwischenspiel«, der Journalist, der über die Justiz schreibt, hat etwas vom Hofnarren an sich: Er treibt's bis dahin, wo das Lachen in Ärger und Zorn umschlägt, in Wut. Aber es war ja zu erklären, es mußte versucht werden, zu erläutern, warum so viel Gedrucktes wie dieses Buch erscheint und warum so viel gesagt und gesendet wird – und nichts geschieht, gar nichts.

Vielleicht sind wir ja wirklich *die* »Endzeit«, in der es um alles, um die Zukunft aller geht. Wenn das so wäre: Also dann stünde es nicht gut um uns. Hoffen wir, daß wir nur eine von den Zeiten sind, die einander folgen. Hoffen wir, daß der Journalist nur der Hofnarr ist – und nicht, siehe Seite 17, Kierkegaards Bajazzo.

Literatur: Johannes Ludwig, »Wirtschaftskriminalität«, Frankfurt 1992 · Egmont R. Koch, »Grenzenlose Gschäfte«, München 1992 · Rudolf Müller/Heinz-Bernd Wabnitz, »Wirtschaftskriminalität«, Hamburg 1986 · Klaus Tiedemann, »Wirtschaftsstrafrecht und Wirtschaftskriminalität«, Hamburg 1976 · Sling, »Der Fassadenkletterer vom Kaiserhof«, Berlin 1989 · Jürgen Baumann, »Endlich strafrechtliche Bekämpfung des Submissionsbetruges«, NJW 1992, Heft 27 · Werner Schmidt-Hieber, »Absprachen im Strafprozeß – Privileg des Wohlstandskriminellen?«, NJW 1990, Heft 31 · Dieter Grimm (Hrsg.), »Wachsende Staatsaufgaben – sinkende Steuerungsfähigkeit des Rechts«, Baden-Baden 1990

Befreiung des Erzengels
Die rasante Entwicklung der organisierten Kriminalität in Deutschland

In der fensterlosen Gefängniskirche zu Wuppertal-Berdahl sangen die Häftlinge »Er weckt mich alle Morgen«, der Pastor predigte über den ungläubigen Thomas. Danach spazierten 49 Gefangene der Abteilung IV durch den Hof der Justizvollzugsanstalt, fast so gewaltig wie die von Jericho.

Da tat es plötzlich einen lauten Knall, an der Mauer war eine Sprengladung Ekrasit explodiert. Eine der Doppeltüren aus Sieben-Millimeter-Stahl, 2,15 Meter hoch und 1,07 Meter breit, flog 15 Meter weit aufs Gras. Durchs Loch in die Freiheit spazierte Arcangelo Maglio, Wortführer einer italienischen Gang, die in Wuppertal wegen Mord, Schutzgeld-erpressung und Raubüberfällen angeklagt war. Mit ihm türmten zwei Kumpane. Das Fluchtfahrzeug stand bereit. Maglio, 29, mit Vornamen Erzengel, verschwand mit einem blauen Alfa Romeo über die Grenze nach Italien.

Der beste Bums der deutschen Gefängnisge-schichte, am 13. April 1980, war wie ein Echo aus der großen weiten Welt. Bis dahin war die verrufene Gang um Maglio der Polizei nur als »Wuppertaler Mafia« geläufig. Die Detonation am Gefängnistor machte den Ermittlern schlagartig klar: Das war nicht von der Wuppertaler Mafia inszeniert, das war die richtige, die aus Italien.

Aber sogleich setzte ein erbitterter Expertenstreit ein, wie der Knall an der Wupper denn kriminologisch zu würdigen sei. »Es gibt bei uns«, sagte der damalige Chef des Düsseldorfer Landeskriminalamtes, Werner Hamacher, »keine Verbrechersyndikate und keine Verbrechensindustrie. Aber es gibt Gruppen mit einem hohen Maß an Organisation.« Der Hamburger Kriminologe Hans-Jürgen Kerner sprach von einem »Mafia-Syndrom«, andere entdeckten die »Gruppenkriminalität«, aber auch von der alten, locker und mehr zufällig zusammengewürfelten Bande war die Rede.

»Organisierte Kriminalität – Fiktion oder Realität?« fragte 1982 die Frankfurter Staatsanwältin Adelheid Werner, und ein Spitzenbeamter des Landeskriminalamtes (LKA) in München war sich sicher, daß es »organisierte Kriminalität in Bayern nicht gibt und wohl auch im übrigen Bundesgebiet nicht«. Mittlerweile allerdings ist der Befund eindeutig. »Eine Hydra«, so das bayerische LKA, lege sich übers Land.

»Manager des Verbrechens«, analysiert das Fachblatt »Unsere Sicherheit«, »organisierten Straftaten nach stabsmäßigen und/oder betriebswirtschaftlichen Grundsätzen.« Was unter organisierter Kriminalität (Polizeikürzel: OK) zu verstehen ist, haben, etwas unpräzise noch, 1983 die Innenminister der Länder zusammengefaßt:

»Unter organisierter Kriminalität ist nicht nur eine mafia-ähnliche Parallelgesellschaft des

organized crime *zu verstehen, sondern ein arbeitsteiliges, bewußtes und gewolltes, auf Dauer angelegtes Zusammenwirken mehrerer Personen zur Begehung strafbarer Handlungen – häufig unter Ausnutzung moderner Infrastruktur – mit dem Ziel, möglichst schnell hohe finanzielle Gewinne zu erzielen.«*

Erst seit 1990 gibt es eine griffigere, von der Arbeitsgruppe Justiz/Polizei erarbeitete Definition der OK:

»Organisierte Kriminalität ist die von Gewinn- oder Machtstreben bestimmte planmäßige Begehung von Straftaten, die einzeln oder in ihrer Gesamtheit von erheblicher Bedeutung sind, wenn mehr als zwei Beteiligte auf längere oder unbestimmte Dauer arbeitsteilig, unter Verwendung gewerblicher oder geschäftsähnlicher Strukturen, unter Anwendung von Gewalt oder anderer zur Einschüchterung geeigneter Mittel oder unter Einflußnahme auf Politik, Medien, öffentliche Verwaltung, Justiz oder Wirtschaft zusammenwirken.«

Organisierte Kriminalität ist ein selbständiger Zweig der Marktwirtschaft geworden. Ein vom BKA gestricheltes »Lagebild organisierte Kriminalität Bundesrepublik Deutschland 1991« geht von 369 OK-Ermittlungsverfahren mit 5 149 Tatverdächtigen und 104 938 Einzeldelikten aus.

»In 40 Ermittlungsverfahren liegen Hinweise auf Geldwäschehandlungen vor. In 44 Ermittlungsverfahren wurde festgestellt, daß von den Tatverdächtigen Scheinfirmen eingerichtet wurden, um ihre Tätigkeit zu verschleiern. In 59 Ermittlungsverfahren wurden Repressalien beziehungsweise Einschüchterungsversuche gegenüber Verfahrensbeteiligten bekannt. In 42 Ermittlungsverfahren besteht der Verdacht, daß Korruption stattfand.«

Fachleute, wie der frühere Stuttgarter Landespolizeipräsident Alfred Stümper, kalkulieren den Jahresumsatz der kriminellen Monopole in Deutschland auf 164 Milliarden Mark.

Polizeiliche Kriminalstatistiken vermitteln nur bedingt Aufschluß über Rechtsbewußtsein und Kriminalitätsentwicklung im Lande. Zum einen haben die Auftraggeber solcher Zahlenwerke in der Regel einen fatalen Hang zur statistischen Bulimie – die Statistik wird zunächst durch Massendelikte wie Fahrraddiebstahl oder Schwarzfahren aufgebläht und ist in Wirklichkeit doch mager.

Zum anderen ist die Kriminalstatistik lediglich eine Verdachts-, eine Auffälligkeitsstatistik. Die nicht aufgespürten Delikte und Täter machen nach Meinung der meisten Kriminologen immer noch den Großteil der mittleren und kleineren Kriminalität aus.

Das Lagebild 1991 ist aber auch aus anderen Gründen unvollständig. Organisierte Kriminalität bringt keine spezifischen Straftaten hervor, die sich statistisch von der sonstigen Kriminalität trennen lassen. »Aufgedeckte Straftaten«, sagt BKA-Chef Hans Ludwig Zachert, »tragen nicht den Hinweis: ›Achtung organisierte Kriminalität‹.«

Die Skala der OK reicht quer durch das Strafgesetzbuch – von Waffen- und Drogenschiebereien, dem illegalen Verleih ausländischer Arbeitnehmer über Menschenhandel mit Prostituierten bis hin zum verbotenen Glücksspiel oder den klassischen Formen der Eigentumskriminalität: Diebstahl und Großhehlerei. Da kann es jeden treffen. Vom Autoklau (alle 45 Sekunden) bis zur Heimsuchung im Wortsinn, dem Wohnungseinbruch (alle drei Minuten), ist das kriminelle Geschäft mittlerweile in den Händen professionell geführter Gangsterunternehmen.

Ständig erschließen sie neue Märkte. In den wöchentlichen Lageberichten des Bundeskriminalamtes ist, beispielsweise in Ausgabe 19/92, neuerdings immer häufiger vom »Internationalen Abfalltourismus« die Rede; Bundesumweltminister Klaus Töpfer spricht von einer »Müll-Mafia«, die »in ihrer Gefährlichkeit und moralischen Verwerflichkeit dem illegalen Drogen- und Waffenhandel nicht nachsteht«. BKA-Experte Karl-Ludwig Mohr macht »Gewinnspannen wie beim Rauschgiftgeschäft« aus, kriminelle Müll-Spediteure können sich tatsächlich eine goldene Nase verdienen.

Da werden giftige Chemikalien ehemaliger DDR-Firmen einfach als Werkstoffe deklariert und ins rumänische Hermannstadt gekarrt, wo die undichten Fässer inmitten einer brennenden Deponie stehen. Krankenhausmüll aus Berlin und Leipzig wird in einem Steinbruch der französischen Champagne versteckt. Sondermüll wird ohne Genehmigung heimlich abgekippt. Die Frankfurter Staatsanwaltschaft nahm Mitte August 1992 in einer Großaktion drei Inhaber und Geschäftsführer sogenannter Entsorgungsfirmen fest und ermittelte gegen 30 Beschuldigte.

Den Müllschiebern warfen die Ermittler die Bildung einer kriminellen Vereinigung, umweltgefährdende Abfallbeseitigung, Betrug, Bestechung und Urkundenfälschung vor. Firmen sollen tausende Tonnen von hochgiftigem Sondermüll illegal in Kiesgruben, Deponien oder als Material für den Gartenbau abgeladen haben. Deutschland ist zum Verschiebebahnhof für Abfall aller Art geworden – der hessische Umweltminister Joschka Fischer arbeitet ein »Sonderprogramm zur Bekämpfung der OK im Abfallbereich« aus.

»Das organisierte Verbrechen in Deutschland«, analysiert BKA-Zachert, »hat sein eigenes, höchst spezifisches Gepräge, eine vielgestaltige, facettenreiche und weitverzweigte Struktur.« Die »allmächtige Organisation, das Verbrechersyndikat in Form einer Parallelgesellschaft, der alle professionellen Straftäter in irgendeiner Weise mit einem Paten an der Spitze angehören, gibt es nicht«.

Das Ausmaß der internationalen Verflechtung ist groß. Zwar ist nach der OK-Statistik jeder zweite mutmaßliche Täter ein Ausländer. Aber es handelt sich oft um reisende Gauner, die gezielt für wenige Stunden in die Bundesrepublik eingeschleust werden, Verbrechen begehen und auf schnellstem Wege wieder verschwinden. Die Straftaten werden von manchen Interpreten der Kriminalstatistik mißbräuchlich der ausländischen Wohnbevölkerung angelastet, obwohl sie mit den Ausländern, die seit Jahrzehnten in Westdeutschland leben, meist nichts zu tun haben.

Überfallartig grasen beispielsweise die Banden südamerikanischer Taschendiebe die Einkaufszentren westdeutscher Großstädte oder die Messe-Metropolen ab. Die Langfinger werden von den deutschen Auftraggebern aus ihrer Heimat eingeflogen und nach drei- bis vierwöchigen Tourneen wieder zurückgeschafft. Die Zusammenarbeit zwischen internationalen und deutschen Gruppen klappt auch auf anderem Gebiet. Die Arbeitsgemeinschaft Kripo berichtet von internationalen Banden, die von deutschen Dunkelmännern Banken und Juwelierläden ausspionieren lassen. Danach, so das Dossier, reisen Bandenmitglieder aus dem Ausland ein, um die Überfälle zu begehen. Unmittelbar danach reichen sie die Beute an die ortsansässigen Mitglieder weiter und verlassen sofort mit dem Flugzeug das Land.

Ein paar goldene Regeln der OK hat ein »Ad-hoc-Ausschuß« bei der Innenministerkonferenz zusammengestellt.

»Sorgfältige Abschottung nach innen und außen. Treffpunkte sind Lokale und Wohnungen von Mitgliedern der absolut zuverlässigen Personen. Den Ausführenden werden häufig die Auftraggeber und Hintermänner nicht bekannt. Sorgfältige Abklärung bei dem Absatz der Taterzeugnisse. Zeugen werden durch Terror, Drohungen und andere Einwirkungen zur Zeugnisverweigerung veranlaßt.«

Die systematische Einschüchterung von Opfern und Zeugen gehört mittlerweile zu den Spielarten der OK in Deutschland. Belastungszeugen finden eine tote Ratte vor der Tür oder eine Bibelseite mit einer Textstelle aus dem Alten Testament: »Ich will Euch schaden.« Wer dennoch redet, landet manchmal, wie in Hamburg, erschossen auf einem Misthaufen oder wird tot aus der bergischen Ennepe-Talsperre gezogen. Das Opfer wies Marterspuren auf, es war gefoltert worden.

Um solche Verbrechen künftig zu verhindern, haben die meisten Landeskriminalämter sogenannte Zeugenschutzdienststellen eingerichtet; deutsche Kriminalbeamte nehmen an Witness-Security-Basic-Kursen in den USA teil, wo derzeit rund 15 000 bedrohte Zeugen betreut werden. Um Tipgebern die Angst vor Nachstellungen zu nehmen, hält das BKA ein Dutzend Geheimadressen mit garantiert sicherem Unterschlupf bereit. In den letzten vier Jahren wurden einige hundert Umzüge organisiert. Diskret und mit Hilfe von Mietwagenfirmen spielen

Polizisten dann Möbelpacker. Zeugen bekommen, wie im Hamburger Prozeß um die Auftraggeber des St. Pauli-Mörders Werner Pinzner, eine neue Wohnung, neue Namen, neue Papiere und Geld sowie eine neue Legende, um sich in einer neuen Umgebung einrichten zu können.

Insbesondere im westdeutschen Vergnügungs- und Gaststättengewerbe geht es nicht mehr nur halbseiden und manchmal brutal zu, zusehends werden neben den Kunden auch die Wirte geschröpft. Wenn ihr Lokal nicht zerschlagen werden soll und sie selber heile Knochen behalten wollen, müssen sie zahlen. »Schutzgelderpressung«, schreibt der OK-Experte Dagobert Lindlau, »ist das Herz, der Motor und der klassische Einstieg des organisierten Verbrechens.«

Experten gehen mittlerweile davon aus, daß in Großstädten wie Frankfurt, Hamburg oder München die Erpressung schon fast selbstverständlich ist. Es gibt bundesweit rund 140 000 gastronomische Betriebe – der Markt ist groß genug. Von den 164 Milliarden, die nach Schätzungen Stümpers umgesetzt werden, stammt ein guter Teil aus dem Geschäft mit der Angst. Denn das Erfolgsprinzip der Schutzgeldkassierer basiert auf Angst und Schweigen. Ganze 120 Hinweise auf Schutzgelderpressung registrierten die Landeskriminalämter in den letzten Jahren. Doch die Zahlen belegen lediglich das Unwissen der Verfolger.

Deutsche wie international organisierte Gruppen verbreiten nicht nur Angst nach außen, sondern auch nach innen. Sie arbeiten konspirativ, schotten sich ab. Der Kontakt der Täter auch untereinander wird auf ein Minimum begrenzt. Die Mitglieder kennen nur jene Komplizen, mit denen sie gerade einen Auftrag erledigen. Order kommen per Fax, Telex oder Telefon.

Die Drahtzieher treten nicht anders auf und arbeiten auch nicht anders als die sauberen Herren in den Chefetagen der Wirtschaft. Eine »organisierte Kriminalität eigenen Zuschnitts« gibt es nach einer BKA-Studie, »deren Gefährlichkeit gerade darin begründet liegt, daß sie ähnlich vielgestaltig und flexibel ist wie die Wirtschaft unseres Landes«.

Die Manager des Verbrechens machen sich nicht die Hände an einem Brecheisen oder Kuhfuß schmutzig, mit dem Wohnungstüren aufgehebelt werden. Sie bleiben diskret im Hintergrund. Immer mehr Einbrüche tragen die Handschrift organisierten Verbrechens: umsichtige Planung und präzise Ausführung der Taten; sorgfältige Auswahl der Beute. Stehlen und Hehlen erfolgt nach dem Prinzip von Angebot und Nachfrage; gegenwärtig gefragt sind Teppiche und Juwelen, Kunst und Antiquitäten.

400 Mitglieder zählte eine Organisation im Westfälischen, die bei 1000 Einbrüchen mehr als 50 Millionen Mark Beute machten. Zunächst suchten »Kundschafter« lohnende Einbruchsobjekte aus, die »Ausleuchter« sondierten die Anwesen, bis »Aktionsgruppen« die Villenfenster anbohrten, mit selbstgefertigtem Werkzeug öffneten und schließlich »Trans-

porteure« das Diebesgut ins Hehlerlager schafften. Für jeden Einbruch wechselten die »Fensterbohrer« Wagen, Werkzeug und Schuhe. Sie wollten keine Vergleichsspuren hinterlassen.

Um die Herkunft zu verschleiern, wird das Diebesgut über sechs, sieben Vermittler hin- und hergeschoben. »Hehler bilden weitverzweigte, überregionale und manchmal sogar internationale Netze«, heißt es in einer BKA-Studie. Hehlerware hat Konjunktur. Bei Diebstählen in Deutschland wurden allein 1991 Waren im Wert von 3,5 Milliarden Mark erbeutet.

Profis kaufen die Sore für zehn bis zwanzig Prozent des Wertes und lassen sie in einem Geflecht aus legalen und illegalen Firmen verschwinden. Silberbesteck und Elektrogeräte tauchen in Billigläden wieder auf, Antiquitäten auf dem Flohmarkt. Ganze Lastwagenladungen mit Textilien werden verramscht oder die Stücke in seriösen Kaufhäusern auf Bügel gehängt.

Um ihre riesigen Mengen Diebesgut loszuwerden, zog eine norddeutsche Bande in Berlin einen Billigmarkt (Firmenname: »Gut und Günstig«) auf, und bemerkenswert ist, daß sich immer mehr ansonsten gesetzestreue Bürger bewußt oder unbewußt zu Komplizen machen. Wer sein Eau de toilette zum Spottpreis bei »Gut und Günstig« kaufte oder seine Stereoanlage zum Dumpingpreis auf dem Flohmarkt ersteht, ist letztes Glied in der kriminellen Kette.

Eine Gruppe aus Seeleuten, Speditionsangestellten, Lagerarbeitern und Maklern schleuste allein im

Hamburger Hafen Kaffee und Kakao im Wert von zehn Millionen Mark auf den Schwarzen Markt.

Der Professionalität der Banden, die mit Autotelefon, Computer und Funkgeräten ausgerüstet sind und von Zulieferern mit jeder Art von gefälschten Papieren versorgt werden, hat die Polizei nichts entgegenzusetzen. Zwar liegt die Aufklärungsquote im Bereich Hehlerei bei nahezu 100 Prozent – doch dieses Traumergebnis ist das Ergebnis verfälschender Statistik: Die Kripo greift fast nur noch Fälle auf, in denen der Täter im Rahmen anderer Ermittlungen gleich mitgeliefert wurde.

Vor fünf Jahren registrierte die Polizei 24 720 Fälle von Hehlerei, 1990 nur noch 18 405. In Wahrheit aber boomt die Branche, und die jüngste Hehler-Generation ist für die Fahnder noch schwerer zu fassen: Kaum ein Dieb kann seinen Hehler verraten – weil er ihn, dem Abschottungsprinzip der Geheimdienste folgend, gar nicht kennt.

Völkerübergreifende Zusammenarbeit erfordert das Big Business der organisierten Kriminalität. Die baden-württembergische Polizei versuchte, einer Autoschieberbande nachzustellen, deren Mitglieder rund um den Globus verstreut waren – von Bremen bis Rio de Janeiro, von Rastatt bis Bari/Italien, von Hammamet/Tunesien bis Los Angeles. Organisierte Kriminalität setzt internationale Connections, perfekte Logistik und grenzüberschreitendes Aufmarschgebiet voraus.

Richtig in Gang gekommen ist organisierter Kraftfahrzeugdiebstahl Anfang der siebziger Jahre, vor allem für Kunden in den Öl-Staaten. Orientalische Großkaufleute orderten telefonisch oder per Telex Farbe und Baujahr, vorzugsweise Mercedes und BMW. Kleinkriminelle beschafften die Autos, Spezialisten fälschten Papiere und Fahrgestellnummer, Schleuser-Trupps besorgten den Transit via Damaskus, Amman und, seltener, Beirut.

Im Jahre 1991 wurden in Deutschland 73 586 Kraftwagen gestohlen, von der rostigen Ente bis hin zum Rolls-Royce. In den ersten sechs Monaten 1992 waren es bereits 63 000. Über 80 Prozent der in Polen zugelassenen Fahrzeuge stammen aus Deutschland, jeder fünfte Wagen, so schätzt das Bundeskriminalamt, ist geklaut. Bevorzugter Tatort: Berlin.

In knapp einer Stunde ist die Beute über die Grenze geschafft, lange bevor der Diebstahl überhaupt gemerkt wird. Kaum haben die Wagen die Grenze passiert – immer häufiger, indem die Fahrer mit Vollgas und ohne Rücksicht auf Grenzbeamte einfach die Schlagbäume durchbrechen –, sind polnische Ermittler zuständig. Doch ihnen fehlen nicht nur Technik, Logistik und Spezialkenntnisse. Der Fahndungsapparat funktioniert auch nicht.

Auch die Rumänen sind hierzulande sehr aktiv. Nachdem der alte Trick, mit Hilfe des gestohlenen Tankdeckels einen Nachschlüssel anzufertigen, die Auswahl auf VW, Audi und Porsche der Baujahre 1987 bis 1989 beschränkt hatte, gehen die Diebe heute bei den überaus gefragten Marken Daimler und BMW anders vor.

In jeder deutschen Großstadt existiert eine Filiale der Schieber-Organisation, die Aufträge der Zentrale entgegennimmt. Um jederzeit liefern zu können, haben die Bosse von ihren Residenzen vor Ort die geparkten Wagen ganzer Stadtviertel registrieren lassen; denn für den Coup werden zwei nach Marke und Farbe nahezu identische Fahrzeuge benötigt. Das eine wird mit Hilfe eines hakenförmigen Metallstreifens (»Slim Jim«) aufgebrochen und kurzgeschlossen – manche Profis schaffen dies, garantiert ungedopt, in nicht einmal zehn Sekunden. Vom anderen Fahrzeug wird nur das Kennzeichen abgeschraubt und an das gestohlene montiert – mit der unverdächtigen Doublette kann es schnell ins Ausland verschoben werden. Es gibt viele Klau-Varianten.

Neuerdings haben die Banden den Mietwagenmarkt entdeckt. Luxus-Limousinen werden für einen Tag per Telefon oder Fax gemietet – und dann als gestohlen gemeldet. In Berlin, 70 Kilometer von der polnischen Grenze entfernt, ist dieses Delikt rapide gestiegen. Um nicht aufzufallen, aktivieren die kriminellen Organisationen sogar internationale Verbindungen: Nur zur Anmietung eines Fahrzeuges fliegen Konfidenten aus aller Herren Länder ein, selbst aus Neuseeland. Die Manager der Rent-a-car-Firmen müssen machtlos zusehen – ihre Autos sind, wegen der zu hohen Prämien, in der Regel nicht diebstahlversichert.

Wer in einen der lukrativsten Zweige des organisierten Verbrechens einsteigt, riskiert sein Leben. Seit das Geschäft mit gestohlenen Autos immer höhere Rekordziffern erreicht – gerade erst wird der GUS-Absatzmarkt entdeckt –, wächst auch die Brutalität unter den Autoschiebern.

Die polnische Prostituierte Jadwiga wurde in Hamm erstochen, weil ihr Sohn vergessen hatte, mit dem Boß abzurechnen. In Hamburg sprengte eine Autobombe den polnischen Geschäftsmann Nawrot samt rotem Ferrari Testarossa in die Luft. Der Mann war »innerhalb von zwei Jahren zum Multimillionär aufgestiegen« (Polizei) – und auf der Karriereleiter der Konkurrenz in die Quere gekommen.

Das organisierte Verbrechen mit seinem vielseitigen Management und den sinistren Mehrfachbegabungen nutzt den technischen Fortschritt. Nie war es so einfach, Geld zu drucken – es ist die richtige Zeit für falsche Scheine.

Während früher bestens geschulte Mannschaften komplizierte Techniken einsetzen mußten, genügt heute ganz profan ein Farbkopierer. 6 000 Stück gab es nach Schätzungen des Bundeskriminalamtes Anfang 1992 in Deutschland – sie produzieren Falsifikate wie am Fließband.

1988 noch hatte der für den Bargeldverkehr zuständige Bundesbankdirektor Günter Storch geglaubt, kopierte Geldscheine könnten allenfalls »in einer Bar bei schlechter Beleuchtung« unter die Leute gebracht werden. In der Tat, die ersten Falsifikate »made by Canon« waren schlechte Kopien des Originals. Als ein Belgier mit seinem heimkopierten 100-DM-Schein in einer Kölner Pizzeria bezahlen wollte, fiel er sofort auf – obschon es taumeliger Rosenmontag war und die Domstädter eher an Küsse und Kölsch dachten.

Seit dem Reinfall von Köln ist die Kopiertechnik höchst verfeinert worden, Profis lernen schnell, vor allem, wenn es darum geht, Sicherheitsbarrieren zu umgehen. Ein Stück Lametta, geschickt geklebt, imitiert den Sicherheitsfaden, handelsübliche Briefbögen werden so auf dem Kopierer plaziert, daß deren industrielles Wasserzeichen an der richtigen Stelle auf der Blüte auftaucht und wie echt wirkt; mit Handwerkszeug aus der Goldschmiedewerkstatt gelingt es, die sogenannten Mikrozeichen – beispielsweise »100 DM« – nachzuprägen. Das nur bei gutem Tageslicht erkennbar changierende DM-Qualitätssignet indes ist auf den echten Scheinen so schwer ausfindig zu machen, daß es die Fälscher getrost weglassen können.

Erst Anfang 1992 stellte eine Sonderkommission, nach gezieltem Tip, im westfälischen Hamm die gesamte Tagesproduktion einer Fälscherwerkstatt sicher – 200-DM-Scheine im Nennwert von 125 000 Mark, außerdem 24 echte Zweihunderter, einen Farbkopierer Marke »Canon« und einen Spezialstift zum Nachziehen des Sicherheitsfadens, »Super-Colour-Silver-Line« genannt.

Im ersten Quartal des Jahres 1992 ist die Zahl aufgeflogener Kopier-Falsifikate um fast 1 000 Prozent gegenüber 1991 gestiegen, nämlich von 288 auf 3 036. Im Ausland sind die Blüten, wie die echte Mark, stark gefragt: Britische Fahnder kamen einem Landsmann auf die Spur, der in Birmingham falsche 500-DM-Noten im Nennwert von einer halben Million auf ein Bankkonto eingezahlt hatte; in seiner Wohnung wurden noch mehr farbkopierte Geldscheine sichergestellt.

Der Mann will keine Ahnung gehabt haben. Er wußte nur, daß er das Geld ins indische Neu-Delhi hätte transferieren müssen – vermutlich sollten damit Drogen bezahlt werden, denn mit dem Rauschgifthandel geht das Falschgeldgeschäft einher.

Paradox wirkt dabei das Leugnen der Existenz solcher kriminellen Netze durch die Allianz zwischen den Resten der Linken und den Pseudo-Liberalen; bemerkenswert ist die stille Bewunderung mancher Polizeipraktiker für die hochmoderne Infrastruktur der Verbrechensindustrie; eigentümlich die Lethargie, mit der das Publikum die mähliche Systemveränderung zur Kenntnis nimmt.

In den USA gibt es das RICO-Law (Racketeer Influenced and Corrupt Organization) gegen organisiertes Verbrechen, Italien hat ein Anti-Mafia-Gesetz. In Deutschland dauerte es viele Jahre, bis endlich im Mai 1992 das »Gesetz zur Bekämpfung des illegalen Rauschgifthandels und anderer Erscheinungsformen der organisierten Kriminalität (OrgKG)« verabschiedet wurde. Unzulänglichkeiten und faule Kompromisse prägen das Werk. Umweltkriminalität wie gefährliche Abfallbeseitigung, illegale Rüstungsexporte, Wirtschaftskriminalität kommen im Gesetz nicht vor, Vermögensstrafen orientieren sich nicht an der Schuld, sondern am festgestellten Vermögen des Beschuldigten; die Regelungen des Gewinnaufspürungsgesetzes tragen unverkennbar die Handschrift der Banken-Lobby.

Einen Königsweg zur Bekämpfung der kriminellen Unternehmungen gibt es nicht, auch wenn die Vertreter beider Lager der deutschen Neigung zum Prinzipiellen frönen. Der Rechtsstaat darf Übel nicht mit Übel bekämpfen, aber er darf auch kein Nachtwächterstaat sein.

In Thesenpapieren des BKA werden drastische Maßnahmen gegen die deutsche OK vorgeschlagen: Ein flächendeckendes Bekämpfungssystem mit dem gezielten Einsatz von verdeckten Ermittlern, Lauschangriffe mit Richtmikrophonen, Telefonüberwachungen und Rasterfahndung gehören zum Arsenal. Von der traditionell tatbezogenen Aufklärung wollen Ermittler weg zur täterbezogenen Polizeiarbeit. Mutmaßliche Kriminelle sollen vorsorglich ins Visier genommen werden, dann erst wird geklärt, welche Tat sie begangen haben.

Solche vorbeugende Ausforschung geriete alsbald in den Ruch, verfassungswidrig zu sein. Auch sind Forderungen wie die des CDU-Fraktionsvorsitzenden Wolfgang Schäuble nach der Einschaltung der Nachrichtendienste beim Kampf gegen das kriminelle Geflecht nur schwer mit dem geltenden Recht zu vereinbaren. Und in der Praxis wäre der Erfolg vermutlich ohnehin dürftig.

Aber ist beispielsweise der Grundgesetzartikel 13, der die Unverletzlichkeit der Wohnung garantiert, auf alle Zeiten festgeschrieben? Wenn Schwerkriminelle den Schutzraum der eigenen vier Wände suchen, wenn dort keine Wanzen installiert werden dürfen und allenfalls der Einsatz von Richtmikrophonen erlaubt ist, muß die Güterabwägung neu erfolgen. Der Artikel 13 steht in engem Zusammenhang mit der Privatheit und wohl auch mit dem Grundrecht auf Menschenwürde, aber auch das Bordell, das Hinterzimmer einer illegalen Spielhölle, wird durch das Grundgesetz geschützt.

Ist in schweren Fällen organisierter Kriminalität der – durch allerstrengste Maßstäbe und Kontrollen geregelte – Lauschangriff nicht das kleinere Übel? »Das ist eine soziale Last, die man als Bürger hinnehmen muß«, glaubt zumindest der Kieler Innenminister Hans Peter Bull, immerhin früherer Bundesbeauftragter für den Datenschutz. Im Bundesratsentwurf des OrgKG-Gesetzes war die Möglichkeit des Abhörens von Gesprächen innerhalb der Wohnung noch vorgesehen, bei der Verabschiedung durch die Bundesregierung fehlte der Passus dann plötzlich.

Deutschland, hat ein kluger Kopf einmal gesagt, ist kein Fiaker, aus dem man an der nächsten Ecke aussteigen kann, wenn einem die Fahrt nicht mehr gefällt. Das bleibt richtig, auch wenn die Verkehrsmittel moderner geworden sind; heute scheint Deutschland ein Hochgeschwindigkeitszug, der in eine Gegend rast, von der niemand weiß, ob es dort überhaupt Schienen gibt. Die Modernisierung des

Vergleichs hat den Vorzug, daß man mit ihm die bei der Reisegesellschaft im Zug sich zunehmend ausbreitende Befürchtung umschreiben kann, daß in der Lokomotive schon seit längerem niemand mehr ist.

Geheimpapier in Rosa
Studie des Bundeskriminalamtes über die Aktivitäten der Mafia

Deutschland ist auch Mafia-Land. Zu diesem Resümee kommt das Bundeskriminalamt (BKA), das seit Anfang der neunziger Jahre Erkenntnisse über die Mafia und ihre Aktivitäten in Deutschland sammelt. Das Ergebnis ist die geheime 300seitige Studie »Italienische organisierte Kriminalität«, die im Frühjahr 1992 fertiggestellt wurde. Das rosa eingebundene Dossier enthält die bislang umfassendsten Enthüllungen über die schwarze Macht aus Sizilien.

Das Werk (»Vertraulich – Nur für den Dienstgebrauch«) ist numeriert. Volker Gehm, Chef der BKA-Abteilung »Organisierte Kriminalität«, warnt im Begleitschreiben eindringlich vor unbefugter Weitergabe. Jedes Exemplar ist mit einer speziellen Signatur versehen.

Es ist die Analyse eines in der deutschen Polizeigeschichte einmaligen Projekts: Die Wiesbadener Sicherheitsexperten haben sich mit deutscher Gründlichkeit an die Erforschung sizilianischer Familien gemacht. Die Dokumentation nennt die Adressen der Mafia-Familien in Italien und die Namen ihrer deutschen Residenten. Allein der Personenindex umfaßt 27 Seiten – von Abate bis Zumbo.

Die folgenden Auszüge der BKA-Studie vermitteln Erkenntnisse über die Strukturen der einzelnen Mafia-Clans und ihre Aktivitäten in Deutschland.

Um die Arbeit der Fahndungsbehörden nicht zu erschweren, wird auf die Nennung mutmaßlicher Mafiosi und die Offenlegung krimineller Strukturen verzichtet, wenn dadurch Ermittlungen gefährdet werden könnten. Auszug:

»Die *sizilianische Mafia* besteht aus 186 Clans, die zusammen über zirka 5 000 Affiliati (Angehörige, Verbündete) verfügen. Die Mafia agiert sowohl im nationalen als auch internationalen Rahmen in den Deliktsbereichen Schutzgelderpressung, Gewaltdelikte (Raub-, Tötungsdelikte), Falschgeldherstellung und -verbreitung, Rauschgifthandel, Wirtschaftskriminalität (insbesondere Delikte im Bereich der Bauindustrie, organisierte Eigentumskriminalität).

Besonders in bezug auf erzielte Gewinne aus dem Rauschgifthandel müssen ferner Aktivitäten im Bereich der Geldwäsche unterstellt werden (Pizza-Connection).

Die sizilianische Mafia verfügt über eine streng hierarchische Struktur. Kleinste Einheit ist die Familie, die sich wie folgt organisiert: »Capo Famiglia«/Familienoberhaupt, »Capo Decima«/Truppführer (»Chef von 10«), »Sotto Capo«/Unterführer, »Consigliere«/Berater, »Uomo d'Onore/Ehrenmann, einfaches Mitglied, »Vicino alla famiglia«/Unterstützer, Vertrauter der Familie.

Innerhalb jeder der neun sizilianischen Provinzen ist die sogenannte »Commissione Provinciale« der maßgebliche Entscheidungsträger. In dieser »Provinzkommission« haben die »Capi Mandamente«

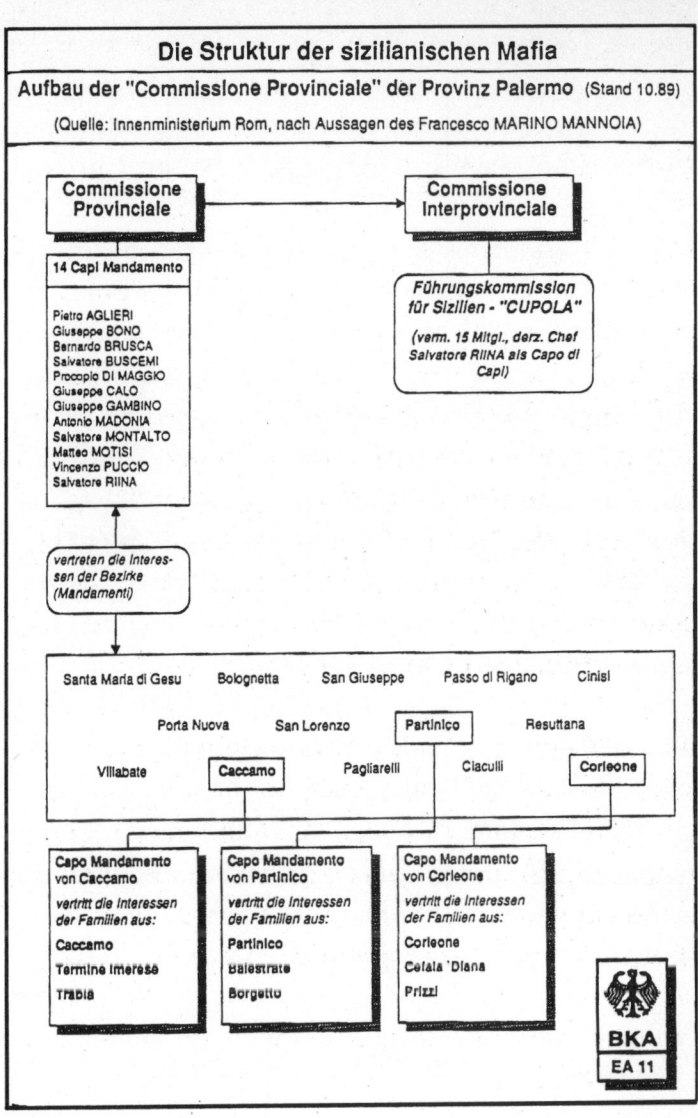

Die Struktur der sizilianischen Mafia

Aufbau der "Commissione Provinciale" der Provinz Palermo (Stand 10.89)

(Quelle: Innenministerium Rom, nach Aussagen des Francesco MARINO MANNOIA)

Commissione Provinciale

Commissione Interprovinciale

14 Capi Mandamento

Pietro AGLIERI
Giuseppe BONO
Bernardo BRUSCA
Salvatore BUSCEMI
Procopio DI MAGGIO
Giuseppe CALO
Giuseppe GAMBINO
Antonio MADONIA
Salvatore MONTALTO
Matteo MOTISI
Vincenzo PUCCIO
Salvatore RIINA

Führungskommission für Sizilien - "CUPOLA"

(verm. 15 Mitgl., derz. Chef Salvatore RIINA als Capo di Capi)

vertreten die Interessen der Bezirke (Mandamenti)

Santa Maria di Gesu   Bolognetta   San Giuseppe   Passo di Rigano   Cinisi

Porta Nuova   San Lorenzo   **Partinico**   Resuttana

Villabate   **Caccamo**   Pagliarelli   Ciaculli   **Corleone**

Capo Mandamento von Caccamo

vertritt die Interessen der Familien aus:

Caccamo

Termine Imerese

Trabia

Capo Mandamento von Partinico

vertritt die Interessen der Familien aus:

Partinico

Balestrate

Borgetto

Capo Mandamento von Corleone

vertritt die Interessen der Familien aus:

Corleone

Cefala 'Diana

Prizzi

BKA
EA 11

BKA-Grafik zur Struktur der sizilianischen Mafia

(Bezirkschefs) ihren Sitz, die die Interessen einer oder in der Regel mehrerer Familien vertreten.

Aus den Oberhäuptern der neun »Commissione Provinciale« setzt sich dann das oberste Entscheidungsgremium, das »Kuppel«, »Cupola« oder »Commissione Interprovinciale« genannt wird, zusammen. Derzeit sollen 15 Personen Mitglieder der »Cupola« sein. Allein in der Provinz Palermo werden 76 Mafia-Familien mit 1200 geschätzten Mitgliedern durch 14 »Capi Mandamento« vertreten.

Nach nicht bestätigten Informationen muß die »Cupola« allen Maßnahmen mit beträchtlicher Auswirkung (Attentate auf Richter, Politiker, hohe Polizeioffiziere) zustimmen beziehungsweise ordnet diese im Interesse der Sache (Sanktionsmaßnahmen im Innenverhältnis) selbst an.

Mit dem Begriff *Camorra* bezeichnet man die italienische Verbrecherorganisation in der Region Kampanien, speziell in der Stadt und in der Provinz Neapel. Die Camorra befaßt sich unter anderem mit Entführung, Mord, Erpressung, Schmuggel, illegalem Glücksspiel, Korruption und Drogenschmuggel. Sie umfaßt heute etwa 100 Familien mit zirka 6 000 Angehörigen. Von offizieller Seite in Italien wird geschätzt, daß durch den Rauschgifthandel ein Profit von zirka 8,5 Milliarden Mark jährlich erzielt wird. Der Gewinn, der durch Bestechung im Zusammenhang mit Bauaufträgen erzielt wird, beläuft sich nach Schätzungen auf zirka 7,5 Milliarden Mark jährlich.

Die Anfänge der Camorra liegen etwa 300 Jahre zurück. Sie entstand in den Armenvierteln der damals reichen Stadt Neapel. Der Begriff »Clan« bezeichnet die kriminelle Familie, die in einem gewissen Territorium die Macht besitzt. Dabei handelt es sich um eine Gruppierung, die sich um eine Führungspersönlichkeit bildet, welche einen »unternehmerischen Charakter« besitzt. Als »Gruppe« wird der Zusammenschluß von wenigen Personen bezeichnet, die in einem kleineren Gebiet herrschen, oder auch der Ableger eines Clans.

Im Laufe der Zeit haben diese Clans und Gruppen ihre eigenen Spielregeln und Gesetze entwickelt und von Generation zu Generation weitergegeben. Es gibt Abkommen zwischen den Clans, die es einem jeden Clan erlauben, ungestört in den jeweiligen Zuständigkeitsgebieten zu operieren.

Die 'Ndrangheta, beheimatet im wesentlichen in Kalabrien, besteht derzeit aus 18 Clans mit 144 Familien (»ndrines«). Insgesamt werden der 'Ndrangheta 5100 Mitglieder zugerechnet. Nach einer Mitteilung von Interpol Rom sind die Provinzen Reggio Calabria und Catanzaro hauptsächliches Operationsgebiet der »'Ndrangheta«.

Die Entstehung der 'Ndrangheta kann auf das Ende des 18. Jahrhunderts datiert werden, als mehrere hundert sizilianische »Mafiosi« durch gesetzliche Maßnahmen umgesiedelt wurden. Die in Kalabrien vorgefundenen ökonomischen und sozialen Bedingungen waren der Entwicklung mafioser

Strukturen förderlich. Im Rahmen ihrer illegalen Aktivitäten bewegt sich die 'Ndrangheta in den mafia-typischen Deliktsbereichen: (Schutzgeld-) Erpressung, Entführung, Drogen- und Waffenhandel, Schmuggel (insbesondere Zigaretten), Geldfälschung, Geldwäsche. Wie auch die sizilianische Mafia hat sich die 'Ndrangheta im Verlauf der zurückliegenden Jahrzehnte über Italien hinaus auf andere Länder und Kontinente ausgedehnt.

Im Gegensatz zur sizilianischen Mafia mit ihrer vertikalen pyramidenförmigen (Befehls-)Struktur handelt es sich bei der 'Ndrangheta um eine »horizontale« Organisation mit unabhängigen Familien, die »N'drine« beziehungsweise »N'drina« genannt werden. Vom Grundsatz her sind diese Familien in ihren Aktivitäten unabhängig, wobei es in der Natur der Sache liegt, daß kleinere Familien sich mit großen und mächtigen Familien arrangieren. Ein Zusammenschluß mehrerer Familien wird als »Clan« bezeichnet. Das Oberhaupt einer 'Ndrangheta-Familie ist der »Capo Famiglia«, junge Mitglieder werden als »camorristi« bezeichnet. Rangmäßig nachgeordnet ist dann die Gruppe der »picciotti« (Soldaten) und die der »fiori« (Anwärter).

Unter den mafiaähnlichen Organisationen in Apulien stellt die *Sacra Corona Unita* (S.C.U.) jene dar, welche den italienischen Ermittlungsbehörden als erste namentlich bekannt geworden war. Daher wird im Zusammenhang mit organisierter Kriminalität in Apulien vorwiegend von der Sacra Corona Unita gesprochen oder, wie oft in den Medien, auch von der »Vierten Mafia«. Neben einigen kleineren Clans lassen sich bisher vier größere kriminelle Zusammenschlüsse von Clans lokalisieren, welche sich in Apulien konstituiert haben oder als Verbündete der kampanischen Camorra (Nuova Famiglia) in Apulien operieren: Nuova Sacra Corona Unita (Provinzen Brindisi, Taranto, Lecce); Sacra Corona Unita (Cerignola, Provinz Foggia); La Rosa (Süd-Bari bis Gravina di Puglia), Nuova Famiglia (Foggia, Provinz Taranto) – (Clan Laviano, Clan Modeo – Gruppe Gianfranco/Riccardo).

Unter diesen vier Organisationen muß die Nuova Sacra Corona Unita als die einflußreichste angesehen werden, die wiederum enge Kontakte und Bündnisse mit den folgend aufgeführten apulischen Clans unterhält beziehungsweise geschlossen hat oder diese anstrebt: De Tommasi (Provinz Lecce); Donatiello-Buccarella (Provinz Brindisi, Provinz Taranto); D'onofrio (Fasano, Ostuni, Carovigno, Brindisi); Nuova Famiglia Salentina (Provinz Lecce); Muolo (Monopoli); Modeo – Gruppe Antoni – (Provinz Taranto).

Forensisch und begrifflich ist die Nuova Sacra Corona Unita als eigenständige Mafia seit dem sogenannten Maxi-Prozeß von Lecce (Urteile vom Mai 1991) zu verstehen. Nach acht Monaten Verhandlungsdauer in 119 Terminen wurden 77 von 130 Angeklagten nach den Vorschriften des italienischen Strafrechtsparagraphen 416 (Verbrecherorganisation des Typs Mafia) zu Haftstrafen von 8 bis 23 Jahren verurteilt. Die Clans der Sacra Corona Unita und der

Clan La Rosa arbeiten selbständig und sind nicht dem Einfluß der Nuova Sacra Corona Unita unterworfen.

Die Auswirkungen für die Region Apulien sind, was die Kriminalitätsentwicklung anbelangt, besorgniserregend. Die veröffentlichten Zahlen lassen eine Explosion der Straftaten in den Deliktsbereichen Mord, Raub, Erpressung und Schutzgelderpressung erkennen. Danach wurde bei Mord im ersten Quartal 1990 gegenüber dem Vorjahreszeitraum eine Zunahme von 41 Prozent registriert. Schätzungen über die wahrscheinliche Stärke der »Vierten Mafia« sprechen von zirka 30 Clans, die über eine Streitmacht von etwa 1600 bewaffneten Mitgliedern verfügen.

Aber auch für die Wirtschaft Apuliens blieb diese Entwicklung nicht ohne Konsequenzen. Der Geschäftsumsatz der »Vierten Mafia« wird auf zirka 4000 Milliarden Lire pro Jahr (5,6 Milliarden Mark) geschätzt, was ungefähr 30 Prozent der gesamten Leistungskraft der Wirtschaft der Region Apulien ausmachen soll.

Die traditionellen gewinnbringenden und erwerbsträchtigen Felder der sizilianischen Mafia, der 'Ndrangheta und Camorra werden auch in Apulien von den heimischen kriminellen Organisationen bestellt. Nach den bisher vorliegenden Erkenntnissen sind die Clans ähnlich wie bei der sizilianischen Mafia und kampanischen Camorra hierarchisch gegliedert: Capo (Chef des Clans); Vice-Capo (Vize-Chef); Capo-Zona (Chef eines Gebiets); Luogotenente (Statthalter). Beim Clan de Tommasi (N.S.C.U.) soll es sich um die bedeutendste Gruppe innerhalb der »Nuova Sacra Corona Unita« handeln.

Aktivitäten in Deutschland

Baden-Württemberg

Ermittlungen gegen Mitglieder der Cosca, einer Untergruppierung der 'Ndrangheta: Finanzierung des Rauschgift- und Waffenhandels. Rauschgift wird per Lkw aus der Türkei nach Deutschland gebracht, Weiterverteilung in Stuttgart und Melsungen (verwandtschaftliche Beziehungen), Verbindungen nach Hagen. Mitglieder der Tätergruppe stammen aus Ciro beziehungsweise Cariati (Kalabrien); Gaststätten, Eisdielen, Pizzerien dienen als »Basis« zur Abwicklung von kriminellen Aktivitäten (Kokainhandel, Kfz-Verschiebung, Schutzgelderpressung; Verdacht der Geldwäsche.)

Raubüberfall durch Camorra-Angehörige am 15. Juni 1991 in Mannheim. Festnahme von Giovanni Palumbo, Claudio Palumbo, Vincenzo Palumbo, Guglielmo Palumbo (gehören zum Clan Limelli). Auseinandersetzungen zwischen den Clans Limelli und Gionta: Tötung eines Mitgliedes des Clans Gionta.

Ermittlungen gegen italienische Staatsangehörige aus dem südbadischen Raum, die in wechselseitiger Beteiligung folgende Straftaten begehen: Diebstahl, Handel mit Betäubungsmitteln (BtM), Schutzgelderpressung, Kfz-Verschiebung. Tätergruppe umfaßt zirka 54 Personen, darunter Angehörige der Mafia-Familien Parla beziehungsweise Marino in Canicatti/Sizilien. Sicherstellung von 1,7 Kilogramm Kokain am 3. November 1990 in Offenburg, Festnahme von: Rocco Franchini, Nicola Apicella, Alfredo Chierchia, Emanuelle Marino, Salvatore Lagona. Lieferant soll Marino gewesen sein.

Ermittlungen gegen eine italienische Tätergruppe wegen Schutzgelderpressung, Heroin- und Kokainschmuggels von Sizilien über Mailand, Modena und Venegono nach Deutschland, dort Weiterverkauf durch ansässige Familienmitglieder; Herstellung und Verbreitung falscher 50-Dollar-Banknoten; Gründung von Scheinfirmen (Baufirmen), damit Zusammenhang zu Betrugsdelikten, Steuerhinterziehung, Einsatz illegaler Arbeitnehmer; illegaler Waffenbesitz und -handel, Organisation und Durchführung von Mordaufträgen in Sizilien; Ermittlungen der italienischen Behörden in Caltanissetta im Zusammenhang mit Tötungsdelikten aufgrund von Streitigkeiten zwischen Mafia-Familien wegen Gewinnen aus Rauschgiftgeschäften.

Bayern

Ermittlungen gegen Mitglieder der Sacra Corona Unita (S.C.U.). Festnahme von zwei Mitgliedern, die nach Angaben der italienischen Behörden der

S.C.U. angehören, wegen internationalen Waffenhandels beziehungsweise Handels mit gestohlenen
Kunstgegenständen.

Ermittlungen gegen Mitglieder eines Camorra-
Clans wegen Kfz-Verschiebung in die Ostblockstaa-
ten (als Gegenleistung werden vermutlich Waffen
und Antiquitäten geliefert).

Ermittlungen gegen Mitglieder verschiedener
Camorra-Familien aus der Gegend von Neapel:
Stützpunkte insbesondere in Südbayern und in den
neuen Bundesländern zum Zwecke der Rauschgift-
Verteilung sowie Schutzgelderpressung; Lederwa-
ren- und Textilfirmen sowie Pizzerien dienen als
»Geldwaschanlagen«; Oktober 1990: Treffen von
Camorra-Bossen in Nordbayern; Kokainvermark-
tung in Nordbayern und den neuen Bundesländern.
Mord an Giuseppe di Sibio 1990 in Apulien. Tatver-
dächtige sollen Betreiber von Textil- und Lederwa-
rengeschäften in Deutschland sein. Hintergrund:
Konkurrenz zwischen Camorra-Clans; Festnahme
von drei deutschen Staatsangehörigen im Oktober
1990 in Neapel wegen Schmuggels von 50 Kilogramm Haschisch.

Hessen

Im Mai 1989 wurde im Raum Eschwege ein Raub
mit Schußwaffe und kurzfristiger Geiselnahme
eines Schmuckhändlers durchgeführt. Geraubt wurden Schmuckgegenstände im Wert von zirka zwei

Millionen Mark. Unmittelbare Tatbeteiligte waren italienische Staatsangehörige. Als Unterstützer konnten sieben Personen ermittelt werden. Die drei Hauptbeschuldigten waren bisher in der Bundesrepublik Deutschland nicht in Erscheinung getreten. Der »Kopf« dieser Gruppe ist jedoch in Italien hinreichend bekannt, unter anderem wegen Bildung einer kriminellen Vereinigung, Raubes, Erpressung, Entführung, Bedrohung, Diebstahls und Hehlerei. Im Verlauf der Ermittlungen wurde auch bekannt, daß eine Person aus dem mittelbaren Täterkreis (Pizzeria/Hotelbesitzer) von einem der Haupttäter seit zirka zwei Jahren erpreßt wird. An Schutzgeldern wurden bisher an die 50 000 Mark gezahlt.

Andere Personen aus dem Täterkreis sollen in zahlreiche Kfz-Unterschlagungen und -verschiebungen verwickelt sein. Hochwertige Fahrzeuge werden angemietet beziehungsweise geleast und dann nach Italien verbracht. Nach Veränderungen der Identifizierungsmerkmale werden diese wieder in die Bundesrepublik Deutschland oder in das benachbarte Ausland verbracht und für den Verkehr zugelassen.

Ermittlungen gegen jugoslawische Rauschgifthändler, dabei wurde auch ein Haftbefehl gegen einen 31jährigen Italiener aus München vollstreckt, der als Unterverteiler im Rhein-Main-Gebiet tätig war. Zu diesem Italiener teilte Interpol Rom mit, daß er als Mitglied der kriminellen Vereinigung »Nuova Sacra Corona Unita« im Jahr 1990 vom Gericht in Lecce/Italien gemeinsam mit weiteren 316 Personen wegen illegalen Rauschgifthandels,

Einbruchdiebstählen und anderer Straftaten angeklagt war. In diesem Zusammenhang ist erwähnens-
wert, daß im Juli 1991 bei vier italienischen Geschäftsleuten in Offenbach Erpresserbriefe einer
Organisation »Sacra Corona Unita« eingingen.
Gefordert wurden jeweils 50 000 Mark. Die Erpres-
serschreiben waren in fehlerhaftem Italienisch verfaßt und mit Schreibmaschine geschrieben. Am
11. Juli 1991 ging bei einem Geschädigten ein Erpres-
seranruf der gleichen Organisation ein. Da der
Geschädigte die Stimme des Anrufers erkannte,
konnten im Verlauf der weiteren Ermittlungen zwei
Brüder mit italienischer Staatszugehörigkeit festgenommen werden.

Ermittlungen gegen Salvatore Aceto, Mitglied des
Clans Nuvoletta. In Italien liegen Erkenntnisse über
ihn vor wegen Zugehörigkeit zu einer kriminellen
Vereinigung, er gilt dort als Rauschgifthändler. Ferner stand Aceto im Verdacht, einen Mord begangen
zu haben; dieses konnte ihm jedoch nicht nachgewiesen werden. Das Motiv für die Tat dürfte in Streitigkeiten bei Rauschgiftgeschäften zu suchen sein.

Aceto kam 1982 nach Deutschland und ließ sich in
Lohr/Main nieder. 1985 stand er im Verdacht, einen
Einbruchdiebstahl zum Nachteil eines Schmuckhändlers ausgeübt zu haben (Schaden: 500 000
Mark). Danach wurde eine Gruppe von italienischen Staatsangehörigen um den Aceto verdächtigt,
im Raum Lohr und in Hessen weitere Bandendieb-
stähle, Verstöße gegen das Betäubungsmittelgesetz
und Raubüberfälle begangen zu haben. Zu dieser

Gruppe gehörten Italiener aus Neapel, Kalabrien und Sizilien.

Im Juli 1985 wurde Aceto aufgrund eines Haftbefehls der Staatsanwaltschaft Neapel wegen Zusammenschlusses zu einer kriminellen Vereinigung vom Typ Camorra und wegen Verdachts des Mordes in Lohr/Main festgenommen und ausgeliefert. Im April 1987 wurde er wegen Mangels an Beweisen freigesprochen.

Im Juli 1989 überfiel Aceto mit drei weiteren Italienern aus der Region Neapel einen Geldtransport in Frankfurt/Main. Die Täter erbeuteten ausländische Währungen im Gegenwert von fast 500 000 Mark. Für diese Straftat war Aceto mit zwei weiteren Tätern eigens aus Neapel angereist. Aceto wurde in diesem Jahr in Frankfurt/Main zu einer Freiheitsstrafe von neun Jahren verurteilt.

Das LKA Wiesbaden führt derzeit umfangreiche Ermittlungen gegen eine international agierende italienische Tätergruppe, die größere Mengen Kokain und Heroin sowohl in Mailand als auch in Hessen zum Verkauf anbietet. Als Mitglieder dieser Organisation konnten Gianfranco Grippaldi (Organisator), Veli Kastrati (Lieferant), Angelo Piccione (Anbieter), Nunzio Fusco (Anbieter) und andere ermittelt werden. Im Zusammenhang mit den Ermittlungen wurde außerdem bekannt, daß Grippaldi weitere Personen anspricht, um Gelder aus Entführungen und Erpressungen in Italien zu »waschen«.

Niedersachsen

Ermittlungen gegen 25- bis 30köpfige Tätergruppe (insbesondere Sizilianer) aus dem Zuhältermilieu wegen organisierter Raubüberfälle, sonstiger Eigentumsdelikte, illegalen Glücksspiels, Rauschgift- und Falschgeldhandels. Planung der Straftaten wird von örtlichen Tätern, die Durchführung von auswärtigen Tätern übernommen. Verbindungen nach Namur und Kempten über Mitglieder der Familie Santapaola aus der Provinz Catania/Sizilien.

Nordrhein-Westfalen

Ermittlungen gegen zwei Sizilianer, die Waffen und Munition für die Camorra zwischengelagert haben sollen. Darüber hinaus besteht der Verdacht, daß sie auch die sizilianische Mafia mit Waffen beliefert haben. Einer von ihnen wurde am 27. September 1990 in Neapel wegen Waffenhandels festgenommen.

Ermittlungen gegen Tätergruppe, die aus italienischen und deutschen Staatsangehörigen besteht (114 Personen) wegen Kfz-Verschiebung und Verdachts der Geldwäsche: Verschiffung der umfrisierten in Italien entwendeten Kfz, gleichzeitig Verbringen von italienischen Lira (vermutlich Lösegelder aus Entführungen) ins Ausland; dafür erlangtes Kokain wird per Kurier nach Deutschland und in die Schweiz verbracht.

Hamburg

Am 24. November 1991 wurde am Grenzübergang Kiefersfelden der italienische Staatsangehörige Giuseppe Garozzo festgenommen. Gegen ihn besteht ein Haftbefehl der Staatsanwaltschaft Köln wegen versuchten Mordes an zwei Polizeibeamten sowie schweren Raubes mit Geiselnahme. Unmittelbar nach der Festnahme reiste ein Rechtsanwalt aus Turin an und nahm Kontakt zu ihm auf. Garozzo lebte unter falschen Personalien in Hamburg und arbeitete dort zum Schein als Koch. Garozzo ist »Capo famiglia« des Clans Cursoti. Er flüchtete aus Italien, weil gegen ihn Haftbefehle wegen Tötungsdelikten und Mitgliedschaft in einer kriminellen Vereinigung des Typs Mafia bestehen.

Ermittlungen gegen den italienischen Staatsangehörigen Guido Scopetani, betreibt in Italien die Weinhandelsgesellschaft »Visco«. Er steht im Verdacht, in Hamburg und Belgien ausstehende Gelder bei Firmen unter Einsatz von Handgranaten eingetrieben zu haben. Als direkter Tatbeteiligter wurde in diesen Fällen der italienische Staatsangehörige Pasquale Annunziata ermittelt. Im Rahmen seiner geschäftlichen Aktivitäten unterhält Scopetani auch Kontakte zu dem italienischen Staatsangehörigen Francesco Ferrara, der in Belgien mehrere Pizzerien betreibt. Dieser Ferrara soll ebenfalls einer der Hintermänner der europaweiten Handgranatenanschläge zur Eintreibung von Schulden sein. In diesem Zusammenhang muß noch erwähnt werden, daß es sich bei einem dieser Schuldeneintreiber um den ehemaligen belgischen Gendarmeriebeamten Fernand Meunier handeln soll. Meunier wurde in Dublin gemeinsam mit zwei weiteren italienischen Staatsangehörigen angetroffen, nachdem dort ebenfalls zwei Handgranatenanschläge auf Inhaber italienischer Geschäfte, die Schulden bei Scopetani hatten, verübt worden waren. Die Firma »Estera Food« gehörte ebenfalls zum Kundenkreis von Scopetani. Nachdem diese Firma wegen Vermögenslosigkeit aufgelöst worden war, gründeten zwei weitere italienische Staatsangehörige eine Nachfolgegesellschaft. Es wurde bekannt, daß die Firma Schinken zum Weitertransport nach Dänemark gekauft haben soll, die als Behältnis für Kokain vorgesehen waren. Weiterhin wurde bekannt, daß ein italienischer Staatsangehöriger bei dieser Firma Brandstiftungen im Auftrag italienischer Restaurantinhaber verübt haben soll.«

Die Erzählungen des Paten
Stützpunkte der italienischen Syndikate
in Deutschland

Das Treffen fand irgendwo im amerikanischen Bundesstaat Georgia statt, irgendwann im Sommer 1990. An einem geheimen Ort warteten Beamte des Bundeskriminalamtes auf *den* Überläufer in der langen Geschichte der »ehrenwerten Gesellschaft«. Der frühere Mafia-Boß Tommaso Buscetta wollte Geschichten aus dem Innenleben der Firma erzählen.

»Don Masino« ist eine Legende. Als erster Pate hat er 1984 sein Schweigen gebrochen und über den Verbrecherkonzern ausgepackt. Er hatte genug von Geld und Blut, genug von dieser »ehrlosen Mörderbande, die keine Grundsätze mehr respektiert«. Mit seiner Hilfe war es Ermittlungsrichtern wie Paolo Borsellino und Giovanni Falcone gelungen, die führenden Männer der sizilianischen »Cosa Nostra« vor Gericht zu bringen. Die Anklageschrift hatten sie im Hochsicherheitsgefängnis von Asinara verfaßt – einer kargen Insel bei Sardinien. Die Mafia war schon damals hinter ihnen her.

456 Angeklagte standen später im größten Prozeß aller Zeiten vor Gericht, wegen ihrer Gefährlichkeit eingepfercht in Zellen. Neunzehnmal verhängte das Gericht die höchste Strafe, lebenslängliche Haft; etliche Urteile wurden später allerdings wieder aufgehoben.

Aber der Verrat ist nicht vergeben und nicht vergessen. Flankiert von Leibwächtern, erschien Buscetta zu der Verabredung mit den Wiesbadener Fahndern. Über deutsche Verhältnisse wußte er natürlich wenig zu sagen, über den aktuellen Stand der Geschäfte schon gar nicht; das hatten die BKA-Leute auch nicht anders erwartet. Sie wollten das System der Mafia-Clans auf Sizilien begreifen und verstehen lernen, nach welchen Regeln die Familien organisiert sind.

Genau fünfzehn Männer, erklärte Buscetta den Deutschen, hätten Sitz und Stimme in der Cupola, der letzten Instanz auf Sizilien. Salvatore Riina sei der Boß, der Capo di Copi unter den Kardinälen des Verbrechens. Buscetta: »Ihr müßt an die Großen ran.«

Riina hat beim BKA schon eine Akte. Heimlich aufgenommene Gespräche in einer New Yorker Bar über die Macht Riinas sind dort festgehalten. Und auch ein Telefongespräch zwischen einem »Francesco« und Tommaso Inzerillo bestätigt, daß Riina »seit einiger Zeit die gesamte Organisation in der Hand hat... hinter ihm sei da keiner mehr... er habe jetzt freie Bahn«. Der vermutlich seit 1987 regierende Capo di Copi hat sich inkognito »in der Bundesrepublik aufgehalten« (BKA).

Reisebewegungen und Aufenthalte von Bernardo Provenzano in Deutschland könnten ebenfalls nachgewiesen werden. Nach Meinung Buscettas ist Provenzano die Nummer zwei des hohen Rates. Das Gremium trete vor allem bei strittigen Gebietsentscheidungen oder vor Exekutionen zusammen. Mit der Präzision von Buchprüfern fällen sie ihr Urteil.

Auch den Spuren des Lorenzo Nuvoletta sind die Fahnder nachgestiegen. Ohne die Zustimmung des auf ein Privatvermögen von 2,7 Milliarden Mark geschätzten Mafioso läuft bei der Camorra von Neapel nichts. Es gibt Hinweise auf Aktivitäten im Karlsruher Raum, und im beschaulichen Lahr soll er bei einem seiner deutschen Residenten häufiger Urlaub gemacht haben. Der Mann steht bei der Mafia im Rang eines Uomo D'Onoro – das heißt übersetzt Ehrenmann, aber darauf sollte man sich nicht verlassen.

Riina, Provenzano oder Nuvoletta sind keine gewöhnlichen Ganoven. Sie agieren wie Konzernbosse und dirigieren im Stil von Industriekapitänen milliardenschwere Unternehmen. Neben dem kriminellen Standardgeschäft tummeln sie sich im Immobiliengewerbe oder in der Hochfinanz – auch in Deutschland.

Um deutsche Polizisten mit dem Phänomen aus dem Süden vertraut zu machen, hat das BKA inzwischen Grafiken über die Gruppenstruktur der sizilianischen Mafia angefertigt. Egal auf welcher Ebene – es geht immer um viel Geld.

Er habe »konkrete Erkenntnisse«, sagt der Stuttgarter Oberstaatsanwalt Helmut Krombacher, daß auch Mitglieder der kalabrischen 'Ndrangheta im Schwabenland Geldwäsche größeren Stils betreiben. »Über zehn Millionen Mark« hätten sie »in Immobilien oder Geschäften« angelegt. Allzu gern hätte Krombacher ein Aktenzeichen vergeben, aber Geldwäsche war im Frühjahr 1992 noch nicht strafbar.

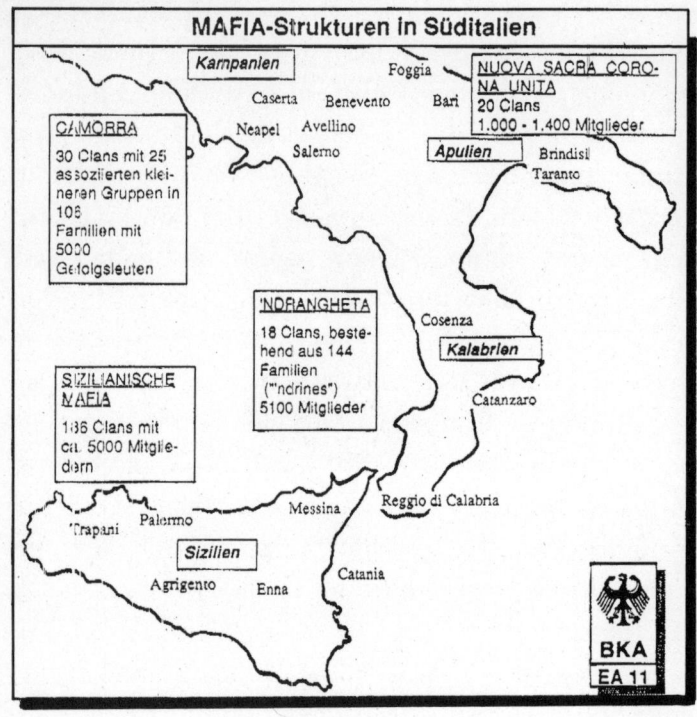

MAFIA-Strukturen in Süditalien

Kampanien

Foggia

NUOVA SACRA CORONA UNITA
20 Clans
1.000 - 1.400 Mitglieder

Caserta Benevento Bari

CAMORRA
30 Clans mit 25 assoziierten kleineren Gruppen in 108 Familien mit 5000 Gefolgsleuten

Neapel Avellino
Salerno

Apulien Brindisi
Taranto

'NDRANGHETA
18 Clans, bestehend aus 144 Familien ("'ndrines") 5100 Mitglieder

Cosenza

Kalabrien

Catanzaro

SIZILIANISCHE MAFIA
186 Clans mit ca. 5000 Mitgliedern

Reggio di Calabria

Trapani Palermo Messina

Sizilien

Agrigento Enna Catania

BKA
EA 11

2.4 Aktivitäten der italienischen Mafia-Organisationen liegen schwerpunktmäßig in den Bereichen:

- Schutzgelderpressung
- Gewaltdelikte
- Rauschgift- und Falschgeldhandel
- Wirtschaftsdelikte
- Geldwäsche.

Aktivitäten der italienischen Mafia-Organisation (BKA-Grafik)

264

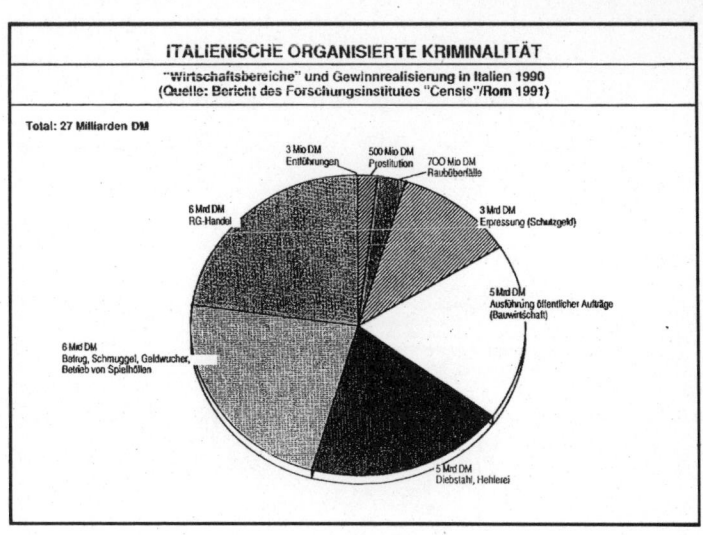

ITALIENISCHE ORGANISIERTE KRIMINALITÄT

"Wirtschaftsbereiche" und Gewinnrealisierung in Italien 1990
(Quelle: Bericht des Forschungsinstitutes "Censis"/Rom 1991)

Total: 27 Milliarden DM

3 Mio DM
Entführungen

500 Mio DM
Prostitution

700 Mio DM
Raubüberfälle

3 Mrd DM
Erpressung (Schutzgeld)

5 Mrd DM
Ausführung öffentlicher Aufträge
(Bauwirtschaft)

6 Mrd DM
RG-Handel

6 Mrd DM
Betrug, Schmuggel, Geldwucher,
Betrieb von Spielhöllen

5 Mrd DM
Diebstahl, Hehlerei

Mafia-Kriminalität in Italien (BKA-Grafik)

265

Die auf Entführungen spezialisierte 'Ndrangheta hat selbst im Münsterland Filialen. Ihre Statthalter wollten beispielsweise Anfang der neunziger Jahre Milliarden Lira fünfzig Prozent unter dem amtlichen Kurs tauschen, markiertes Kidnapping-Geld.

Über den Raubzug der Mafia im deutscheren Teil Deutschlands kursieren wildeste Spekulationen. Jesuitenpater Ennio Pinta Cuda, Leiter eines soziologischen Instituts in Palermo, ist sich sicher: »Die Mafia kauft in Ostdeutschland ganze Straßenzüge auf. Darauf kommt es an.« Die Macht der Mafia, das steht fest, wächst kontinuierlich und ist inzwischen weltumspannend. Zuletzt wurde der wilde Osten eingemeindet, demnächst steht der verflossene Ostblock an.

Ganz grob läßt sich die Aufteilung des westdeutschen Marktes so skizzieren: Camorra und »Cosa Nostra« sind mit ihren Gefolgsleuten vor allem im Rauschgiftgeschäft aktiv. Banden der 'Ndrangheta verschieben im großen Stil Luxuslimousinen, die Nuova Sacra Corona Unita (NSCU) schleust bevorzugt Waffen und Drogen nach Deutschland. Das Alltagsgeschäft mit der Schutzgelderpressung erledigen in der Weltfirma alle Tochter-Unternehmen en passant.

Es gibt gute Familienbande nach Deutschland. Auch die Bosse der Cupola wie Riina und Provenzano pflegen »verwandtschaftliche Beziehungen in die Bundesrepublik« (BKA). Die »Mafia findet hier eine komplette Logistik vor«, weiß Josef Geißdörfer, Chefermittler beim bayerischen Landeskriminalamt: »Landsleute, italienische Firmen, Geld.«

Und die Chefs der Firma wissen das zu schätzen. Pasquale Caruana und Leonardo Cuntrera gehören dazu – beide sind in der Unterwelt wirkliche Größen. Buscetta hat oft mit ihnen zusammengearbeitet. In den sechziger Jahren hatten sie arm und zerlumpt ihr Dorf Siculiana – nicht weit von Palma di Montechiaro – verlassen. In Nordamerika dienten sie sich hoch. Heute gehören sie zu den wichtigsten Figuren im weltweiten Drogenhandel, gebieten über rund 100 Firmen auf dem amerikanischen und dem europäischen Kontinent, und ein kanadisches Gericht nannte sie gar die »heimlichen Herrscher Nordamerikas«. Das FBI schätzt das Vermögen der Cosa-Nostra-Dynastie auf mehr als drei Millionen Dollar.

Solcher Erfolg gilt etwas auf Sizilien. Siculiana setzte seinen beiden berühmtesten Söhnen ein Denkmal. Caruana und Cuntrera beweisen ihre Verbundenheit mit der alten Heimat, indem sie eine feudale Villa für den Clan in Siculiana unterhalten. Hin und wieder bekommt eine Klitsche aus dem Dörfchen den Auftrag, eine Schiffsladung Äther nach Südamerika zu schaffen – immer wenn in einem der geheimen Labors, in denen Koka-Paste zu Kokain raffiniert wird, der Nachschub auszugehen droht.

Bei einem Gipfeltreffen von Mafia, Camorra und Medellin-Kartell 1988 wurde die Aufteilung des Weltmarktes für Heroin und Kokain beschlossen. Seitdem beobachten Experten wie der Frankfurter Kriminaldirektor Peter Walter dramatische Verände-

rungen. Der internationale Kokainmarkt beispielsweise wird über Mailand, zunehmend aber via
Frankfurt beliefert.

Für den wachsenden Druck, mit dem das Rauschgift auf den deutschen Markt gepumpt wird, sorgt
die Caruana-Cuntrera-Sippe, die ihren Einfluß in
Deutschland ständig ausbaut. Wenn Pasquale
Caruana, ein weitläufiger Verwandter des Paten und
so etwas wie ein Europa-Disponent, in Deutschland
zu tun hat, steigt er gern im Frankfurter Hotel »Intercontinental« ab. Bei seinem letzten Besuch heftete
sich das BKA auf seine Fersen. In sechs Wochen fuhr
er 33 000 Kilometer mit einem Leihwagen, klap-
perte im ganzen Land Kontaktleute ab – mit wenigen Ausnahmen alles Verwandte oder Bekannte aus
dem Heimatort Siculiana.

Bei der Dienstreise, so vermuten BKA-Fahnder,
ging es darum, Strohleute in Lokalen einzusetzen,
mit Depothaltern Kokainlieferungen abzurechnen,
Kuriere und Kontrolleure zu überprüfen. Zwischen-
durch blieb Don Pasquale Zeit, sich in den Spielcasinos von Baden-Baden und Wiesbaden zu entspan-
nen. Bei der Verfolgung der Dienstreisenden stießen
die BKA-Spezialisten vor allem im Rheinland auf
reichlich Ableger des Mafia-Clans aus Siculiana. So
liefen in der Folgezeit verdeckte Aktionen gegen
einen Waffenhändler in Solingen, einen Residenten
in Köln und ein Bistro in Leverkusen.

Im saarländischen Dillingen zapften die Fahnder
das Telefon von Angelo Bellavia, ebenfalls Angehöri-
ger des Siculiana-Clans, an. Dabei kam ihnen Inter-

essantes zu Ohren. Bellavia vermittelte illegal Arbeitskräfte und ging zu Treffs mit Drogenhändlern. Vor dem Mord an dem Staatsanwalt Livatino im Herbst 1990 hatte Bellavia viel mit der Heimat telefoniert – verschlüsselt zwar, aber vieldeutig. Von einer zuverlässigen Person, »die hinauf- und hinunterfährt« war die Rede, und zwei Tage später meldete ein Anrufer aus Sizilien Vollzug: »Ich habe die Freunde gesehen, alles in Ordnung.«

Bellavia wurde schließlich in Saarbrücken verhaftet. Immerhin konnte ihm der Schmuggel von 4,5 Kilogramm Heroin nachgewiesen werden. Der Mann ist dem BKA so wichtig, daß es über seine Verbindungen quer durch Europa zwei sogenannte Kontaktbilder mit vielen Verästelungen angefertigt hat. Um die verschlungenen Wege zwischen Licata, Turbigo, Solingen, Köln, Großrosseln, Dillingen und dem spanischen Gerona nachzuvollziehen, braucht es eine Weile. Und natürlich führt die Spur auch dorthin, wohin so viele Spuren führen – nach Palma di Montechiaro auf Sizilien, wo die Clans erbittert um Einfluß und Macht kämpfen.

Ein OK-Ermittler vom Bundeskriminalamt vergleicht die Mafia gern mit einer Krake, »der man einen Arm abschlägt, der aber mindestens ein neuer nachwächst«. So ist die »Linie Köln-Saarbrücken«, nach Erkenntnissen der Polizei, ein bedeutender Befehlsstrang der Rauschgift-Mafia, weiterhin völlig intakt. Subalterne Angestellte der italienischen Gastronomie in Deutschland – Kellner, Köche, Geschirrspüler – seien dabei »mehr als nur Wasserträger«.

Doch selbst vermeintlich gute Spuren führen die Kriminalisten immer wieder ins Leere. Auch der dichtabgeschottete Clan der Caruana und Cuntrera ist nicht zu packen. Als etwa die Fahnder der offenkundig eng mit den Cuntrera verbundenen Sippe Triassi in St. Ingbert/Saar auf den Leib rückten, hatte ihr Besuch bei dem Boxer Vito Triassi, auf den ersten Blick zumindest, nichts mit der Mafia zu tun.

Seine deutsche Freundin Carmen war verschwunden. Die junge Frau hatte sich von dem Italiener getrennt und war mit dem gemeinsamen Kind zu ihren Eltern gezogen. Dort rief Freund Vito sie wenig später an: Seine Mutter sei zu Besuch aus Siciliana gekommen und würde gern ihre Enkelin sehen. Carmen fuhr zu ihm, seitdem fehlt von ihr jede Spur.

So kam den Fahndern der Verdacht, daß die junge Frau von den Triassis umgebracht wurde: »Sie wußte zuviel und wollte reden.« Die Kripo bohrte auf der Suche nach der Leiche selbst den Keller der Clan-eigenen Pizzeria »San Marco« in St. Ingbert auf – ohne Erfolg. Wenn es wirklich Mord war, dann ist die Methode Sizilianern durchaus geläufig. Die Tote wird in ein Bauwerk eingemauert oder in Beton eingegossen. Das nennt man dann »Lupara bianca«, die »weiße Flinte«, weil dafür weißer Kalk verwendet wird.

Die Omertà, jene unüberwindliche Mauer, zusammengefügt aus Angst und Familienehre, erweist sich immer wieder als der beste Schutz für die Bosse. So konnte Antonio Egizio, führender Kopf der neapolitanischen Camorra, in Bayern Fuß fassen und ein Netz von Bekleidungs- und Kosmetikgeschäften aufziehen.

Als Kellner in München hatte er 1971 angefangen – da war er gerade 16 Jahre alt. Inzwischen hat er ein Firmenimperium mit Dependancen in Neapel, New York, Cleveland, Aubagne (Frankreich) und München. Die Firmen handelten mit Textilien und Parfum. »Geschäftsführer oder Prokuristen« sind nach einem Bericht des BKA »in der Regel Strohpersonen ohne jede kaufmännische Vorbildung«. Bei den Egizio-Niederlassungen in München konnten laut BKA »weder geschäftliche noch finanzielle Aktivitäten festgestellt werden, offensichtlich handelt es sich um Deckfirmen, die zum Zwecke der Geldwäsche gegründet worden sind«.

In der Firma geht es nicht zimperlich zu. Mario D'Iorio, der als Statthalter Egizios in München eine große Nummer war, wurde in der Nähe von Neapel tot aufgefunden. Er stand im Ruf, der Killer des Clans zu sein. Seine verbrannte Leiche lag in einem gepanzerten Auto Egizios. Auf Ersuchen der italienischen Behörden wurde Egizio am 1. Juli 1990 auf dem Flughafen München-Riem festgenommen. In Neapel mußte er nicht lange sitzen.

Mit dem strategisch günstigen Zugriff auf die neuen Länder und den alten Ostblock haben sich in Nürnberg gleich zwei Camorra-Clans eingenistet und überziehen den deutschen Südosten und die nahe Tschechei mit einem regelrechten Filialnetz. Die Alfieris handeln mit Ostblock-Waffen und Doubletten-Autos. Die Wagen werden gezielt nach Typ und Farbe gestohlen – entsprechend den Papieren vorher aufgekaufter Schrottautos. Kuriere bringen die Fahrzeuge zum Umbau nach Salerno und dann auf Automärkte in Prag.

Der Licciardi-Clan baute binnen Jahresfrist ein Handelsnetz auf, das bis Warschau und Moskau reicht: Hunderte von Clan-Mitgliedern verkaufen minderwertige Kunstlederjacken, die in Neapel höchstens 50 Mark kosten. Bei ahnungslosen Kunden im Osten kassieren die Camorristen dafür bis zu 3 000 Mark. Kassierer einer Berliner Bank, die das angelieferte Bargeld zählen mußten, beschwerten sich, als ein Licciardi-Mann binnen drei Wochen mehr als drei Millionen Mark nach Neapel überwies. Beim Bayerischen Landeskriminalamt gilt als sicher, daß damit nicht nur die Gewinne der Ledermänner, sondern auch Erträge aus Drogen- und Zigarettenschmuggel in die Heimat transferiert wurden.

Auch auf deutschem Boden operiert der Licciardi-Clan nach bewährter Mafia-Art – mal sanft, mal brutal, aber immer erfolgreich. So übernahm der Deutschland-Repräsentant Vittorio Persico, Inhaber des Berliner Textilgeschäftes »Nenetz Fashion«, ein Textillager in Hof-Trogen nach Erkenntnissen des Bayerischen Landeskriminalamtes durch einen einfachen Auftritt. »Diese Geschäftsübergabe«, notierten die Fahnder, »erfolgte in typischer Camorra-Manier. Allein das Erscheinen von gewissen Personen oder der Hinweis auf eine Person aus einem Camorra-

Clan reicht aus, um andere Personen dazu zu bewegen, ihr Geschäft und damit eine Lebensgrundlage aufzugeben und den Ort zu verlassen. In solchen Fällen ist es nicht notwendig, eine konkrete Drohung auszusprechen oder tatsächlich Gewalt anzuwenden.«

Die Mafia-Gruppen verbreiten Angst. Die niedersächsische Polizei beispielsweise findet kaum noch italienische Dolmetscher. Einem Übersetzer wurde regelmäßig sein Auto eingekeilt, einem anderen winkten italienische Landsleute freundlich zu, da wußte er Bescheid.

Obwohl die Mauer des Schweigens meist unüberwindlich bleibt, gehen die Spezialisten der Polizei für die organisierte Kriminalität davon aus, daß kaum noch ein italienischer Geschäftsmann in Deutschland von Schutzgeldzahlungen an Landsleute verschont bleibt.

Schutzgelderpressung ist ein todsicheres Geschäft, und es läuft weltweit nach ähnlichem Muster ab. Die Yakuza-Gangs in Japan beispielsweise haben eine simple Methode, um zu kontrollieren, wieviel Kunden ein Lokal hat. Die Oshibori, die nassen, heißen Waschlappen, die man in jeder japanischen Bar, jedem Café und Restaurant erhält, werden unweigerlich von einer Yakuza-Firma gewaschen, verpackt und angeliefert. So kann der Eigentümer beim Umsatz nicht mogeln, und er zahlt nach Tarif Schutzgeld.

Die italienische Mafia macht es etwas anders. Sie bietet etwa in Berlin »Schutzengel« an. »Wenn Du einen Kellner und einen Zapfer von uns nimmst«, so die Standardformulierung, »kommen keine Schläger.« Die Wirte zahlen dankbar noch eine Vermittlungsgebühr, und die Firma behält den Laden im Blick.

Das heilige Köln scheint so fest in der Hand der Schutzgelderpresser, daß bei den meisten Wirten schon die »sanfte Methode« nachhaltigen Eindruck macht. So erschienen kürzlich, erzählt der Kölner Kriminalbeamte Günter Sausen, Leiter der OK-Abteilung, mehrere Gäste in einer Pizzeria. Sie baten den Besitzer um eine »monatliche Spende von 2000 Mark« für eine ältere Italienerin, die in ihrer Heimat einen schweren Unfall gehabt habe. Als der Mann sich weigerte, nannten die Unbekannten den Namen einer Verwandten des Wirtes mit genauer Adresse und machten deutlich: »Auch diese Frau kann einen schweren Unfall haben.«

Der Wirt zahlte. Sausen kennt Fälle, in denen sogenannte Vereine zur Unterstützung von Landsleuten bis zu 6000 Mark monatlich kassieren. Ein Gastwirt aus Hamburg erlebte, daß die gängigste immer noch die brutale Methode ist. Stundenlang klingelte nachts im Lokal das Telefon. Seine Schäferhunde wurden aus dem Zwinger entführt, Unbekannte demolierten seine Wohnung. Als schließlich ein Unbekannter eine Pistole zog, zahlte er.

In Niedersachsen explodierten hintereinander zwei Sprengbomben. Obwohl die Polizei schnell herausfand, daß in beiden Fällen Profis am Werk waren, die militärischen Sprengstoff zur Verfügung hatten, wiegelte der Besitzer ab. Wenig später verkauft er den Pizza-Laden für einen Spottpreis. Erklärung des 45jährigen: Er wolle sich aus »Altersgründen zur Ruhe setzen«.

Gute Beziehungen zur Firma zahlen sich aus. Als in Niedersachsen vier junge, in Deutschland geborene Sizilianer, bei einem alteingesessenen Landsmann um »Geld für einen Freund in Palermo« baten, aktivierte der Gastronom, wie die Polizei aus einer Telefonüberwachung weiß, seine »Freunde in Hannover«. *»Hier tauchen junge Leute auf, die sind frech und von ihren Vätern schlecht erzogen. Wir müssen sie zur Ordnung rufen, die wissen nicht, was sie tun.«*

Wenige Tage später brannte der Mercedes eines jungen Sizilianers aus. Beim zweiten wurde eine Axt in die Tür geschlagen, und der dritte fand eine rote Rose auf der Treppe – in Italien Blumen, die auf einen Sarg gehören. Per Telefon kam auch die Vollzugsmeldung: »Die jungen Leute sind jetzt vernünftig geworden, sie werden Urlaub machen.«

Die zweite Macht
Der Vormarsch des organisierten Verbrechens in der bayerischen Provinz

In Weiden waren über Jahrzehnte die Machtverhältnisse überschaubar geregelt. In dem oberpfälzischen Provinzstädtchen regiert der mächtigste Bezirksverband der CSU, gut 60 Prozent sind ihm immer sicher. Zu den hochgeachteten Honoratioren zählt Bayerns robuster Wirtschaftsminister August Lang, den sie nur »Gustl« nennen.

In der Nacht zum 30. Juli 1991 wurde den Einwohnern schlagartig klar, daß es neben Lang noch eine andere Macht in Weiden gibt, eine weitaus schrecklichere. Kurz vor Morgengrauen schlugen aus dem italienischen Restaurant »Buon Pastore« Flammen, Minuten später brannte das ganze Haus. Die vier Bewohner konnten sich im letzten Moment retten. Der Wirt hatte sein Geld nicht mit der Mafia teilen wollen, da brannten sie sein Lokal nieder.

Das Feuer in der Sommernacht war zugleich ein Anschlag auf die kleinstädtische Beschaulichkeit. Die Bewohner erlebten eine Heimsuchung: In Weiden und der burgenreichen Umgebung des Naab-Tals hatte das organisierte Verbrechen Einzug gehalten. Nur wenige wußten es, vielleicht nicht einmal Lang. Jedenfalls sprach keiner darüber.

Denn im frommen Land Bayern, wo so viel Scheinheiliges unter Heiligenscheinen abgewickelt wird, redet man nicht über Heimsuchungen. Im Ort des Bettzeugfabrikanten Josef Witt wird keine drekkige Wäsche ausgehängt. Wirte, Geschäftsleute und Hoteliers zahlten pünktlich und schweigend Schutzgelder. Der Patron des »Buon Pastore« war stur, auch von Warnungen ließ er sich nicht beeindrucken. Zwei Sizilianer und ein Neapolitaner, Mitglieder eines Syndikats, wurden kurz nach dem Anschlag geschnappt, alles junge Kerle. Sie hätten, gaben sie vor der Polizei an, allen Zahlungsunwilligen eine Warnung erteilen wollen.

Wirtschaftsminister Lang, den seine Parteifreunde auch August den Starken nennen, und sein Kabinettskollege Innenminister Edmund Stoiber, müssen sich auf einen Kampf einstellen, gegen den die Auseinandersetzungen um die Wiederaufbereitungsanlage Wackersdorf ein Klacks waren. Die Gefahr kommt aus dem Süden. Bayern ist bis in den letzten Winkel seiner tiefsten Provinz, von Weiden bis Kempten, ein Aktionsfeld der Mafia geworden. Die italienischen Gangs haben es nicht nur auf Schutzgelder abgesehen, alle Geschäftsarten des verbrecherischen Konzerns werden gepflegt. Auf der Flucht vor italienischen Mafia-Jägern wählten Großkriminelle aus Neapel oder Sizilien bayerische Provinzstädte als Exil, viele Ganoven aus den Clans folgen ihnen.

Kempten im Allgäu hat wegen seiner vielen Mafiosi in Italien schon Berühmtheit erlangt. Das Städtchen, schrieb die Zeitung »La Sicilia«, »steht inzwischen unter der Kontrolle von Mafia-Banden«.

Weitflächige Ermittlungen mit Telefonüberwachung und V-Leuten des bayerischen Landeskriminalamtes (LKA) deckten ein dichtes mafioses Geflecht auf. Sein Zentrum ist das Allgäu, die Verbindungen reichen von Mailand bis Amsterdam, Zürich, Berlin, Köln und Hannover. Gegen rund 130 Verdächtige wird ermittelt. Ihnen werden Schutzgelderpressungen, Drogenhandel, Waffenschmuggel, Einbrüche, Körperverletzungen, Brandanschläge und Geschäfte mit Falschgeld vorgeworfen.

Einer der Anführer der italienischen Gangs in Kempten war Salvatore Salamone, 35. Ein Kriminalbeamter in Kempten war durch ein Fahndungsfoto von Interpol in Rom auf den kleinen Sizilianer aus der Gegend um den Vulkan Ätna aufmerksam geworden.

Das Gesicht mit der Warze am linken Auge war leicht zu merken. Das Foto gehörte zum Steckbrief eines gefährlichen Killers: Salamone wurde in Italien als Doppelmörder gesucht. Der Mafioso gilt als Kopf des gefürchteten Santangelo-Clans aus dem sizilianischen Städtchen Adrano.

Die Fahnder waren schon vor dem Fahndungsauftrag der italienischen Kollegen Salamone dicht auf den Fersen. Sie hatten seine Telefongespräche belauscht und den Ring um die Kemptener Mafia immer enger gezogen. Die meisten Mitglieder hatten sich auf das Eintreiben von Schutzgeldern spezialisiert.

Erpreßt wurden meist Landsleute wie der Pizzabäcker des »Da Tore« in Marktoberdorf. Die Cousins Alfio und Giovanni Leanza aus Biancavilla bei Adrano gaben sich beim Wirt als Vertraute des

»Mafia-Clans aus Kempten« aus und behaupteten, verhindern zu können, »daß die deiner Familie was antun«.

Als der Wirt, der mal 400, mal 500 Mark gegeben hatte, beim vierten Besuch die Zahlung verweigerte, hörte er den einen Erpresser leise sagen: »Entweder er zahlt, oder ich hole das Maschinengewehr aus dem Auto.« In Todesangst blätterte der Gastronom noch einmal tausend Mark hin.

In Kempten, so das LKA in München in einem internen Bericht, sei bei der Schutzgelderpressung seit Jahren eine »überhöhte Dunkelziffer« festzustellen. Doch wenn bedrängte Wirte nach der Ursache von Prellungen und Platzwunden gefragt wurden, fanden sie dumme Ausreden oder sagten gar nichts.

300 Polizisten waren im Einsatz, als einige Kemptener Mafiosi im Advent 1989 aufflogen, acht Italiener wurden verhaftet, darunter auch Salamone. Der sitzt nun in einem Hochsicherheitstrakt in Neapel ein. Die Nachfolge von Salamone übernahm im Frühjahr 1990 laut BKA-Studie über die »italienische organisierte Kriminalität« Vito di Stefano, ebenfalls aus Adrano. Der Inhaber des Lokals »Da Francesca« in Memmingen kurbelte angeblich die Mafia-Aktivitäten kräftig an. Die Brandanschläge auf Lokale nahmen zu, unzuverlässige Drogenkuriere, die singen wollten, wurden in Catania erschossen.

Eines Tages wurde di Stefano mit falschen Dollarnoten aus Mailand erwischt, die als Probestücke für einen Millionen-Deal nach Berlin gehen sollten. Wenig später flog er erneut auf, als er in Ulm mit einem Begleiter aus Amsterdam kam; der hatte 200 Gramm Kokain in der Tasche. Den Vorwurf, er habe etwas mit der Mafia zu tun, weist di Stefano als »lächerlich« zurück.

Der 37jährige Sizilianer war in den achtziger Jahren Besitzer mehrerer Restaurants in Belgien. Gegen di Stefano ermittelt die Polizei im Nachbarland immer noch wegen des Verdachts, seinen Koch ermordet zu haben. Weil ihm die Tat nicht nachzuweisen war, kam er aus belgischer Haft frei. Früher schon war er gelegentlich ins bayerische Kempten gereist, um gesprächige Zeugen einzuschüchtern. Die Polizei in Catania hält ihn, so LKA-Ermittler Josef Geißdörfer, für »einen wesentlichen Mafia-Mann«. Die Polizei in Genua ortete Komplizen von ihm auf dem Kokain-Markt.

Ein Bruder di Stefanos sammelte bei wohlhabenden Italienern in Kempten Zuschüsse zu den Prozeßkosten ein und erhielt mal 2 000, mal 3 000 Mark. An einem Bus, der Arbeiter zu einer Baustelle transportierte, waren eines Morgens die Bremsleitungen zerschnitten; der Bauunternehmer hatte nichts für die Kollekte des Santangelo-Clans erübrigen wollen.

Der Kemptener Pate gilt als bundesweiter Lieferant von Kokain. Den Stoff beschafft er sich meist über alte Verbindungen in Belgien und belieferte damit auch einen Pizza-Bringdienst in Hannover. Die Landsleute betrieben nach Feststellungen des BKA Kokain- und Heroingeschäfte in großem Stil.

Vito di Stefano regiert zur Zeit aus dem Gefängnis. Aus Sizilien läßt er neue Mitglieder für seinen

Kemptener Clan kommen. Mit versteckten Botschaften dirigiert er die einzelnen Aktionen.

Wie nur konnte das friedliche Kempten zur Residenz der Mafia werden? In den sechziger Jahren hatte die Textilmaschinenfabrik »Saurer-Allma« Bedarf an Gastarbeitern. In der Gegend zwischen den Dörfern Adrano, Biancavilla und Paternò lockten damals Beamte des Kemptener Arbeitsamtes rund 100 Sizilianer ins Allgäu.

Die Gegend gilt heute wegen der regelmäßigen Schießereien zwischen den Anhängern des Santangelo-Clans und ihrer Konkurrenten als »Todesdreieck«. Jährlich findet dort die Polizei doppelt so viele Leichen wie im berüchtigten Palermo.

Fast 30 Kemptener Mafiosi sitzen derzeit in Gefängnissen ein. Das hat allerdings die Aktivitäten der Leute um di Stefano nicht beeinträchtigt. Rund 15 Sizilianer blockierten unlängst in einem türkischen Restaurant die Tische für andere Gäste, bestellten üppig, zahlten aber nicht. Die Rechnungen präsentiert in Bayern die Mafia.

Die »pista tedesca«
Die deutsche Spur im Mordfall des Paolo Borsellino

Paolo Borsellino war stets auf der Hut. Keine festen Gewohnheiten, keine verbindlichen Verabredungen. Wann er kommen oder gehen wollte, erfuhr selbst seine schwerbewaffnete Eskorte erst im letzten Augenblick. Die Regeln der »ehrenwerten Gesellschaft« waren dem Staatsanwalt vertraut – die Mafia plant lange, schlägt dann aber mit äußerster Präzision und Brutalität zu.

Der letzte Tag im Leben des Mafia-Jägers aus Palermo war ein Sonntag. Überraschend leistete sich der Ermittlungsrichter mit Frau und Sohn einen Ausflug in den sizilianischen Badeort Villagrazia di Carini. Dort hat sein brüderlicher Freund Guiseppe Tricoli eine Villa.

»Wir haben zusammen zu Mittag gegessen«, erzählt Tricoli. Borsellino sei recht ausgelassen gewesen. Die Sache, um die sich für ihn immer alles drehte, stand diesmal gar nicht so schlecht. Erst vor ein paar Tagen war Borsellino von verschwiegenen Ermittlungen aus Deutschland zurückgekehrt. Er war länger geblieben als geplant, der Fahnder hatte wichtige Entdeckungen gemacht. Tricoli erinnert sich: »Paolo scherzte und lachte.«

Aber auch an einem solchen Tag duldete die Arbeit keinen Aufschub. Gegen 16 Uhr zog sich Borsellino zurück. Mit seinem Funktelefon wählte er eine Nummer im Bundeskriminalamt (BKA). Das Telefongespräch vom südlichen Ende Italiens wurde in Wiesbaden schon dringend erwartet.

Der deutsche Kommissar, ein OK-Spezialist, und der italienische Staatsanwalt kannten sich von gemeinsamen Ermittlungen. Die Zeit drängte. Borsellino kündigte ein neues Treffen an, irgendwann in den nächsten Tagen.

Knapp eine Stunde nach dem Telefonat, Punkt 16.54 Uhr, stand er, bewacht von den Leibwächtern, vor der Tür seiner Mutter in der Via Mariano D'Amelio. »Mama, ich bin es, Paolo«, sagte er in die Sprechanlage. Ein paar Sekunden später wurden Borsellino und seine fünf Bewacher von einer Autobombe zerfetzt.

Das Attentat am 19. Juli, der vorerst letzte große Schlag der Mafia, hat deutsche Sicherheitsexperten verstört – als hätte es in Deutschland geknallt. Denn mit Borsellino wurde nicht nur der Mann umgebracht, der als erster soweit gekommen war, deutsche Residenzen der »ehrenwerten Gesellschaft« auszuheben. Alle Ermittlungen über das Blutbad führen aus Italien auf eine »pista tedesca«, eine deutsche Spur.

»Immer konkreter«, so resümierte im Sommer 1992 die italienische Tageszeitung »La Stampa«, zeichne sich das Ergebnis ab: »Sie kamen aus Deutschland, die Killer von Borsellino.« Seit dem Mord an dem Richter sprechen Fahnder und Sicherheitsexperten diesseits der Alpen aus, was vorher nur in internen Dossiers zu lesen war: Die Mafia ist da. Von Pizzerien am Rhein und Neckar machen sich Killerkommandos in die Heimat auf. Deutschland ist das Ruhegebiet der Gangster – und von Deutschland aus finanziert sich die »ehrenwerte Gesellschaft« zu einem guten Teil.

Die Herren von hinter den Bergen haben »ihre Aktivitäten in der Bundesrepublik Deutschland in einem weit höheren Maß entwickelt, als dies bisher vermutet wurde«, heißt es in einem BKA-Bericht aus dem Frühjahr 1992. Auch Borsellino war das geläufig. Von seinem letzten Besuch in Deutschland hatte er ein paar Geständnisse mit in die Heimat gebracht. Nach seiner Rückkehr berichtete er daheim von einem »Durchbruch«.

Der Nachfolger des zuvor ebenfalls von der Mafia ermordeten Richters Giovanni Falcone hatte wichtige Aufschlüsse über die Agrigenter Mafia, einen besonders mächtigen und brutalen Zweig in der gleichnamigen sizilianischen Provinz, gewonnen. »Jetzt sind mir die Verhältnisse bei den Agrigentern völlig klar«, vertraute Borsellino am Tag vor seinem Tod einem befreundeten Richter an.

»Akten von größter Wichtigkeit«, behauptet auch der langjährige Borsellino-Begleiter Carmelo Canale, seien »aus Deutschland mitgebracht« worden. »Die Untersuchungen zeigen ein völlig neues Bild.« Die Akten betrafen einen Mafia-Mord, dessen Aufklärung dem Richter Borsellino besonders am Herzen lag: den Mordfall Livatino.

Rosario Livatino, 38, ist ein mutiger Vertreter seines Fachs gewesen. Er gehörte zu jener kleinen Kriegerkaste von Strafverfolgern in Italien, die nicht zulassen wollen, daß das Erzübel siegt. Unerschrocken hatte sich Livatino mit den Clans von Agrigent angelegt. Er wurde am 21. September 1990 hingerichtet – öffentlich.

An diesem Tag verließ Livatino gegen 8.30 Uhr in der Frühe sein Haus, um in der Provinzhauptstadt Agrigent über das Vorgehen gegen elf Mafiosi aus Palma di Montechiaro zu beraten. Gegen 8.45 wurde sein Ford auf der Staatsstraße 640 aus einem Fiat Uno beschossen. Ein Motorrad brauste heran. Livatino versuchte, über ein Feld zu flüchten. Das Mafia-Kommando feuerte auf ihn. Livatino stürzte, und einer der Killer holte ihn nach 15 Metern ein. Er schob ihm die Pistole in den Mund und drückte ab.

Der Vertreter Piero Ivano Nava hat die Täter beobachtet. Was er sah, hat er dem Gendarmen Guiliano Guazelli erzählt, und der kannte in dieser Gegend wirklich jeden Mafioso. Seit 40 Jahren kämpfte er gegen die Familie, und sein Gedächtnis war gut. Guazelli zeigte dem Zeugen einige Fotos – von Hochzeiten und Beerdigungen. Schon kurz danach gab es eine »pista tedesca«.

Am selben Tag noch, Punkt 19.09 Uhr, ging bei der deutschen Polizei ein Fahndungsersuchen nach Domenico Pace und Gaetano Puzzangaro aus dem sizilianischen Städtchen Palma di Montechiaro ein. Auch Paolo Amico wurde gesucht, der Neffe des Bürgermeisters.

Ebenfalls noch am 21. September lieferten die italienischen Behörden detaillierte Hinweise auf den Aufenthaltsort der Männer. Sie lebten im Raum Köln und hätten im Dormagener Lokal »Portofino« häufiger Teller gewaschen oder hinter der Theke gestanden. Viele der Gäste stammten auch aus Palma.

Auf der Suche nach den Verdächtigen stießen die Fahnder bald auf die Leverkusener Pizzeria »Ai Trulli«. Der Wirt war kein Unbekannter. 1986 hatte im »Ai Trulli« ein Treffen von Sizilianern stattgefunden, das Beteiligte später als »Versöhnungsessen« bezeichneten. Es endete, wie Versöhnungsessen in Mafia-Filmen enden: tödlich.

Zu später Stunde fuhr damals die Tafelrunde in einem BMW in den Wald bei Haltern. Dort wurde einer der Esser auf einen Scheiterhaufen gelegt und verbrannt. Er hatte früher mal die anderen reingelegt. Sein fünfjähriger Sohn wurde vor dem italienischen Konsulat in München mit einem Schild um den Hals (»Bringt mich zu meiner Mutter nach Palermo«) an den Pranger gestellt. Dann verschwand der Junge Richtung Sizilien.

Dem Wirt war zunächst durchaus erinnerlich, wer da bei ihm gespeist hatte – später kam er mit einer neuen Version über. Heftig belastete er sich selbst und erzählte, er habe das Opfer in den Wald kutschiert. Das war zwar nachweislich falsch, aber die Mafia mag nicht, wenn jemand geschwätzig ist.

Das »Ai Trulli« erwies sich auch beim Livatino-Mord als gute Adresse. Zwei der mutmaßlichen

Mörder hatten dort Schlafstellen und konnten fest-
genommen werden. Nach der Festnahme im »Ai
Trulli« flog der Beobachter des Livatino-Mordes,
Piero Ivano Nava, mit Carabinieri-Begleitung nach
Köln. Vor dem 10. Kommissariat sagte er aus:

*Auf Frage erkläre ich, daß ich am 21. 09. 90 mit mei-
nem Pkw geschäftlich unterwegs war.*

*Ich befuhr mit meinem Pkw eine normale Straße
zwischen Caltanissetta und Agrigent.*

*Der Pkw des Richters, ein roter FIESTA, stand am
Straßenrand etwa drei Kilometer von Agrigent entfernt und hatte die hintere Scheibe kaputt.*

*Als ich mich dem Fahrzeug näherte, sah ich eine
männliche Person stehend mit einem Motorrad-
schutzhelm. Es war ein weißer Helm. Das Gesicht
des Mannes war nicht zu erkennen.*

Auf Frage kann ich den Mann wie folgt beschreiben:

*dunkelroter Pullover, eine Blue-Jeans von heller
Farbe (verwaschen), die Hose war etwas kurz, der
Mann trug »Thimberland-Schuhe«. Er war etwa 180
cm groß, breitschultrig und schlank.*

Eine weitere Beschreibung kann ich nicht abgeben.

*Der Mann stand da und tat nichts. Er hatte nichts in
der Hand und stand so da, als ob er rein zufällig da*

gewesen wäre. Ich glaube, ich habe vor dem parken-
den Auto des Richters ein Motorrad gesehen – Art
Motocross. Da bin ich mir aber nicht sicher.

Dazu ist es wichtig zu wissen, daß mich zwei Leute
auf einem Motorrad vorher ziemlich gefährlich über-
holt hatten. Die sind fast auf mein Auto draufgefah-
ren und ich war darüber sehr sauer. Ich habe gese-
hen, daß das Kennzeichen dieses Motorrades abge-
deckt war. Das heißt, die hatten Klebestreifen so
angebracht, daß die Buchstaben der Stadt und die
erste Zahl nicht mehr zu erkennen war.

Als ich die beiden dann an dem Auto des Richters
sah, habe ich die beiden sofort als die Motorradbe-
nutzer wiedererkannt und mir gedacht, daß sie einen
Unfall gebaut haben.

<u>Frage</u>: Wo befand sich denn der zweite Mann?
<u>Antwort</u>: Die zweite Person war gerade dabei, über
die Leitplanke zu springen – mit einer Pistole in der
Hand. Von der Straße über die Leitplanke in einen
kleinen Graben.

Als ich an den parkenden Pkw heranfuhr, habe ich ja
zunächst gedacht, daß ein Unfall passiert wäre. Ich
habe daher mein Fahrzeug langsam abgebremst.
Dann sah ich aber die beiden Männer und die Pistole
bei dem einen, der dann in den Graben sprang.

Bei diesem Abbremsen sah ich dann auch noch
eine dritte Person, dunkelblau gekleidet, offensicht-
lich weglaufen.

Frage: Wie weit waren Sie von dem Geschehen weg, als Sie Ihr Fahrzeug abgebremst haben?

Antwort: Ich war sehr nahe am Geschehen dran. Ich stand ja fast unmittelbar hinter dem Fiesta. Die Personen waren vielleicht höchstens 6 Meter von mir weg.

Durch diese ganze Sache habe ich natürlich Angst bekommen. Ich bin langsam mit meinem Wagen vorbeigefahren, habe dabei aber weiter in den Rückspiegel geschaut. Dabei habe ich die männliche Person mit der Waffe in der Hand sehr genau gesehen.

Auf Frage kann ich diese zweite Person wie folgt beschreiben:

Es war ein junger Mann – 23 bis 25 Jahre alt –, eher aber 25 Jahre, sportlicher Typ, der sehr leichtfüßig über diese Leitplanke sprang. Etwa 180 cm groß, schwarze Haare, dabei waren diese Haare gewellt und die Ohren waren freigeschnitten, das heißt ohne Koteletten. Er war sehr hellhäutig, nicht eigentlich wie ein Sizilianer. Kein Schnäuzer; eckiges Gesicht; ziemlich lange Arme. Ein Madras-Hemd (grün und braun kariert) mit aufgerollten Ärmeln. Er trug eine beige Hose. Zuerst habe ich gedacht, der Mann würde eine ziemlich kurze Hose tragen (Art: Knickerbocker), es kann aber sein, daß das nur so wirkte, denn er hatte hohe Schnallenstiefel an. Die Stiefel waren dunkelbraun. Ich vermute, daß er die Hose in die Stiefel gesteckt hatte.

Er hielt die Waffe in der linken Hand. Es handelte sich um eine langläufige Waffe. Es war ein Trommelrevolver.

Ich muß mich berichtigen. Es war eine normale Pistole, mit langem doppelten Lauf.

Ich will an dieser Stelle nochmals betonen, daß ich mir diesen Mann aus folgenden Gründen genau einprägen konnte:

Ich sah ihn zuerst, als ich langsam heranfuhr und dann, als ich an ihm langsam nahe vorbeifuhr.

Ich hatte einen Nagel in meinen linken Reifen eingefahren und mußte von daher schon sehr langsam fahren. Die Straße ist nicht breiter als dieses Zimmer (ca. 4 Meter). Von daher schätze ich, daß ich maximal 5 bis 6 Meter von ihm entfernt war. Ich habe den Mann springen sehen und dabei auch voll in sein Gesicht geschaut.

Wie gesagt, bin ich ja langsam weitergefahren, dann habe ich etwa 20 bis 25 Meter entfernt einen Pkw, Fiat Uno, Farbe: beige, gesehen, der schräg auf der Straße stand.

Als ich an diesem PKW vorbeifuhr, schaute ich noch in den Rückspiegel und sah, daß die Lichter vorne an diesem Auto kaputt waren.

Ich hatte nicht den Eindruck, daß eine Person in diesem PKW saß. Ich war sehr aufgeregt, mir zitterten die Beine.

Ansonsten ist mir an diesem Wagen nichts aufgefallen.

Ich bin weitergefahren und habe von der ersten Telefonzelle aus die Polizei angerufen.

Auf Frage erkläre ich, daß ich durch die italienischen Justizbehörden nach Köln verbracht wurde, um hier an einer Gegenüberstellung mitzuwirken. Dazu wurde ich zunächst in das Polizeipräsidium Köln verbracht.

Im Polizeigewahrsam konnte ich mich in einen abgedunkelten Raum begeben, der mit einem sogenannten »Venezianischen Spiegel« versehen war. Aus einer Zelle wurde mir auf diesem Wege eine männliche Person vorgeführt. Diese Person konnte ich mir aus ca. zwei bis drei Metern Entfernung bei hellerleuchtetem Flur ansehen, und zwar von allen Seiten.

Zu dieser mir vorgeführten Person kann ich nunmehr sagen, daß der Mann vom körperlichen Aussehen bzw. körperlichen Bau her, man kann auch sagen, von seiner allgemeinen Erscheinung her und von seiner Art zu Stehen, von mir als derjenige identifiziert wurde, der neben dem Ford Fiesta stand und einen Motorradhelm trug. Es handelt sich dabei um den Mann, den ich als erstes beschrieben habe.
(PAOLO AMICO – die Redaktion)

Auf Frage erkläre ich, daß ich mir im Hinblick auf meine Identifizierung lediglich von der körperlichen Statur ausgehen kann, weil das Gesicht dieses Mannes nicht zu erkennen war.

Von der Art, wie dieser Mann stand und sich bewegte, bestand jedoch eine große Übereinstim-

mung mit demjenigen, der an dem Wagen des Richters gestanden hatte.

Nach dieser Gegenüberstellung wurde auf der Dienststelle des 10. Kommissariats eine weitere Gegenüberstellung durchgeführt, und zwar dergestalt, daß ich Gelegenheit hatte, durch eine spaltweit geöffnete Tür eine männliche Person, die auf dem Flur stand, in Augenschein zu nehmen.

Dabei konnte ich diese Person genau sehen. Ich hatte auch Gelegenheit, mir diese Person länger anzusehen.

Zu dieser zweiten Person kann ich sagen, daß er, wenn er nicht einen Doppelgänger hat, er mit Sicherheit der Mann ist, der mit der Pistole in der Hand über die Leitplanke gesprungen ist. (DOMENICO PACE – die Redaktion) Da bin ich mir fast 100prozentig sicher.

Vorhalt: Als Ihnen diese zweite Person vorgeführt wurde, rangen Sie mühsam um Fassung. Sie wirkten plötzlich sehr blaß und versuchten sich an der Zimmerwand festzuhalten. Können Sie dazu etwas sagen?

Antwort: Als ich den Mann sah, hat mich fast der Schlag getroffen. Ich habe sofort gesagt: »Gott, wenn er mich sieht, dann gibt es Ärger.« Ich habe sofort die Türe aus Angst selbst wieder geschlossen.

Mehr kann ich im Moment zu dieser Sache nicht sagen. Im übrigen habe ich in dieser Sache bei der *italienischen Polizei eine umfassende Aussage gemacht.*

Die Vernehmung endete um 2.40 Uhr.

Die Ermittlungen im Mordfall Livatino kamen auch durch die Zusammenarbeit von BKA und Borsellino voran. Geholfen hat den Mafia-Fahndern ausgerechnet ein Sachse:

Heiko, 27, geboren in Dresden und gelernter Werkzeugmacher. 1984 ist er nach versuchter Republikflucht abgeschoben worden. Im Westen fand er nicht den richtigen Tritt, auch die Karriere als Krimineller war eher bescheiden. Er holte Hasch ab, bunkerte die Portionen und lieferte sie aus. Ein paar Einbrüche in Gera, Meißen und Coswig – keine krummen Dinger, die wirklich ins Gewicht fallen. Selbst seine Kalaschnikow war ein Imitat.

Für einen kleinen Ganoven kann die Mafia die große Welt sein. Heiko fand Kontakt zu einem Mitglied der kalabrischen 'Ndrangheta und später auch zu Puzzangaro. Große Aufstiegschancen hatte er zwar nicht – die Organisationsstrukturen der »ehrenwerten Gesellschaft« sind in Jahrhunderten gewachsen –, da ist für Fremde kein Platz. Aber für die kleinen Gelegenheiten wird durchaus Fußvolk benötigt.

Heiko gehörte nicht zur Familie, dennoch durfte er gelegentlich mit den neuen Freunden aus Deutschland nach Sizilien reisen. »Der Deutsche soll weg«, sagte ein Pate, aber die jungen Mafiosi wollten nicht hören. Es kam, wie es kommen mußte.

Heiko wurde wieder mal geschnappt, und diesmal drohte ihm eine Anklage wegen Mitgliedschaft in einer kriminellen Vereinigung. Er war geständig und schrieb lange Listen mit lauter Namen von Mafiosi-Freunden auf.

Elektrisiert war vor allem Borsellino, der immer noch den Hintermännern des Livatino-Mordes nachstieg. Heiko belastete Puzzangaro stark. Dieser habe sich ihm gegenüber mit der Exekution des Richters gebrüstet. Bislang hatte das niemand Puzzangaro nachweisen können.

Die Fahndung lief an. Am 20. Mai 1992 brachte eine Maschine der »Alitalia« Observationsfotos des 23jährigen nach Deutschland. Ein Team aus deutschen und italienischen Spezialisten wartete schon auf die Bilder. Puzzangaro war nur schwer zu packen gewesen. Interpol hatte zwar Vater Salvatore und Bruder Giuseppe rund um die Uhr abgehört, aber wenn sich Puzzangaro meldete, quasselte er nicht lange. Am 30. Januar 1992 etwa rief er den Bruder an und sagte, daß er zu Fuß über die Grenze kommen werde. Einen Monat brauche er, um auf Sizilien die Dinge zu regeln. Doch wann und wo, sagte er nicht.

Aber Ende Mai 1992 war es dann vorbei. Puzzangaro wurde von mehreren Sondertrupps im hessischen Waldorf-Mörfeld überrumpelt. Auch ein falscher Ausweis auf den Namen Domenico Casuccio half nicht. Bei Puzzangaro, den sie die »Mücke« nannten, weil er angeblich nie zu packen war, wurden sieben

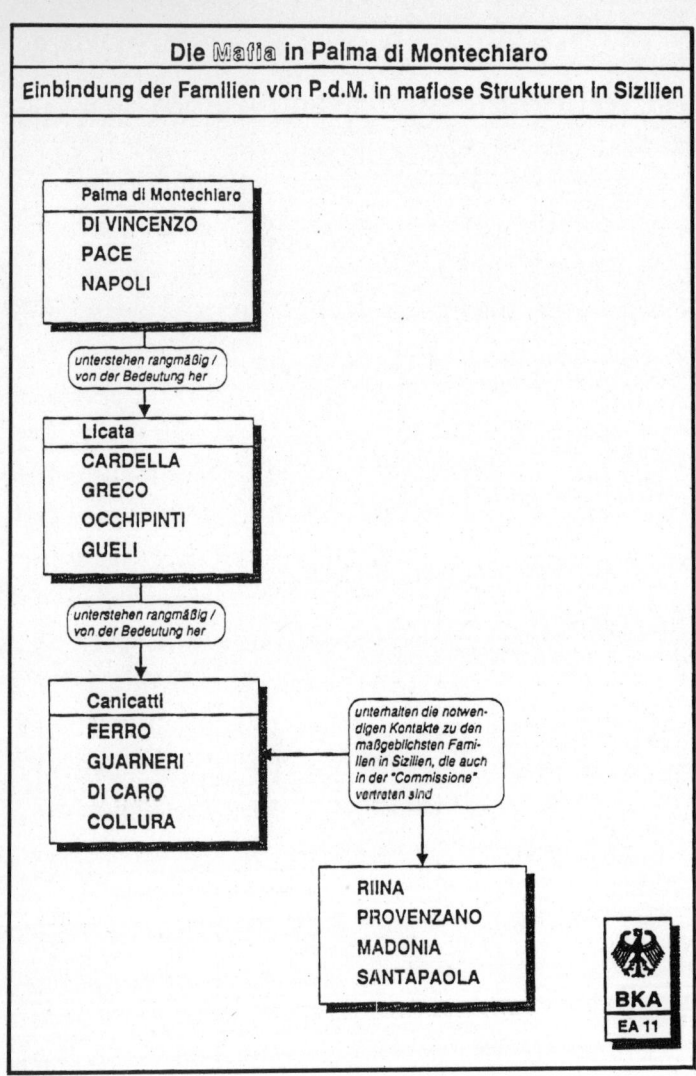

Die Mafia in Palma di Montechiaro

Einbindung der Familien von P.d.M. in mafiose Strukturen in Sizilien

Palma di Montechiaro
- DI VINCENZO
- PACE
- NAPOLI

unterstehen rangmäßig / von der Bedeutung her

Licata
- CARDELLA
- GRECO
- OCCHIPINTI
- GUELI

unterstehen rangmäßig / von der Bedeutung her

Canicattì
- FERRO
- GUARNERI
- DI CARO
- COLLURA

unterhalten die notwendigen Kontakte zu den maßgeblichsten Familien in Sizilien, die auch in der "Commissione" vertreten sind

- RIINA
- PROVENZANO
- MADONIA
- SANTAPAOLA

BKA
EA 11

BKA-Grafik zur Mafia-Struktur in Sizilien

296

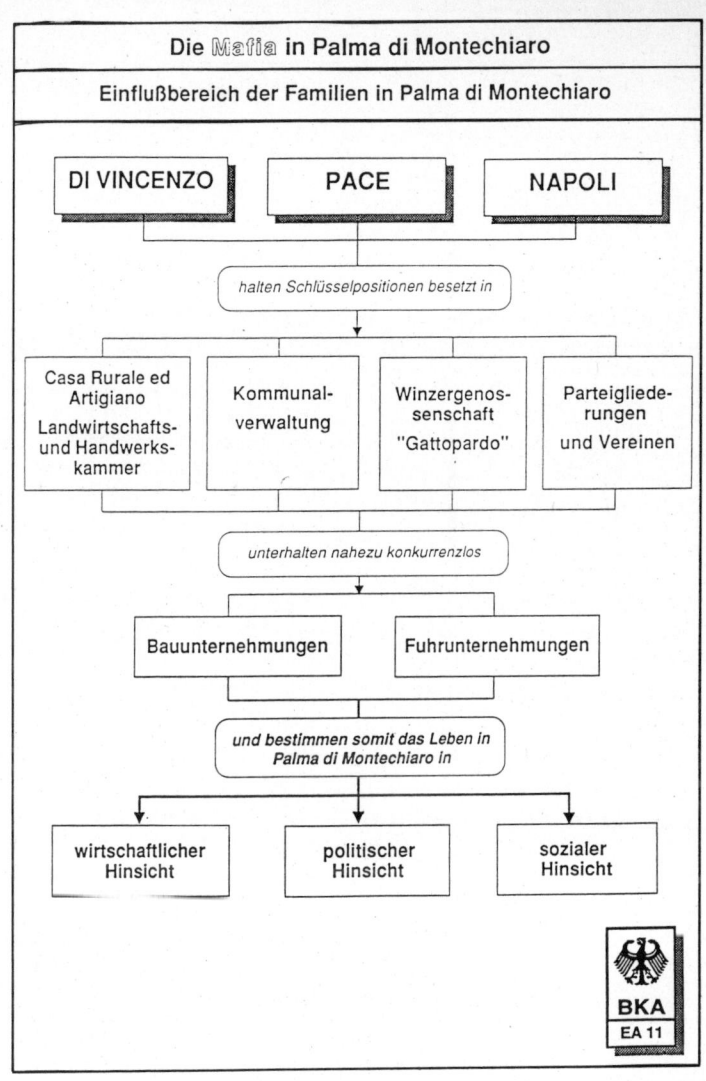

BKA-Grafik zur Mafia-Struktur in Sizilien

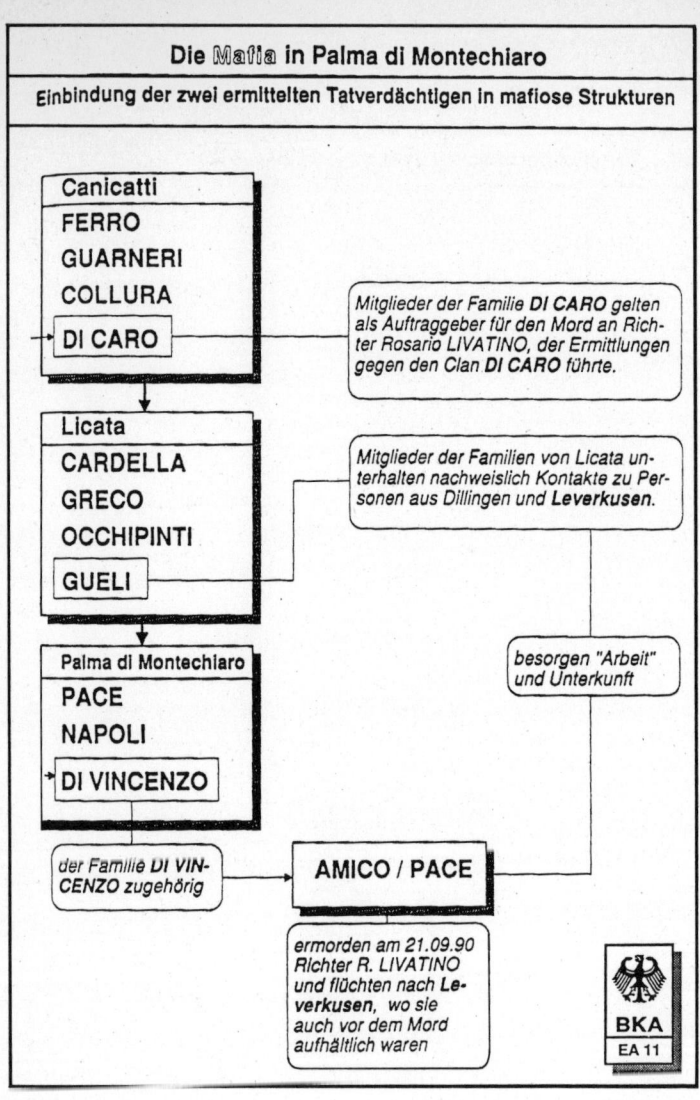

Die Mafia in Palma di Montechiaro

Einbindung der zwei ermittelten Tatverdächtigen in mafiose Strukturen

Canicatti
FERRO
GUARNERI
COLLURA
DI CARO

Mitglieder der Familie DI CARO gelten als Auftraggeber für den Mord an Richter Rosario LIVATINO, der Ermittlungen gegen den Clan DI CARO führte.

Licata
CARDELLA
GRECO
OCCHIPINTI
GUELI

Mitglieder der Familien von Licata unterhalten nachweislich Kontakte zu Personen aus Dillingen und Leverkusen.

Palma di Montechiaro
PACE
NAPOLI
DI VINCENZO

besorgen "Arbeit" und Unterkunft

der Familie DI VINCENZO zugehörig

AMICO / PACE

ermorden am 21.09.90 Richter R. LIVATINO und flüchten nach Leverkusen, wo sie auch vor dem Mord aufhältlich waren

BKA
EA 11

BKA-Grafik zur Mafia-Struktur in Sizilien

Magazine für verschiedene Pistolen und 40 Schuß Munition gefunden.

Nur vier Stunden nach seiner Festnahme verzeichneten die Lauscher von der Polizei auf Sizilien einen regen Telefonverkehr. Die Nachricht von der Verhaftung Puzzangaros war in der Firma ein Thema und auch, daß ihn Borsellino kurz darauf im Knast von Stuttgart-Stammheim aufgesucht hat.

Borsellino war den gefährlichsten unter den Italo-Gangstern auf der Spur. Um die besondere Sorte von Verbrechern, denen er nachstellte, bekämpfen zu können, mußte er sie verstehen. Mit diesem Einfühlungsvermögen zog er sich »pentiti« heran, reuige Überläufer, die auspackten. Sie lieferten zumeist Fetzen eines Gesamtbildes, doch Borsellino konnte geduldig warten, bis es fertig war.

Puzzangaro hat eisern geschwiegen, aber zwei Zuträger fand Borsellino dennoch. Einer von ihnen beichtete Details über das Ende des Polizisten Guazelli. Denn auch jener unbestechliche Carabinieri, der gleich nach dem Livatino-Mord auf die »pista tedesca« gestoßen war, ist hingerichtet worden – am Nachmittag des 4. April 1992.

Er war in Zivil, unbewaffnet, als ihm unweit von Palma di Montechiaro ein Killerkommando auflauerte und sein Gesicht zerschoß. Mindestens einer der Mörder soll aus Deutschland gekommen sein.

Der zweite »pentito«, der im übrigen Heikos Aussagen über Puzzangaro bestätigte, will ein Gespräch zwischen Pace und Puzzangaro mitgehört haben. Es bündelte sich schließlich an den in langen Diskussionen gewachsenen Gedanken, warum eigentlich der Zeuge Nava noch am Leben sei.

Einer der Pentiti ist der Mannheimer Wirt Gioacchino Schembri. Er lebt gefährlich. Die »Lufthansa« weigerte sich, den Kronzeugen nach Italien auszufliegen, bei der »Alitalia« ging eine Bombendrohung ein. Am 31. Juli endlich wurde Schembri an Bord einer italienischen Militärmaschine in die Heimat geflogen.

Die Ermittlungen Borsellinos und die Festnahme Puzzangaros haben die Mafia irritiert. Verschlüsselt forderte sie ihre deutschen Residenten zu äußerster Vorsicht auf – die Botschaft wurde von Ermittlern abgefangen. Zu viel ist den Clans in den letzten Monaten dank der Arbeit Borsellinos und des BKA danebengegangen. Allein bei zwei Aktionen mit den Decknamen »Donnerschlag« und »Leopard« in Köln und Süddeutschland wurden rund 30 Mafiosi festgenommen und Berge von Unterlagen beschlagnahmt.

Die Auftraggeber der blutigen Aktionen sitzen nach wie vor in Sizilien. Exemplarische Hinrichtungen ordnet nur der große Rat der Cupola (»die Kuppel«) an, dem die Repräsentanten aus Mafia-Spitze und Politik angehören. Doch ihre Truppe, die Killer, die Anschaffer, Einkäufer und Verkäufer hält sich die Mafia offenbar in Deutschland. Um die Verhältnisse im eigenen Land aufzuklären, haben sich BKA-Ermittler darangemacht, jenes Dorf aufzurollen, aus dem die Mafia auffällig viele Killer rekrutiert: Palma di Montechiaro in der Provinz Agrigent.

Italiener aus diesem Dorf waren vermutlich ebenso am Mordfall Livatino wie an zahlreichen anderen Bluttaten beteiligt. 22 von ihnen wurden im Frühjahr 1992 von der Sonderstaatsanwaltschaft von Palermo gesucht, und Leute aus Palma di Montechiaro sind in ganz Deutschland verstreut. In drei mit dem BKA-Stempel versehenen Skizzen hat ein Wiesbadener Experte aufgezeichnet, wer in diesem Kaff das Sagen hat. Dort halten die Familien »Schlüsselpositionen in Landwirtschafts- und Handelskammer, Kommunalverwaltung, Parteigliederungen und Vereinen«; sogar in der Winzergenossenschaft »Gattopardo« gibt die Mafia den Ton an. Somit bestimmen sie, laut BKA, »das Leben in wirtschaftlicher, politischer und sozialer Hinsicht«.

In Montechiaro läuft nichts ohne die Mafia, selbst die Ausgabe der Sterbeurkunden wird von der »ehrenwerten Gesellschaft« kontrolliert. Auf 161 Seiten hat 1989 Mafia-Hochkommissar Domenico Sica das Elend der kleinen Stadt beschrieben: »Wer ein konkretes Beispiel für ein dem Staat enteignetes Territorium kennenlernen will, muß sich nur nach Palma di Montechiaro begeben und versuchen, die Stammesregeln, die das Gebiet regieren, zu verstehen.«

Das Nest ist das ärmste und elendste Gesicht Siziliens. Viele Häuser gleichen Bunkern, die Straßen ähneln Abwasserkanälen. Das letzte Symbol des Staates, das Amtsgericht, wurde 1989 eingeäschert.

Palma di Montechiaro, 25 000 Einwohner, etwa 28 Kilometer von der Provinzhauptstadt Agrigento gelegen, wird seit Menschengedenken von der Mafia beherrscht, wie die ganze Gegend. Achtunddreißig Familien kontrollieren das Gebiet, und das Fußvolk der Namenlosen ist bereit, alles zu tun, um eine bessere Position in der Hierarchie der »Cosa Nostra« zu ergattern. Es sind die jungen Löwen der Unterwelt wie Puzzangaro, die sich einen nicht enden wollenden Krieg liefern.

Eine Landkarte des Terrors. Seit vielen Jahren tobt ein erbitterter Kampf verfeindeter Mafia-Clans. Und wenn zwischen den Ribisi, den Allegros und den jungen Aufsteigern der »cudi chiatti« (»Plattschwänze«) Vendetta ist, reisen die Killer aus Deutschland an – die Pistoleros aus dem Land der Ordnung. Von jenseits der Berge, notierte der kundige Untersuchungsrichter Renato Grillo im April 1992, »wird die Offensive gegen die jeweilige Rivalengruppe organisiert und geführt«.

Puzzangaro war immer mitten im Gewühle. Im September 1989 wurde er auf Sizilien von Unbekannten unter Feuer genommen. Einen Monat später soll er sich auf offener Straße ein Gefecht mit zwei Ribisi-Brüdern geliefert haben, die dabei waren, ihre Tentakel auf das benachbarte Licata auszustrecken.

Früher bestimmten die Ribisi, was Recht und Ordnung war, selbst auf dem einzigen Pissoir am Ort war ihr Wort Gesetz. Der Staatsanwalt Rosario Livatino hat sich für den Clan interessiert. Er forderte auf dem Behördenweg eine wichtige Akte über die schrecklichen Brüder an, aber das Amtsgericht brauchte fünf lange Monate bis zur Entscheidung.

Da hatte sich der Vorgang sozusagen erledigt. Inzwischen waren drei Ribisi ermordet worden, und zwei weitere hatten sich offenbar in Salzsäure aufgelöst. Nur Culogoro Ribisi überlebte – fürs erste. 58 Mafia-Tote wurden in den letzten sieben Jahren im sizilianischen Transsylvanien gezählt.

Puzzangaro pendelte häufiger zwischen Deutschland und Sizilien. Mal war er Tellerwäscher – im Dormagener »Portofino« –, mal schaute er in der Heimat nach dem Rechten. Es reisen viele aus Deutschland an. Sie schlendern etwa in die »Bar 2000« an der großen Piazza, und das ist manchmal ganz schön gefährlich. Eine Killer-Truppe räumte am 31. Dezember 1991 in der Bar auf, drei Männer starben, sieben wurden schwer verletzt, und Richter Grillo stellte nach dem Silvesterblutbad mehr als ein Dutzend Haftbefehle aus – ein Großteil war für deutsche Behörden bestimmt.

Allein in Mannheim wurden wegen des Silvester-Massakers im Mai 1992 vier Männer aus Palma di Montechiaro verhaftet. »Die jetzt Festgenommenen«, notierte das BKA, »werden den sogenannten Soldaten (ausführende Ebene) einer Mafia-Gruppierung zugerechnet.« Bei der Festnahme feuerte Wirt Schembri mit einer Pump-gun durch die Tür. Er hatte Todesangst, weil er annahm, die anderen seien gekommen. Erst kurz zuvor wäre er nachts gegen vier Uhr in Mannheim-Käfertal von Landsleuten fast erschossen worden. Als einen der Angreifer identifizierte er später Puzzangaro.

Fremde blicken da nicht mehr durch, nur Insider wie Richter Grillo kommen noch mit den verwirrenden Gefechtslagen zurecht. Den abgehörten Satz »Schlagen wir diesen Baum ab, und das Sprachrohr schweigt« übersetzte er aus dem Stand: Leute aus Palma seien »in Deutschland als organisierte Feuergruppen« tätig, um »dort ansässige Personen zu eliminieren, die an der Spitze der ›cudi chiatti‹ stehen«. Verständlich, daß die Mitglieder der Clans in Mannheim neuerdings kugelsichere Westen tragen. Das BKA wertet die Sicherheitsmaßnahmen als Schutz »vor möglichen Attentaten«.

Als am Morgen des 8. Februar 1992 Gaetano Micalizzi mit einem Bauchschuß in der Kaiserslauterner Innenstadt gefunden wurde, hatte der Dorfkrieg wieder ein neues Opfer gefunden. Schon 1986 war einer seiner Verwandten am Altrhein bei Ludwigshafen erschossen worden, ein anderer aus der Familie immerhin überlebte schwerverletzt einen Anschlag. Der nächste auf der Liste soll der international gesuchte Gangster Gaetano Zucchero sein, Micalizzi war sein Fahrer.

Der Krieg wird längst auch in den deutschen Knästen ausgetragen. In der Mannheimer Justizvollzugsanstalt wurde einer aus Montechiaro mit doppeltem Schädelbasisbruch entdeckt. Der Mann hatte offenkundig sein Gedächtnis verloren. Ihm fiel auch im Vollzugskrankenhaus partout nicht mehr ein, wer ihn halbtot geprügelt hatte.

Solche Szenen archaischer Brutalität könnten den Eindruck vermitteln, die Mafia sei doch nur ein Problem der Sizilianer. Aber allein aus dem armen Montechiaro sind in den letzten Jahren Tausende junger Leute nach Mannheim, Berlin oder Köln gezogen. Etliche von ihnen haben den Kontakt zur Familie nie verloren. »Überall, wo Sizilianer leben«, sagt der Düsseldorfer LKA-Chef Helmut Brandt, »gibt es Mafia-Verbindungen.« Sie bekämen Geld zur Existenzgründung, irgendwann werde ihnen dann die Rechnung präsentiert. Spediteure müßten heiße Fracht transportieren, Pizzabäcker Unterschlupf gewähren, und die Killer pendeln.

Tagelang hat sich Borsellino im Juli 1992 auch um Mannheimer Verhältnisse gekümmert, und die Sicherheitsvorkehrungen für ihn waren so total, als wäre der Präsident erschienen. So nah war der Ermittler aus Sizilien der »pista tedesca«, daß er zum Schluß auf die Spur seiner eigenen Ermordung kam. Nach seiner Rückkehr von Deutschland-Recherchen zog Borsellino seinen Bekannten Tricoli ins Vertrauen. »Auch für mich ist Sprengstoff angekommen«, sagte er.

Borsellino hat wohl gesehen, daß ihn dasselbe Schicksal ereilen würde wie seinen Freund Falcone, den die Mafia erst im Mai umgebracht hatte. Und nicht nur Borsellino wußte, daß es im Fall Falcone ebenfalls eine Spur nach Deutschland gibt. Der frühere Bürgermeister von Palermo, Leolucca Orlando kennt sie ebenfalls. Er erinnert sich an eine Begegnung mit Falcone, irgendwann im Frühjahr 1992. Sie hätten beisammengesessen, und Falcone habe seine Frau gebeten, einen Kaffee zu machen. »Sie

soll nicht mitbekommen, was ich dir jetzt sage.«
Dann habe Falcone einen zerknüllten Brief aus der
Hosentasche geholt: Todesdrohungen gegen die
Mafia-Jäger. Die letzte Warnung kam aus Deutsch-
land – Poststempel Wuppertal.

Epilog

Eine Art Bruderschaft
Das Vermächtnis des Mafia-Jägers
Giovanni Falcone

Sein Name war Synonym für sein Leben: Falcone, zu deutsch, Jagdfalke. Richter Giovanni Falcone, 1939 geboren und aufgewachsen im Arbeiterviertel der sizilianischen Metropole Palermo, griff sich als oberster Mafia-Ermittler energisch Mitglieder der »Ehrenwerten Gesellschaft«. Zäh und zielstrebig wie er war, schaffte es Falcone, das eherne Gesetz des Schweigens zu brechen.

Den Drogendealer Tommaso Buscetta, einen der ranghöchsten Mafiosi, hatte er 1984 vernommen.

Schon damals warnte Buscetta: »Nach diesem Verhör werden Sie eine Berühmtheit sein. Aber bedenken Sie: Die Rechnung, die Ihnen die »Cosa Nostra« präsentieren wird, wird nie beglichen werden, es sei denn durch Ihren Tod.« Anfang 1992 schaltete sich Falcone, mittlerweile Generaldirektor der Abteilung »Strafsachen« des römischen Justizministeriums, in jene riesige Schmiergeldaffäre ein, die von der Provinzstadt Monza aus erst Norditalien und dann die gesamte Republik erschütterte.

Am 23. Mai bombt die Mafia Falcone, dessen Frau Francesca Morvillo und drei Leibwächter mit einer Tonne des Sprengstoffs Tritol weg. Das deutsche Vermächtnis Falcones ist ein Vortrag, den er im Oktober 1990 während einer Tagung des Bundeskriminalamtes hielt. Falcone prophezeite, die Mafia werde immer zügelloser, stärker und im grenzenlosen Europa Vorbild für andere kriminelle Organisationen. Hier einige Auszüge:

»Die Mafia hat Eigenschaften, die sie gefährlicher erscheinen läßt als andere Formen der organisierten Kriminalität. Nicht so sehr wegen der hohen Anzahl ihrer Mitglieder, sondern wegen ihrer Struktur und ihrer Fähigkeit, trotz der komplexen Gliederung ihrer Organisation einheitliche Strategien durchzusetzen. Gerade wegen dieser Eigenschaften ist sie die einzige italienische kriminelle Organisation, die sie zum Vorbild der organisierten Kriminalität auf internationaler Ebene machen kann.

Schon seit mehreren Jahrzehnten haben sich der ›Cosa Nostra‹ angehörende Mafia-›Familien‹ in aller Heimlichkeit sowohl in ganz Sizilien als auch in anderen Teilen Italiens, wie zum Beispiel in Neapel, Rom, Mailand und in Turin niedergelassen. ›Niederlassungen‹ der ›Cosa Nostra‹ sind auch in einigen europäischen Ländern gegründet worden, die Ziel der massiven Auswanderungsströme aus Sizilien geworden waren. In den Vereinigten Staaten und in Kanada hat sich außerdem eine Mafia-Organisation eingenistet, die ursprünglich eine Art Niederlassung der sizilianischen ›Cosa Nostra‹ war, jedoch in der Zwischenzeit selbständig geworden ist und sich von dieser gelöst hat.

Die ›Cosa Nostra‹ ist mit Sicherheit die gefährlichste Organisation im Spektrum der italienischen organisierten Kriminalität, denn die allen italienischen kriminellen Vereinigungen gemeinsame Mafia-Mentalität bedeutet für die anderen Organisationen ... eine Art Bruderschaftsgeist. Bei der sizilianischen organisierten Kriminalität hat sie sich aber zu einem föderativen Bündnis entwickelt, das schon seit langem eine einheitliche Organisation hat entstehen lassen, die sich wie ein Staat im Staat gestaltet und von eisernen Gesetzen regiert wird, die den Mitgliedern mit Gewalt aufgezwungen werden.

Diese Tatsache, die aus zahlreichen Ermittlungsverfahren bekannt geworden ist, wurde oft von Fachleuten nicht wahrgenommen, die davon ausgegangen waren, daß die Mafia eine Aufzählung einzelner Verbrecherbanden sei, die, im permanenten Streit miteinander, sich infolge der Verbesserung der sozialen und wirtschaftlichen Verhältnisse in Süditalien zwangsläufig auflösen würden. Die fortbestehende, sogar gewachsene Vitalität der Mafia und die damit zusammenhängenden tragischen Ereignisse der letzten Jahre zeigen, wie falsch und wirklichkeitsfremd diese Auffassung ist.

Um die Gründe zu verstehen, die zu der heutigen einheitlichen Struktur und zu der Gefährlichkeit der ›Cosa Nostra‹ geführt haben, muß man die grundlegende Subkultur dieser Organisation genauer analysieren, die viel tiefer verwurzelt und reicher ist als die von anderen kriminellen Vereinigungen; eine Subkultur, die sich in einer strengen Auswahl der

Mitglieder zeigt sowie in der eisernen Fähigkeit, sich selbst Regeln ... aufzuerlegen, die absolut und ohne Ausnahmen befolgt werden.

Die Auswahl der Mitglieder der Organisation erfolgt mit besonderer Sorgfalt: Nur Kriminelle mit bewährten Fähigkeiten haben eine Chance, aufgenommen zu werden, und zwar nach einer aufmerksamen, verdeckten oder direkten Beobachtung mit dem Ziel, festzustellen, ob der Kandidat die Eigenschaften besitzt, die für unverzichtbar erachtet werden – vor allem Erbarmungslosigkeit und Verschwiegenheit. Die sogenannte ›omertà‹ ist unabdingbare Eigenschaft für einen Mafioso; die Beachtung des Gesetzes des Schweigens wird in einer so extremen Form verlangt, daß ›Ehrenmänner‹, die unter besonderen Bedingungen – wie zum Beispiel die einer längeren Haftstrafe – kleinste Anzeichen zeigen, von der starren Haltung der absoluten Verschwiegenheit zu weichen, Gefahr laufen, exekutiert zu werden.

Die Einigelung der Organisation äußert sich auch in der Rekrutierung. Die Identifizierung und die Festnahme zahlreicher ... Mafiosi hat zu einer Verschärfung der Auswahlkriterien geführt, um sicherzustellen, daß nur besonders zuverlässige Kandidaten aufgenommen werden – anstatt zu einer Lockerung der Aufnahmebedingungen zu führen mit dem Ziel, sozusagen die Lücken in der Personaldecke schnell wieder zu schließen.

Parallel dazu hat sich die Praxis eingebürgert, für die einfachsten und gleichzeitig riskantesten Straftaten die fähigsten und entschlossensten Verbrecher einzusetzen, die überhaupt keine Möglichkeit haben, Einblick in die Geheimnisse der Organisation zu bekommen. Damit hat sich die Einstellung der ›Cosa Nostra‹ den gemeinen Verbrechern gegenüber geändert. Während diese früher gerade noch unter der Bedingung geduldet wurden, daß sie die Ruhe in von der Organisation beherrschten Gebieten nicht störten, sind sie heute wohlgelitten und werden für die Zwecke der Organisation benutzt.

Dieser kurze Exkurs über die Eigenschaften der Organisationen und über ihre Methoden zeigt, warum die ›Cosa Nostra‹ internationale Bedeutung gewonnen hat und entsprechende Beachtung finden muß. Es ist ja hinlänglich bekannt, daß die Mafia-Kriminalität schon seit langem außerhalb Italiens operiert. Man denke nur an Länder wie die USA, Kanada und Australien, die in den vergangenen Jahrzehnten Ziel von starken Auswanderungsströmen aus Süditalien (insbesondere aus Sizilien und Kalabrien) waren. Dort sind Firmen der organisierten Kriminalität entstanden, die sich hinsichtlich der Erscheinungsformen und Methoden nach dem Muster der in den Heimatgebieten herrschenden kriminellen Vereinigungen richten. Man darf dabei die Einwanderung von Süditalienern in einige europäische Länder – Frankreich, Belgien und Deutschland – nicht außer acht lassen.

Die Öffnung der Grenzen in der Europäischen Gemeinschaft wird zwangsläufig die Verbreitung der Mafia und die nach Art der Mafia organisierte

Kriminalität begünstigen. Diese Art Kriminalität läßt sich ohnehin kaum von nationalen Grenzen und sonstigen Barrieren wirksam eindämmen.

Vermutlich wird jedoch eine ›Cosa Nostra‹ im europäischen Maßstab nicht mit dem identisch sein, was sie jetzt ist, weil sie unter anderen ... Bedingungen wird operieren müssen. Es scheint auch unwahrscheinlich, daß die verbreitete Kultur des Schweigens, die in Süditalien das auffälligste Zeichen der Beherrschung eines Gebiets durch kriminelle Organisationen nach Art der Mafia ist, sich in Ländern mit anderen Traditionen und Gebräuchen reproduzieren läßt. Es ist auch nicht denkbar, daß, weit entfernt von den Ursprüngen der Mafia und ähnlichen Phänomenen, jene Kämpfe zwischen verfeindeten Fraktionen ausbrechen könnten, die zur Zeit in vielen Gebieten des italienischen Südens Blut fließen lassen. Damit ist natürlich nicht ausgeschlossen, daß auch im Ausland Morde mit Mafia-Hintergrund verübt werden. Dies ist bereits geschehen; jedoch bleibt das Terrain der Auseinandersetzungen vor allem auf die Ansiedlungsgebiete der verschiedenen Organisationen beschränkt.

Auch wäre ferner die Vermutung unrealistisch, daß im Ausland jene Verflechtung zwischen der Mafia und Organen der örtlichen politischen Führung entstehen könnte, die in den vom Mafia-Phänomen heimgesuchten Gebieten (in Italien) zur Beeinflussung der Wähler durch die organisierte Kriminalität führt. Da es jedoch typisch für die Mafia ist, Institutionen hinterlistig zu unterwandern, würde es mich nicht wundern, wenn – sobald sie im Ausland verstärkt vertreten ist – sich die Fälle von Beamtenbestechung und Korruption vermehrten, wie dies aus einigen Ermittlungsverfahren bekannt wurde.

In diesem Zusammenhang scheint die Frage, ob wegen der häufiger werdenden internationalen Kontakte das Mafia-Muster Vorbild für andere kriminelle Organisationen werden kann, alles andere als unrealistisch zu sein; sie muß lediglich richtig formuliert werden. Es ist eine verbreitete Meinung, daß das kriminelle Muster der Mafia von ganz speziellen, von der Umgebung bedingten Merkmalen, gekennzeichnet ist und nicht auf andere gesellschaftliche Situationen übertragen werden kann. Diese Meinung ist zwar richtig, aber nicht erschöpfend, weil man sich darüber hinaus fragen muß, ob die Mafia-Kriminalität, bereinigt von jenen Aspekten, die zu spezifisch sind, als daß sie woanders reproduzierbar wären, außerhalb Italiens Fuß fassen kann. Wenn man die Frage so formuliert, erkennt man sofort, daß es sich dabei um eine Scheinfrage handelt, weil im Spektrum der internationalen Kriminalität die wichtigsten Organisationen – ebenfalls bereinigt von ihren ureigenen Merkmalen – Eigenschaften aufweisen, die denen der Mafia ähneln.

Organisationen wie die chinesischen Triaden, die sogenannte türkische Mafia und die japanischen Yakuza sind alle wie die Mafia . . . von einer Flexibilität gekennzeichnet, die sie in die Lage versetzen, in kürzester Zeit umzurüsten und auf jede andere Art illegaler Aktivitäten umzusteigen. Um ihre Ziele zu erreichen, verfügen alle diese Organisationen über beträchtliche finanzielle Mittel, greifen zur Gewaltanwendung und versuchen mit allen Mitteln, sich die Untätigkeit von Polizei und Justizbehörden zu sichern.

Man kann also sagen, daß die Mafia ... als Organisation schon lange als Vorbild für die internationale Kriminalität dient. Dies hat zur Folge, daß diese wesentliche Einheitlichkeit des Organisationsmusters es ermöglicht, in den wichtigsten kriminellen Vereinigungen die Bezeichnung Mafia in einem weiter gefaßten Sinn für sie alle zu verwenden, ohne daß der Ausdruck falsch wäre.

Solange die Organisation über beträchtliche Einnahmen aus illegalen Aktivitäten verfügt, werden alle anderen Maßnahmen lediglich dazu dienen, die verschiedenen kriminellen Erscheinungen nicht sehr wirksam einzudämmen – wobei die Mafia und ähnliche Organisationen nicht daran gehindert werden, mit den angehäuften finanziellen Mitteln ihre kriminelle Macht zu erhalten und auszudehnen. Daher bleibt die Notwendigkeit einer ... Anpassung der internationalen Gesetze und der Verwirklichung einer beständigen und wirksamen internationalen Zusammenarbeit. Dies bedeutet vor allem die Abschaffung der sogenannten Steuerparadiese, die bis jetzt auch die ernsthaftesten Bemühungen einiger Länder vereitelt haben, die Geldströme aus illegalen Geschäften zu identifizieren.

Dies ist ein Kampf, bei dem sich alle Mitglieder der internationalen Gemeinschaft angesprochen fühlen müssen, weil vom Ausgang dieses Kampfes abhängt, ob die organisierte Kriminalität vernichtet oder zumindest so stark eingeschränkt werden kann, daß sie keine ernsthafte Bedrohung für die Gesellschaft mehr darstellt.«

Als der Deutsche Bundestag am 4. Juni 1992 über Strategien zur Bekämpfung der organisierten Kriminalität debattierte und ein Gesetz (OrgKG) verabschiedete, blieb das Schicksal des Mahners und Warners Falcone fast unbeachtet. Zwölf Tage nach seiner Exekution, die wie kein anderes Ereignis in Europa die Macht organisierter Krimineller über den Staat demonstrieren sollte, erwähnte nur ein einziger der sechzehn Redner, Wolfgang Ullmann vom Bündnis 90/Grüne, seinen Namen: »Auf welchem Hintergrund«, fragte der Kirchenhistoriker aus Ostberlin ins schwach besetzte Plenum, »führen wir diese Debatte?« Und er gab die Antwort: Das Bild der »Trümmer des Wagens von Richter Falcone« werfe »ein erschreckendes Schlaglicht auf eine von sozialen Seuchen heimgesuchte Gesellschaft, in der immer neue Anfälle irrationaler Gewalt manifestieren, wie gefährdet der Friede in dieser Gesellschaft ist«.

Niemand applaudierte. Auch andere Gefühlsregungen vermerkt das Plenarprotokoll 12/95 an dieser Stelle nicht.

Inhalt

Register